Todos los libros de Linkgua Ediciones cuentan con modelos de Inteligencia Artificial entrenados por hispanistas. Pregúntale al chat de tu libro lo que desees acerca de la obra o su autor/a.

Para ebooks: Accede a nuestro modelo de IA a través de este enlace.

Para libros impresos: Escanea el código QR de la portada con tu dispositivo móvil.

Obtén análisis detallados de nuestros libros, resúmenes, respuestas a tus preguntas y accede a nuestras ediciones críticas generativas para una experiencia de lectura más enriquecedora.
La transparencia y el respeto hacia la autoría de las fuentes utilizadas son distintivos básicos de nuestro proyecto. Por ello, las respuestas ofrecen, mediante un sistema de citas, las fuentes con las que han sido elaboradas.

Carlos Loveira

Generales y doctores

Barcelona 2024
Linkgua-ediciones.com

Créditos

Título original: Generales y doctores.

© 2024, Red ediciones S.L.

e-mail: info@linkgua.com

Diseño de la colección: Michel Mallard.

ISBN rústica ilustrada: 978-84-9953-597-5
ISBN tapa dura: 978-84-1126-627-7.
ISBN ebook: 978-84-9953-927-0.

Cualquier forma de reproducción, distribución, comunicación pública o transformación de esta obra solo puede ser realizada con la autorización de sus titulares, salvo excepción prevista por la ley. Diríjase a CEDRO (Centro Español de Derechos Reprográficos, www.cedro.org) si necesita fotocopiar, escanear o hacer copias digitales de algún fragmento de esta obra.

Sumario

Créditos	4
Brevísima presentación	9
La vida	9
Los generales y los doctores	9
Dedicatoria	11
En días de tristeza y duda	13
I	13
II	33
III	47
IV	90
V	134
VI	157
En días de fe y heroísmos	201
I	201
II	226
III	253
IV	268
V	282
VI	308
En días de incertidumbre y desconcierto	341
I	341
II	354
III	366
IV	379
V	383

VI	390
VII	404
VIII	406
IX	413
Libros a la carta	**417**

Brevísima presentación

La vida

Carlos Loveira (El Santo, Villa Clara, 21 de marzo de 1882- La Habana 1928) Cuba.

Nacido en una familia pobre, emigró a los Estados Unidas al inicio de la Guerra de 1895. Tres años después regresó a Cuba y combatió bajo el mando del general independentista Lacret.

Iniciada la etapa republicana trabajó en los ferrocarriles, se convirtió en líder sindical, y viajó por México y otros países de Centroamérica.

Llegó a ser secretario de la Pan American Federation of Labor, y director de la Oficina Internacional del Trabajo.

Por entonces escribió *De los 24 a los 35*, en el que refiere sus experiencias como sindicalista.

Loveira escribió además: *Los inmorales* (1919), una novela de tesis, contra el matrimonio indisoluble; *Generales y doctores* (1920); *Los ciegos* (1922); *La última elección* (1924), y *Juan Criollo* (1928).

Los generales y los doctores

Generales y doctores relata los avatares de una generación que crece durante la guerra de Independencia cubana y vive la gestación de la república. Españoles integristas convertidos en hacendados y doctores, criollos que creen con fervor en el nacimiento de una nueva nación, mujeres castas y voluptuosas, conviven en un mundo que tras una guerra sangrienta verá frustrados todos sus ideales colectivos.

Dedicatoria

A Aurelio Álvarez. En mérito de un viejo compañerismo y a título de amigo personalísimo.
C. Loveira.
Buenos Aires. 1918.
La Habana. 1919.

En días de tristeza y duda

I

En el año de 1875 hubo en La Habana una gran arribazón de sardinas gallegas; mote con el cual, en aquella época de hondos rencores entre criollos y peninsulares, los primeros bautizaban a los segundos, que, nuevos argonautas, en las terceras de los trasatlánticos —verdaderos tabales de carne humana— cruzaban el charco inmenso para venir, en busca de fortuna, a la barraganía de burócratas corrompidos y factoría de mercaderes trashumantes que, según el más frondoso de nuestros oradores revolucionarios, era la Gran Antilla Colonial, la siempre fiel Isla de Cuba.

En una de las camadas vinieron dos hermanos, que rondaban entonces por los veinticinco años. Uno de ellos era bajo, tosco y coloradote; se asfixiaba dentro del consabido terno de pana carmelita; golpeaba el piso con negros y recios borceguíes de recluta; tocábase con un prieto, copudo y maltraído «panza de burro», y se conformaba con ser llamado Pepe García, escasamente. El otro era alto, seco y pálido; llevaba con dignidad curialesca su traje de americana de retinto paño; calzaba negros botines de elásticos; se cubría la calva incipiente con un fruncido calañés café con leche, y al firmar ponía todo su nombre, Manuel de Jesús García y Pereira, en fina letra inglesa y sobre una rúbrica extensa, complicada y elegante.

Aprovecharon el tiempo ambos hermanos. A los dos años de Cuba, Pepe, ascendido a *Don Pepe*, tenía su bodeguita, allá por el matadero, barriada orillera, plétorica de ñáñigos y cobradores del barato, de la ciudad de Matanzas, y don Manuel de Jesús, ex secretario del Ayuntamiento de Bueu, en su provincia natal de Pontevedra, era ya factor de un batallón de infantes, que guarnecía varias poblaciones de las provincias matancera y villareña.

En una de aquéllas, en Placeres, conoció el factor a la real moza quinceabrileña Lolita Darna, retoño único de un canario rico, que suministraba carne a la guarnición, y de su legítima y espléndida consorte, señora de ilustre prosapia camagüeyana. A los dos meses de «pretensiones» y diez de noviazgo, vino el bodijo, que fue todo un acontecimiento de aldea. Nueve meses después, Lolita, ya trocada en doña Lola, se convertía en madre, en mi madre; don Manuel de Jesús en padre, en mi padre, y *Don Pepe*, siempre sea dicho con la venia de Pero Grullo, entraba en el socorrido linaje de los tíos; era mi tío.

De la historia de mis primeros años recuerdo, nítida e ingratamente algunos capítulos de suma importancia. A los cuatro años tuve dolores de muelas, e hice buches de agua con sal. A los cinco me dio el sarampión. Tuvo la banal creencia de habérmelo curado un viejo médico tinajudo, de gafas, levita y chistera inseparables, de hablar notablemente agarbanzado, que entraba en el cuarto como un ciclón, preguntaba qué tal seguía el «insurrecto», me imponía por la fuerza, mientras lloraba yo a moco tendido, el cristal helado del termómetro en los cuarenta y un grados de mi axila izquierda, y acababa siempre por zamparme una gruesa, correosa y nauseabunda cucharada de palmacristi. Después tuve lombrices, que se me alborotaron y desbordaron por la nariz, por la boca y su antípoda, un día en que me hincharon a fuerza de horchata de pepitas de calabaza, reforzada con extracto de apasote.

Fui a la inevitable escuelita de barrio. La maestra me enseñaba la cartilla, los números y el utilísimo Ripalda. La hermana de la maestra, robusta mulatona de catorce años, linda como el lucero del amanecer, me enseñaba otras cosas, debajo de una cama que nos servía de «casita» en el resbaladizo juego de «los maridos», que era el predilecto de mi amiga. Con nosotros jugaban dos niñas de unos cinco años; media docena tenía yo entonces. Mi madre, nadie en mi casa, supo nunca una palabra de tales enseñanzas. Para intuir que había que ocultárselas, le bastaba a mi precocidad criolla con ver que la muchacha no jugaba a «los maridos» en donde nos pudiesen ver las personas mayores, y menos decíamos su frecuente: «¡Vamos, ya es la hora de dormir!», cuando alguna de aquéllas andaba cerca de la «casita»-escondrijo.

No tuve hermanos. Sujetos a las peregrinaciones del batallón de mi padre, vivimos, mi madre, él y yo, en casi todas las ciudades, villas y caseríos de las dos provincias centrales. En aquellos diez años mi madre no se cansó de repetir, en gráfico criollismo, que andábamos siempre con el cajón y el mono a cuestas, refiriéndose al brete constante de ir de pueblo en pueblo, liando y desliando bártulos, a cada orden del general o coronel de mi padre. Este, que era muy bueno, como padre español de hijo criollo al fin, no quería perder aquel empleo, que le daba ancha manga de fraile, por la cual le corrían prodigiosamente los centenes, camino del bolsillo, en feliz promesa de la soñada carrera para el hijo. A pesar de que, con aquel ambular impenitente, no engordaban mucho los talegos y, por otra parte, en las «escuelitas» y en los famosos colegios de la Colonia, iba muy despacio mi aprendizaje. No podía salir de la lectura de corrido, las cuatro reglas y los cuadernos de letra inglesa, que eran límite de la enseñanza de aquellos maestros que no cobraban nunca, y que se desquitaban de las malas partidas del destino, metiéndole la letra, con sangre, a la multicolor chiquillería.

Afortunadamente, mi padre fue trasladado a Matanzas, allá por mis once años.

Nos metimos en casa de tío *Pepe*; casa deliciosa por su patio inmenso, lleno de grandes frutales, plantas de adornos y flores. En él pasaba yo días enteros leyendo, sin método ni cautela, a la sombra de un pletórico mamoncillo, ringleras de libros, que eran como válvulas de escape a mis ansias de saber mal aprovechadas en los mencionados colegios insuficientes. Con aquel patio para consumir folletines, y para correr, saltar, caerme de los árboles, destruir ropa y zapatos, en franca libertad propiciadora de cuerpo sano para la mente sana, y con las facilidades que ofrecía Matanzas, con sus colegios de legítimo renombre, para lo relacionado con mi preparación escolar, pronto las cosas tomaron distinto rumbo.

Me pusieron en el colegio de don Jacinto, un buen maestro aragonés, anciano ágil, cascarrabias y que tenía una característica deplorable: la desidia más absoluta para cuanto se relacionaba con el aseo y cuidado de su persona: Todo era sórdido, mal oliente y repulsivo, en el aspecto de don Jacinto. El eterno traje de color inclasificable por las manchas y el brillo del uso más descuidado, con su mapa de babas en el chaleco y sus hilachas mugrientas en bajos y bocamangas. La chalina de color de cocuyo, a ratos pringada de yema de huevo, trocitos de fideos o granos de arroz. Los botines pobres de elásticos, huérfanos de betún y cepillos, encubridores de unos calcetines crudos, pegajosos, que asomaban acordeonados por el borde de los zapatos. Un veterano cuello de mariposa, ribeteado de churre y sujeto por tóxico y negreante botón de cobre. Las orejas cerillosas, y la nicotina de gruesos cigarros amarillos, que impregnaban el bigote, el sarro de los dientes, las yemas de los dedos y las uñas acanaladas, de tuberculoso, vírgenes de jabón y tijeras. En el pupitre que me dieron había grabado, en el barniz de la tapa, este pueril letrero, desahogo de un incipiente rencor patriótico: «Don Jacinto es un patón», y dentro, en un papelito pegado al fondo del propio mueble, esta aleluya, hija del propio rencor:

Desde que vino de España,
don Jacinto no se baña.

La casa del colegio era uno de aquellos patriarcales caserones «del tiempo de España», que hoy solo se encuentran en algunos lugares del interior no sometidos aún al feroz mercantilismo ambiente, que, en las grandes ciudades, nos encajona y aniquila en infamantes pesebreras. Había un zaguán espacioso, adornado en las horas de clases por una doble ringlera de gorras y sombreros.

Comunicaba el zaguán con una saleta, aireada y amplísima. Después venía la sala, vasta y luminosa, con tres ventanazos. El patio estaba enlosado a cuadros rojos y grises, con cenefa de losetas y arriates llenos de flores, arbustos y enredaderas. El traspatio era inmenso, y lo sombreaba una arboleda de mangos, anones y caimitos. En la saleta estaba instalada la clase de «segunda», a cargo de un famélico e irascible maestrillo imberbe. En la sala, la clase de «primera», gobernada por don Jacinto. En el primer cuarto una «escuelita», que dirigía una larga y pálida hija del maestro. El último cuarto tenía formas dantescas en la mente de los educandos: era el terrorífico «calabozo», lleno de fantasmas, culebras, murciélagos, cucarachas y ratones. Entre la pieza delantera y el «calabozo» vivía la desnutrida familia de don Jacinto: su mujer, la hija ya citada, una hermana política del dómine y una negrita recogida, por aquello de que el hambre, repartida entre muchos, toca a menos.

Era el traspatio el lugar de recreo, y en él formábamos endiablado barullo de improperios, trastazos y pescozones. No eran éstos de mi cuerda, porque tenía yo una ingénita aversión a toda innoble violencia y, además, porque ya sentía la instintiva afición al separatismo, característica en muchos hijos de españoles, y gustaba de sentarme por los rincones a leer recortes de periódicos, proclamas y libros revolucionarios, hurtados de peligrosos escondites de literatura patriótica, que eran, en los hogares cubanos, como devota herencia de la Guerra de los Diez Años. Esto pasaba de tres a cuatro cada tarde, al amparo de la más angelical indiferencia por parte de don Jacinto, y a la vera de una ferretería, cuyo patio colindaba con el del colegio, y cuyos dependientes, sardinas gallegas todos ellos, nos lanzaban de continuo lo de:

> Soy de Pravia, soy de Praviaaaaaa
> y mi madre una pravianaaaaa...

Cuando no había papeles relacionados con la guerra recién pasada, engolfábame con irresistible determinación en las deliciosas novelas históricas de Dumas y en los novelones de Montepin. No obstante mi predisposición al sensualismo, no lograban seducirme los adefesios pornográficos que la erotomanía endémica de la tierra encaminaba hacia mis manos.

No se me olvidará nunca el día de mi noviciado. Me llamo Ignacio, para servir al lector. A la salida de clase, un muchacho me dijo: «Prepárate para cuando el maestro te arrodille a su lado. Te va a dormir con el *calcetaniato de patasio*». No me hizo gracia el chiste, y el autor de él —que buscaba un pretexto, para formar bulla— fingiéndose ofendido, me arrebató los libros y me los tiró al suelo. No me defendí. Quedé mudo, pálido, tembloroso, acorralado en el atrio de un templete cercano al colegio. Después me flaquearon las piernas y en los ojos me brillaron dos lágrimas, en una mezcla horrible de odio y rabia. Se me acercó José Inés Oña, un mulatico pasirrojo, zancudo y pecoso, y de un soplamocos, que medio evadí con un rápido ladeo de cabeza, me arrojó la gorra al suelo; gritándome al ver mi collonada:

—¡Qué marica eres, Ignacio el del reloj!

Oportuna y providencial, intervino la negrita del colegio, que providencial y oportunamente pasó por allí en tan grave ocasión, y que en mi amparo amenazó a los más agresivos con denunciarlos a don Jacinto. Con la ayuda de la negrita recogí la gorra. Tomé el rumbo de casa con celeridad de fugitivo, encendida la cara, llena de listones de churre, desgreñado y sudoroso. En los oídos llevaba la cantinela de aquella frase que, desde aquel día fue mi obligado sobrenombre: «Ignacio el del reloj».

Cuando llegué a casa, mi padre me interrogó alarmado:

—¿Qué te ha ocurrido? ¿Por qué vienes con la cara como un *Pimiento Morrón*?

—Me pegaron al salir del colegio.

—¿Te pegaron o reñiste con otro?

—Me pegaron.

—¡Cobarde! ¡Y lo dices!

Mi madre intervino solícita. Me lavó la cara, me alisó el cabello, a tiempo que murmuraba:

—El noviciado. Cosas del primer día.

Y seguí en el colegio de don Jacinto. Pero, eso sí: mi connatural, invencible repulsión a todo lo que fuese dar y recibir golpes, se hizo más franca desde aquel día. A contar de él, con mayor cuidado apartábame de los juegos recios y soslayaba cualquier motivo de insultos y achuchones.

Con todo lo retardado de mi aprendizaje, gracias a mi dedicación al estudio, a la lectura de mis folletines y a mi apego a discurrir por cuenta propia en cuanto era posible, a las pocas semanas de estar en el colegio de don Jacinto era yo el segundo de la clase de «primera».

El puesto delantero pertenecía, por fatal canonización, al autor del chiste aquel que dio origen a la pelotera de mi noviciado. Se llamaba este gallito de la parvada infantil de don Jacinto, Carlos Manuel Amézaga. Era hijo del ferretero español dueño del establecimiento contiguo al colegio. Vestía con atildamiento de pisaverde sus trajes de americana y calzones largos, que no cuadraban con sus trece años; de igual modo que, a tal edad, veníanle holgados los desplantes de amores y valentías y el rimbombante vocabulario de frases hechas, que le daban índole pedante. Nada le seducía tanto como soltar, en conversaciones impropias de su talla mental y física, clisés de color antiseparatista: «Una cosa es la libertad y otra el libertinaje», «Para el cubano, un gallo y una baraja, y listo.»

Por estas disposiciones pavorrealescas, por su feliz retentiva para las fechas, los nombres exóticos y las frases célebres, y para repetir las lecciones con puntos y comas, como le gustaba a don Jacinto, nadie podía disputarle a Carlos Manuel la jerarquía y el honor del primer pupitre de la clase. Cuando, de mis estudios, hablaba yo con mi padre y le exponía mis quejas por el privilegio injusto que parecíame aquella consagración de Amézaga, el «viejo» solía replicar algo parecido a esto:

—No te preocupes por eso, hijo. Sigue como vas. Ese muchacho triunfará, porque no le faltan condiciones para ello. Tiene madera de erudito, de sabio diplomable. Pero tú no te quedarás a la retaguardia; porque estudias mucho e investigas con ahínco, para luego pensar con tu cabeza. Sois dos caracteres opuestos; mas, para los dos hay hueco en la vida.

«¡Mundólogo de buena cepa era este gallego de mi padre!», he pensado años después, al recordar y poder entender aquellas abstrusas réplicas paternales.

Andábamos ya en nociones de Lógica la tarde en que Carlos Manuel tuvo que ir a la pizarra a escarabajear un ejemplo de silogismo, y como la lógica papagayesca era la única posible en su sesera, se salió con el socorrido y veterano clisé de «Todos los hombres son mortales, etc.», y aun así no dio pie con bola. Ante las miradas y guiños burlones de los condiscípulos y los gritos del maestro, estuvo mi rival en la pizarra más de diez minutos, exprimiéndose el caletre, rabioso y enredado. Don Jacinto, festivo, con bonachona ironía patriótica, puso fin a la escena:

—Vaya, don Carlos Manuel... de Céspedes; siéntese, y que venga el señor Ignacio... Agramonte; a ver si lo hace mejor.

Fui a la pizarra. Hice dos proposiciones originales, y saqué de ellas una conclusión aceptable, también mía.

—Muy bien —dijo don Jacinto—. Solo que usted sigue empeñado en desdeñar los ejemplos del texto, hechos por quienes saben más que usted. Sin embargo, muy bien. Puede sentarse el señor García.

A pesar de la salida del maestro, el mío fue un triunfo del *pensar* sobre el *recordar*, del «número dos» sobre el «número uno» de la clase, y cuando volví al pupitre, José Inés Oña, adulón de Carlos Manuel, transpirando envidia por todos los poros; me dijo:

—Bien por Ignacio el del reloj.

—Ignacio el de su madre —deslizó en voz baja, doblemente envidioso, despechado, tremante de rencor, el sabio Carlos Manuel.

Salté de mi asiento, y de pie, decidido, le dije a don Jacinto:

—Maestro: Amézaga me ha mentado la madre.
—De rodillas, hasta la hora de salida, señor Amézaga —condenó el dómine.

Enseguida sentí arrepentimiento por haberme violentado, exponiéndome a la venganza pública de Carlos Manuel que se ensañaría en la azotaína; rodeados los dos por todos los muchachos del colegio, gritones y saltarines como caníbales que se preparan para merendarse un misionero bien cebadito. Ya me lo decía el condenado, mostrándome el puño, cerrado sobre el labio superior, y diciéndome «espérala», con la izquierda extendida, vertical, amenazadora.

En cuanto nos soltaron, corrí a la puerta, despavorido, en una mano la gorra, en la otra el portalibros y la pizarra. Detrás de mí, como jauría rabiosa, corrió toda la clase de primera; derribando pizarras, tinteros y papeles, entre risas y chillidos de júbilo, que no podían dominar los regaños de don Jacinto:

—¡Eh, burros! Así se sale de una caballeriza, y no de una escuela.

No pude ir lejos. Apenas pasé de la esquina más próxima al colegio, cuando ya se me interponía el mulatico José Inés, haciendo molinetes con los puños cerrados, y conminándome a que me detuviera, a que le diese frente:

—Párate ahí, mariquita. Te tiene que fajá con Carlos Manué.

Se acabó el miedo. Ciego como el salvaje que se lanza sobre una ametralladora, me fui encima del guaposo y le largué un pizarrazo por el lanudo coco, y enseguida un puntapié por la entrepierna. Se llevó una mano a la frente, blanco del pizarrazo, y otra a la bragueta, al propio tiempo que se desplomó, berreando, sobre la acera.

Carlos Manuel me había alcanzado, pero al ver mi actitud belicosa, quedó como atornillado en el suelo, atónito, boquiabierto, los brazos caídos a lo largo del cuerpo, en gesto que nada tenía de heroico. Cuando me vio partir hacia él, retrocedió hasta la valla que, también sorprendidos, patidifusos, presas del miedo más visible, formaban los otros muchachos. Me encaré con él; en la mano el marco de la pizarra que rompí en la cabeza del otro; el cuerpo azogado por el coraje.

—Oye, ¿me quieres mentar la madre ahora?

Por toda réplica, el valiente, toda la tropa muchacheril, dio vuelta y emprendió vergonzosa carrera. Cuando volví los ojos en busca de José Inés, éste había desaparecido. Me compuse el traje; me limpié cara y manos con el pañuelo, y emprendí el regreso a casa.

Mientras andaba tuve uno de los más graves soliloquios de mi vida. ¿Conque había que reñir, eh? ¿Y por qué tenía uno que ser así, como los animales? Aquella victoria, el cartel de valiente que acababa de ganar con espontánea y bien arrancada temeridad, y que bien sostenido me habría de amparar de todo abuso de parte de mis compañeros, hacíame el efecto de una carga horrible; me apesadumbraba casi dolorosamente. Me tuve, después de tal triunfo, por más raro, por más desorientado y, aunque parezca paradójico, por más cobarde que antes.

De aquella pendencia no dijimos una palabra, en el colegio, ni actores ni espectadores. El pizarrazo y el puntapié que se ganó mi contrincante, a todos imponía un saludable respeto disciplinario. Caras placenteras y atenciones de todo linaje sonsacaban mis simpatías por todas partes. El mulatico, por temor a una paliza, dijo en su casa que el golpe de la cabeza debíaselo a un resbalón con una cáscara de plátano. La propia historia le sirvió para engañar a don Jacinto, para que éste nada me dijera, y así no se dificultase la reconciliación con quien, enseguida; dejó de llamarse Ignacio el del reloj, para llamarse Ignacio a secas. Asimismo reconciliose conmigo el ídolo en desuso: Carlos Manuel Amézaga.

Maquiavélicas, empero, fueron aquellas paces; dignas de quienes quisieron subyugarme con sus papeles de guapos, mojados por el valor de mi miedo en el famoso escándalo callejeril. Desde entonces, loyolesco fue el proceder de Amézaga, cuya oculta mano veía yo en una serie de cosas raras que me pasaban en aquellos días en que más me prodigaba él sus lisonjas. A cada rato encontraba yo en mi pupitre, o en mis bolsillos, comprometedoras décimas y canciones de letra separatista. Cierta vez, al ponerme la gorra, hallé prendido al forro de aquélla un retrato de Maceo. Y una tarde, al pasar por la ferretería del padre de Carlos Manuel, un dependiente que hablaba con éste, me dijo con frase del más intencionado sarcasmo:

—¡Ah! ¿Éste es el que presume de ser tocayo del cabecilla Agramonte?

Al hablar de estas cosas inquietantes con mi padre, éste vino a complicar más mis dudas con una redonda salida, de aquellas muy suyas, y que dada mi edad, como siempre ocurría, más tuvo de filosófico monólogo que de paternal consejo:

—Cuídate de ese muchacho. Es de los que irán lejos. Te lo he dicho en varias ocasiones. En la vida, pedantería y malas intenciones son triunfos. Pero sería tonto que procuraras hacer lo mismo. No podrías. Y bueno es que no puedas.

Un día de *Corpus*, o de los Reyes Magos, o de la Ascensión del Señor, o del cumpleaños de la Reina, o del Dos de Mayo, o de cualquiera de las otras entonces muy abundantes fiestas religiosas y españolas —dos modalidades de la intransigencia política colonial— por malaventura coincidió con la fecha onomástica de la mujer del maestro. La víspera hubo formación y paseo militar de voluntarios por las calles engalanadas de oro y gualda, con la inevitable y mortificante *La Covadonga*, y los vivas a España con honra y con algunas desvergüenzas. La mañana de la fiesta se repitió el paseo de los voluntarios y hubo misa con Marcha Real y sermón de fraile importado, con desplantes patrioteros.

En la tarde de aquel día de doble fiesta para la familia de don Jacinto, casi todos los alumnos fuimos a felicitar a la señora. Entre ronda y ronda de envenenante Mistela, nos reuníamos en el traspatio, como en la hora del recreo en los días de clase, a meter bulla, correr y saltar. Nos entusiasmaba el Mistela y la suprema dicha de vernos todos allí, en la plena despreocupación de un día de fiesta. A los dependientes de la ferretería les duraba el efecto de las ginebras matutinas y el entusiasmo de los vivas, de la música, del sermón cidesco y de otros excitantes, que arrancábanles provocadores e insistentes:

> Soy de Pravia, soy de Praviaaaaaa,
> y mi madre una pravianaaaaa...

Seguido de aquello de *La Covadonga*:

> El que diga que Cuba se pierde,
> mientras Covadonga se venere aquí,
> es un infame, canalla insurrecto,
> traidor laborante, cobarde mambí.

Cantaban unos férreos pulmones de macizo ferretero, que estremecían aquellos contornos con los olés y demás estribillos de sus trovas, monótonas y chocantemente alargadas en las sílabas finales. Coreábamos nosotros aquellos despropósitos patrióticos de los genéricamente llamados gallegos, con gritos y palmadas de mentido aplaudir, que sonaban a burla, a gruesa ironía barriotera.

A medida que crecía el entusiasmo de los cantadores, aumentaban nuestras cuchufletas, y más cálida, espontánea y contagiosa tornábase la gracia de nuestro bullicioso jolgorio. Cada ocurrencia, cada mote gráfico, cada pueril desahogo antigallego, hacíanos reventar de risa y palmotear estrepitosamente.

De pronto, al final de un canto atronador, rematado por un «¡Viva España, re...

dios!», el buscapleitos José Inés soltó una hiriente y retadora trompetilla. Esta impuso precario silencio en ambos patios. En el del colegio, porque todos nos quedamos atemorizados, sin saber qué partido tomar en tan inesperada situación. La risa nos retozaba por dentro, y teníamos que mordernos los labios y evitar mirarnos para no estallar en archirruidosa carcajada. En el patio de la ferretería quedó cortado el furioso cantar, que fue sucedido por juramentos redondos y carreras estrepitosas, y a poco un dependiente, largo, nudoso y curvado, como una caña brava, vino, por la puerta de la calle, a darle las quejas a don Jacinto; entretanto que, por la tapia divisoria de entrambos patios, se asomó una roja cabeza, con barretina verde, y, marañón parlante, nos conminó así:

—¡Oigan! A ver si respetan a sus padrastros, doncellos; que es saluz para los morros.

Quedamos petrificados, pero solo el tiempo que tardó en desaparecer el marañón. Después, al medio minuto, ignorantes de las quejas que el otro dependiente dábale al maestro por la puerta de la calle, empezamos a reconvenirnos mutuamente, por pura broma, con cómica gravedad, con clownesca prosopopeya, que hizo explotar nuevamente el mal contenido choteo. Hasta que se presentó en escena don Jacinto y rezongó algunas amenazas:

—Conque, ya lo saben. Se acaban las mambisadas, o cambian ustedes de maestro. Que no estoy dispuesto a criar cuervos para que me saquen los ojos.

Con don Jacinto hicimos lo que con el de la barretina. Mientras estuvo presente, sermoneándonos, permanecimos inmóviles, hechos unos santos; mas, apenas desapareció, todos nos volvimos hacia el sitio por donde lo hizo, y uno le sacó la lengua, otro le volvió el trasero, empinándolo en zafio esguince y el mulatico José Inés le soltó una trompetilla sorda.

En este preciso instante en que más pródiga corría la vena de la alegría mataperril, salió del otro lado de la tapia la letanía estridente:

Soy de Pravia, soy de Praviaaaaaa.

Y me asalta repentina, incontenible, la necesidad de terminar el canto, soltando con la voz de pito de mis doce años el consabido, aunque alterado:

y tu madre una pravianaaaaa...

Los otros muchachos tuvieron que contener la carcajada, llevándose la mano a la boca. Todos emprendimos el sálvase el que pueda, con aspaventoso desparrame; rumbo a las piezas fronteras, y mientras realizábase la desbandada sonaron tres recios aldabonazos en la puerta de la calle.

—¿No hay uno aquí que pueda ir a ver quién toca? —gritó don Jacinto.

Por lo pronto, yo era incapaz de ir a ninguna parte. Paralizábame el miedo —el maldito miedo de siempre— al cuál pasé, sin gradual transición alguna, del entusiasmo agresivo de minutos antes. De pie, encogido, exangüe, como acuñado en una esquina de la saleta; era yo la escultura viviente del terror.

Cuando sonaron nuevos y más duros golpes de aldabón, Carlos Manuel —que obsequiara a la maestra, en aquel su disanto por excelencia, con una enorme fuente de arroz con leche, sobre el cual un reguero de canela en polvo dibujaba la solemne fecha— fue a ver quién llamaba.

Era el padre de Carlos Manuel, que aún pedanteaba con el uniforme de capitán de voluntarios, con el cual toda la mañana pavoneárase retador por los lugares más céntricos de la ciudad. Entró bufando; la diestra nerviosa maltratando el mechudo bigote; la izquierda cerrada en la empuñadura del machetín, de vaina lustrosa, que pendíale del charolado cinturón. Al verlo recordé a los Estudiantes del 71, cuya historia conocía yo por mis lecturas de escondite, y un más intenso escalofrío de terror me electrizó todo el cuerpo.

Adelantóse don Jacinto a recibir al terrible militar, que, al meterse zaguán adentro, había tronado:

—¡Recachis! Aquí vengo a ver quién fue el granuja malnacido que le acaba de mentar la madre a mis dependientes y... ¡a España!

—¿Cómo? ¿Qué ha pasado? —preguntó, sacudido de espanto, el maestro.

—Uno de estos renegados que está usted enseñando, para que luego nos traicionen, que nos ha mentado la madre, a mis dependientes, a mí, a usted, a todos los españoles.

—¿De veras? Pues, a ver quién ha sido, para castigarle como se merece.

Los muchachos todos; entre amedrentados y curiosos, habían formado corro a capitán y maestro. Siempre temblando, di dos pasos para mezclarme un tanto con los demás, evitando la acusación tácita que resultaba de mi aislamiento.

Instintivas las miradas se fueron sobre mí; pero la inquisición muda no duró más que unos segundos. El alma miserable, alevosa, jesuítica, de Carlos Manuel, entrevió la ocasión de rufianesco desquite, hermanado con la oportunidad de anular a quien le hacía sombra en la clase:

—Fue Ignacio García —dijo.

Y al ver que yo me escondía casi, me achicaba detrás de otros muchachos, agregó ensañándose:

—Aquel que está allí, papá. Primero le tiró una trompetilla al dependiente, y luego le hizo muecas al maestro. Es muy enemigo de los españoles, y eso que es hijo de gallego. ¿A que trae en los bolsillos láminas o versitos insurrectos?

Una sospecha desesperante se fijó en mi mente. Algo me habían echado encima. Sin echármelo nadie, además, llevaba yo en la faltriquera del pantalón un recorte sacado del *Diario de la Marina*, en el cual se daba cauce a la más insolente cubanofobia, y en cuyo margen había yo escrito esta vana sentencia: «¡Algún día te la cobraremos, gorrión!».

No dije, no pude decir una palabra. Se me acercó don Jacinto. Por encima del hombro de éste, el capitán Amézaga me dio un tirón de oreja, diciéndome al hacerlo:

—So canalla, ¡toma!

En el registro, que estuvo a cargo del maestro, salió primero el recorte de la *Marina*. Juntos lo leyeron los dos españoles. Don Jacinto exclamó:

—¡Qué le parece!

—¿Qué le parece? —repitió el terrible militar, y enseguida me dio otro tirón de orejas, diciéndome:

—¡Toma! ¡So canalla!

Rompí a llorar; pero ya era, más que miedo, rabia lo que me estremecía. Siguió el registro, y en el bolsillo interior hallaron los churrosos dedos de don Jacinto un jirón deshilachado y sucio, de bandera española.

—Eso lo arrancó él, esta mañana, de las colgaduras de una casa, en el momento en que pasaban los voluntarios —dijo Carlos Manuel.

Ante la enorme canallada, mi soberbia estalló digna, temeraria, con intensidad solo comparable a mi pavor de minutos antes. Me sentí más fuerte, más grande que el capitán de voluntarios, ruin presa del más villano coraje, y me sentí más fuerte, más grande que el maestro irresoluto, temblón, vil Pilatos de aquella escena innoble. A impulsos de mi cólera santa, empinado sobre la punta de los pies, me puse de frente a mi acusador, y así le apostrofé:

—Eres un sinvergüenza, que mientes descaradamente al amparo de tu padre. No niego que yo traía ese papel en el bolsillo; pero el pedazo de bandera me lo has echado tú encima, como lo has hecho otras veces con varias cosas, para hacerme daño a las malas. ¡Despechado! ¡Cobarde!

—¡Qué se calle, el atrevido! —bramó el capitán.

—¡Cállate! —corroboró servil don Jacinto, cruzando el índice sobre los labios y encarándose conmigo.

—Que llamen a mi padre, que él sabe bien lo que éste se trae conmigo. Que lo llamen, que también él es del ejército. No abusen conmigo —grité con todo mi heroísmo de aquellos momentos.

Carlos Manuel retrocedió hasta ponerse al lado de su padre. Este no se atrevió a tocarme, cohibido por la fuerza de mi debilidad indignada. Para cortar la violencia de la escena, el miedoso don Jacinto prometió a su compatriota uniformado que enseguida llamaría a mi padre, y que mi falta no habría de quedar sin el merecido correctivo.

—Cuente, cuente usted —dijo— con que éste no sigue en mi colegio. No quiero aquí gente renegada.

Mientras me conminaba el maestro, y el capitán retrocedía, dominado, tronando sordo, seguido de su digno vástago; yo, sin fingirlo ni mucho menos, me paseaba triunfador, las manos en los bolsillos de mis cortos pantalones, en medio de mis condiscípulos admirados. Hasta que don Jacinto me hizo sentar en una silla; un muchacho fue en busca de mi padre, y los demás regresaron a reanudar, en el traspatio, el endemoniado barullo.

Conmigo se enojó mi padre, al saber el origen de lo ocurrido. Pero cuando de veras le exaltó la ira fue cuando se enteró de la vileza de Carlos Manuel, de los desplantes ridículos y de los tirones de orejas con que me reprendiera el capitán de voluntarios, y de la muy reprobable conducta del maestro en el odioso lance. Herido en su amor de padre, de apasionado padre hispano, ante lo avasallador de tal sentimiento, anulada quedó toda otra consideración de patriótico egoísmo y de personal conveniencia. Sobre aquel vejete cobarde empezó a desatar un tremendo discurso capdevilesco, y aquél, en instintivo empeño de aminorar el efecto del chaparrón, se comprimía de hombros, inclinaba la cabeza, reducíase de piernas, mientras aventuraba tímidos e insinceros monosílabos, en explicación y defensa de su cobarde proceder.

Con este remate acabó mi padre de soltar la bilis:

—Y, enterado de lo sucedido aquí esta tarde, de más está su indicación de que Ignacio no puede continuar en el colegio. Menos que usted quiero que siga él aquí, tan cerca de esos bestias de la ferretería, y tan desamparado de parte de usted, que parece entender el patriotismo en el sentido estúpido en que lo entienden esos señores. Hay que ver que se trata de muchachos, don Jacinto, y que no es ése el camino a seguir para que los cubanos amen a España y a los españoles. Y sin ser bienvistos por ellos, mal vamos a andar, señor mío. Créalo usted; que no se lo dice un desteñido, como nos llaman los intransigentes a los que, aunque venidos de allá, sabemos ponernos en el justo medio. Se lo asegura un español, que se cree serlo más dignamente si procede con la nobleza y la hidalguía de que blasonamos y damos constantes pruebas, allá en el terruño, cuando andamos con la cabeza despejada, libre de humos quijotescos, saludablemente olvidados de la Invencible, del Pendón de las Navas y del Wad Ras. Y, le repito, se lo afirma un español. ¡Y un español que sirve al Gobierno, don Jacinto!

Y dirigiéndose a mí:

—Coge el sombrero y vámonos.

Don Jacinto quedó en medio de la saleta, inmóvil, los brazos en desmayo, la boca a medio abrir, los ojos fijos en un gran mapa de España que cubría todo un lienzo de pared. Por detrás de las puertas que daban a la saleta, oyéronse bisbiseos de curiosos, y por las rendijas de ellas viéronse listones de rostros que atisbaban la escena.

Adusto y formalísimo, seguí a mi padre, que en cuanto llegamos a la calle empezó a reconvenirme pausada, pero sólidamente. Me recordó que era yo hijo de español, y de español que pertenecía al ejército, y me dijo que era necesario que dejara toda hondura patriótica para más adelante, para cuando fuese yo algo más que un mocoso de doce años. Me dijo que me pondría en un colegio de cubanos, o en el legítimamente célebre Instituto de la ciudad: Me advirtió que era peligroso que me fuera por ahí a decir el porqué de mi salida del colegio de don Jacinto; máxime que se lo dijera a mi tío, y ello por lo que se adivina y presume de lo dicho hasta aquí, y de lo que viene más adelante.

II

Mi tío era el prototipo de ese engendro adecuado de la Colonia factoría, que se llama el *bodeguero*; judío legítimo en la fobia del agua, el jabón, el peine y la ropa limpia; judío en la bovina docilidad para resistir toda suerte de humillaciones, con tal de que éstas sean traducibles en valores sonantes; judío por la ingénita índole acaparadora; judío por la centavera usura y la felina ingratitud.

Y prototipo de la *bodega* de la Colonia, que hoy subsiste en la República, aunque superficialmente modernizada y con ribetes de higiene americana, era la *bodega* de mi tío. La *bodega* prima hermana de la pulpería sudamericana, hijas las dos del sórdido comerciante hispano. La *bodega* rastro, cantina, lugar de hamponesca tertulia, escuela de malacrianzas, fuente inagotable de los más negros fraudes alimenticios.

Instalada se hallaba la *bodega* en un patriarcal caserón del linaje de aquel en que estaba el colegio de don Jacinto. Pero el establecimiento y su dueño, ocupaban solo dos piezas delanteras: la sala, que era la *bodega* propiamente dicha, y la pequeña saleta, que era trastienda y alcoba de mi tío y del dependiente, rapaciño galaico traído del Bueu de mis antepasados por la línea paterna. La media docena de habitaciones restantes, por derecho de subarriendo, pertenecían a mis padres. El patio ya se sabe que era mío, y que en él me fortalecía lapidando pájaros, desgajando árboles, empapándome de lluvia, de Sol, de aire libérrimo y vitalizante.

Permítaseme una descripción.

Un mostrador de madera teñida de verde y cubierta en la parte superior, en el extremo dedicado a cantina, por una tachuelada lámina de cobre. En esta parte, protegida por una verjita de hierro, de parales terminados en puntas de lanzas, alinéanse, en altibaja y polícroma formación, las botellas de veneno, y entre ellas la que menos veneno contiene: la de aguardiente puro de caña, de color de agua potable, olor mostoso y sabor de fuego. Después, la de grueso vidrio cuadriculado, portadora del anís; la verde con el compuesto de caña, cáscaras de naranja y semillas de culantro; los tarros barrigones de asesina ginebra; el coñac Moullón de Sagua la Grande; el vino Alella de palo Campeche y el Mistela, legítimo de la trastienda. Todos los envases con los marbetes y los corchos punteados de moscas; la plancha de cobre limosa por el desaseo, y debajo de todo la execrable media tina, para el lavado de vasos y cucharillas, con su agua color de café con leche viejo, jabonosa, maloliente, en la que flota un archipiélago de corchos, rodajas de limón y patas de cucaracha.

En el extremo contrario al de la cantina, la vidriera de los dulces: cusubés, bolas de gofio, alegría, caballitos, cantúas y matahambres, en una Arcadia feliz de abejas, moscas y hormigas.

Entre cantina y vidriera, en el verdadero mostrador, de superficie costrosa, con manchones de sal, vino, manteca y petróleo, una balanza de libras de trece onzas, y resmas de amarillo papel de estraza.

En frente del mostrador, en la pared que divide las dos puertas de la calle, otra vidriera entrepañada, con efectos de quincallería, sellos de correo, estampas de vírgenes y santos, rosarios, catecismos y novenas. Al lado, en un rincón, la carbonera de tablas, con su curvada mancha de cisco en el suelo, y en el rincón opuesto, algunos mazos de caña.

En los entrepaños de mostrador adentro, polvosas ringleras de orinales, porrones y alcarrazas; latas, frascos, cuñetes y envoltorios, con rótulos bilbaínos, catalanes, gallegos y asturianos. En los grandes cajones junto al suelo, mezclados con el arroz, los frijoles y el café molido, están el tasajo, el bacalao, los camarones fosilizados en sal y otros miserables y exóticos alimentos, introducidos en negros tiempos de esclavitud.

El piso de las dos piezas tiene siempre una astrosa alfombra de cáscaras de fruta, cajetillas de cigarros vacías, cabos de tabaco, salivazos y papeles, y en la esquina de la casa, extendiéndose por la acera rumbo al medio de la calle, el nauseabundo reguero de orines de algunos transeúntes que tienen el resabio «europeo» de convertir en mingitorio, y algo más, las esquinas un tanto extraviadas, los pedestales de las estatuas, las escalinatas de los templos y los estribos de los puentes.

En la trastienda, entre un verdadero rastro de objetos empeñados por los desnutridos parroquianos, entre barriles de manteca, tabales de sardinas, pirámides de tasajo, murallas de cajas de bacalao, de vela, de jabones, entre sacos de papas y más ristras de ajos y cebollas, entre picadas de chinches, correcorre de ratas, olores de fermentación y la propia tinta del cuerpo en crónico desaseo, en una inmunda barbacoa y en sendos catres de viento, desnudos de ropa blanca, duermen mi tío y su dependiente.

Por ahorro de palangana, mi tío y su convillano satélite se lavan la cara en el chorro de la pluma cantinera, y ello solo una vez al día, al dejar el catre cada mañana, soplando ruidosamente durante la operación, terminada siempre por un enjugue en media vara de toalla, que va a la lavandera cada quince días con una muda de ropa de cada *bodeguero*. Trimestral es el aseo de lo comprendido entre la cara y los pies, y siempre con agua escasa, tibia y alcoholada. El traje diario, el de atender a la clientela, de dueño y dependiente, es la camiseta de punto, el viejo pantalón de voluntario y la clásica, silenciosa y cloroformante alpargata. El lujo de mi tío, en días de entierro, de sexual desahogo con la inevitable barragana etiópica, o de recorrido de almacenes, compónese del fruncido panza de burro, la camisa de colorines, con cuello bajísimo divorciado de toda corbata, el más nuevo y planchado pantalón de rayadillo azul, el saco de reluciente alpaca y los juanetudos botines de elásticos. Hay otro lujo para entrambos, dueño y rapaz: el uniforme completo de sargento, y el de soldado, respectivamente, del Segundo Batallón de Voluntarios de Matanzas.

Clientela: chiquillería de todos los matices que hay entre el negro centroafricano y el rubio montañés, pasando por el crema chinesco; cliéntulos anémicos, barrigones de lombrices, semidesnudos, en desastrosa promiscuidad de sexos, rozando el vicio y aprendiendo desvergüenzas, en un barullo de todo el día, sin horas de colegio, ni horas de trabajo. Tertulia y entra y sale de ñáñigos, peninsulares y criollos, blancos y negros. Baratas y repugnantes lumias. Crónicos borrachines. Tahúres de centavos y convidadas. Cobradores del barato, de innegable abolengo valenciano, entre los cuales no falta el guardia municipal, compadre de matones y rateros, desteñido de uniforme, de rostro aguardentoso, y de bolsillo tan perennemente hambriento de paga como los de los históricos maestros de escuela, aludidos ya. Ejemplo inmejorable del sistemático encanallamiento popular, para el más fácil sojuzgue de los colonos, es la descrita, característica *bodega* de mi tío.

En la pieza que mi madre destina a comedor, y con el disgusto de mi madre, comen su cuñado y el dependiente. Con el disgusto de ella, porque a la hora de la comida los dos *bodegueros* ponen una nota discordante en el aire de aseo y buena crianza que se respira en la parte de la casa que mi madre, hacendosa, enemiga impenitente de toda porquería, mantiene limpia como un espejo limpio. Sobre todo, durante las comidas, inquieta, nerviosa, se pone mi madre por la mala costumbre, de mi tío y su apéndice, de tomar la sopa sorbiéndola ruidosamente de la cuchara, y por el pésimo vicio de regoldar el diario e inevitable cocido hispano.

Mi tío, valga la verdad, era generoso con una sola persona en el mundo: conmigo. A menudo me regalaba plumas, lápices, tinteros, pliegos de aquel hediondo papel de barba, de ingrato recuerdo, cajones vacíos para mis trampas de gorriones y fósforos de palito para mis fumas de hurtadillas. En cambio dedicaba yo la primera hora de diurna claridad a las cuentas de la *bodega*, en tanto que el dependiente iba a las compras del Mercado y mi tío pesaba y envolvía reales de café y azúcar, en espera de la temprana marchantería.

Una mañana, cuando realizaba yo el difícil y cotidiano trabajo de ordenar la gruesa, retinta y asimétrica contabilidad que mi tío llevaba en sus libros, y él maquinaba con los resortes de aquella balanza de libras de trece onzas, entró en la *bodega* un mocete, tipo de obrero que se encamina a su trabajo: gorra de sombrosa visera, camisa de mangas recogidas, saco al hombro, pantalón de dril marino, con salpicaduras de lechada, que a la vez eran blancas estrellas en los borceguíes de cuero virado y nudosos cordones.

Hizo saltar sobre el mostrador un duro de plata, nuevo, brillante, que el tacto de mi tío encontró resbaladizo, casi tibio, como acabado de salir del troquel, a tiempo, que dijo:

—Una ginebra de la Campana.

Servida la copa, mi tío hizo botar sobre el mostrador la flamante moneda, y, a falta de un motivo valedero para rechazarla, púsola en el cajón del menudo. Dio el vuelto en mugriento papel del Banco Español, y se quedó muy serio, sopesando al otro con analizante mirada. Luego, tan pronto como desapareció nuestro hombre, mi tío volvió al cajón y puso aparte el duro, que, en el primer cambio de un centén, fue a parar a manos de un buen marchante; por si acaso.

A la otra mañana, exactamente a la misma hora del día anterior, entró el presunto albañil en la bodega: soltó un segundo peso espejeante, y al hacerlo demandó:

—Una Campana.

Mi tío estuvo indeciso breves instantes. Después repitió la prueba de tirar la moneda contra el mostrador y agregó lo de rigor en tales casos: le hincó un diente y la sopesó en la palma de la mano. Acabó por servir el trago; puso el duro en lugar aparte del cajón del efectivo; me hizo un guiño significativo y se quedó luego examinando a distancia al inquietante parroquiano, que paladeaba su ginebra y se entretenía en ojear la botellería enringlerada en la cantina, todo con un gran aplomo; con el mismo aplomo con que se marchó minutos después.

Enseguida mi tío sacó la bruñida pieza, me la puso en la mano y exclamó:

—¡Qué te parece lo bien que hace este pillo las monedas falsas!

—¡Sopla! ¡Esto está acabadito de hacer! —exclamé a mi vez.

En el acto mi tío llevó la moneda a mis padres, quienes declararon que era igual a una legítima pieza de 5 pesetas; en el peso, la dureza, el sonido y la nitidez del relieve; por lo que mi tío al volver dijo resueltamente:

—Al Banco voy con él mañana mismo; para salir de dudas.

Pero, la mañana próxima, a la hora de costumbre, el propio individuo, con idéntico traje de albañil, entró en la *bodega*, se detuvo frente a la cantina, y soltó su invariable:

—Una Campana.

E hizo saltar sobre el mostrador otro de sus tersos y bien sonantes duros de plata.

Mi tío hizo ademán de decir algo, de resistirse, de explotar malgeniosamente; pero el parroquiano tenía cara de pocos amigos, y además mi tío, aunque con cierto dolor de su alma tacañísima, se percató de que no era mucho perder si daba 5 pesetas por aquel durete que, junto con el otro, podía ser llevado aquella misma tarde al Banco. Presumo que ya había en él algo de malintencionada curiosidad. Tragó saliva, me hizo un guiño, y sonriente, con sonrisa de lépero, le dio el vuelto al hombre.

En tanto yo —que en aquella semana me entusiasmaba con la lectura y relectura de un cronicón de aventuras—, medí y escudriñé, con delectación detectivesca, el talaje de nuestro hombre.

Sí, semejaba un obrero, maestro albañil o pintor, por el aspecto de su ropa manchada de cal, barro y pintura. Pero el cuerpo flacucho, anguloso, me hacía intuir por allá, adentro de camisa y pantalón, mucho hueso y pellejo y poca musculatura de trabajador. Además, para maestro albañil, muy joven era el hombre, y, hasta donde podíase apreciar a distancia, las manos eran muy de señorito. La cara no parecía muy avezada al Sol. Me fijé en que la nariz era muy fina, y muy finas las orejas puntiagudas, ratonilmente separadas del cráneo. Muy vivos y sagaces los ojos redondos y pequeños, y muy cuidado el incipiente bigotito negro. Grabada en la mente se me quedó aquella figura; aquel sujeto que en mucho se ha mezclado después en mis andanzas por el mundo, hasta ser personaje delantero de esta novela de mi vida.

Cuando mi tío, aquella tarde, vino del Banco trayendo la comprobación de que eran legítimos los 2 duros de plata sí quedóse muy inquieto, sin saber qué partido habría de tomar en el caso muy probable de que al día siguiente se presentase de nuevo el extraño personaje con otro de sus duros lustrosos. ¡Serio problema, rediós! Por un lado, ¿cómo rechazar aquel dinero que tenía toda la apariencia de legítimo? Por otro lado, ¿no era un engorro que le soltaran un duro falso cada mañana? ¡Aquel tipo sí que había resuelto el problema de hacer dinero pronto y con seguridad! Y aquella noche el *bodeguero*, presa de irresistible tentación, al sumergirse en el apestoso ambiente de la trastienda, al doblarse sobre el desnudo catre, murmuró esta resolución:

—Mañana se resuelve esto.

A las siete de la mañana en punto, que había sido su hora de los días anteriores; cuando el marusiño andaba por el Mercado, yo me orientaba por la contabilidad laberíntica de la casa y el dueño de ésta le despachaba medio de café y azúcar a una oscura chiquilla, se presentó el hombre.

—Una Campana.

Y con soltura de *croupier*, hizo rodar por el mostrador rumbo a las manos de mi tío, uno de los consabidos pesos rutilantes.

No lo tocó mi tío. Puso la ginebra, y con acento amistoso preguntó:

—Hombre, ¿no se ha fijado usted en que nunca me paga la ginebra con dinero en billete, ni con calderilla, reales o pesetas; sino que todos los días me paga con un peso?

—No, no señor. No me he fijado. Y déme el vuelto, que se va la hora del trabajo... —y se fue.

—¡Muy bien! —me dijo mi tío—. Nos ha embromado otra vez; pero es la última. Mañana, en cuanto entre, me dejas solo con él.

A la mañana siguiente:

—Una Campana.

Y... ¡tan!, el peso contra el mostrador.

El golpe me hizo levantar la cabeza. Vi al hombre, y en el momento me largué a la trastienda, a oír y avizorar por una rendija que había en el fondo del armatoste, entre lata y lata de salmón.

Tomó el peso mi tío; se lo puso delante al misterioso, sobre la plancha metálica de la cantina, y le dijo:

—¿Ve usted como siempre me paga con un peso?

—Casualidad.

—¿Casualidad? Pues, no más casualidades conmigo. O usted me da otra moneda, o no le despacho.

—¿Y por qué?

—¿Que por qué? Porque no me da la gana de que usted me meta un peso falso todos los días.

—¿Falso?

—Sí.

El hombre dudó. Los dos estaban solos en la *bodega*. Pero se lanzó el primero, en tono bajo, confidencial, como en un arranque de inopinada sinceridad:

—Bueno, oiga usted: yo hago unos pesos, que se los traga el pinto de la paloma.

—¡Ya lo creo! Se los tragan en el Banco; que es cuanto hay que decir...

—Pero, amigo, carezco del pico que se necesita para comprar los materiales en gran escala y hacer dinero en poco tiempo, y tengo que conformarme con ir tirando. ¡Ah, si yo tuviera 100 centenes! ¡Si yo encontrara una persona que quisiera salvarse, sin peligro alguno, y que no tuviera miedo de meter 100 centenes, la porquería de 500 pesos en el negocio!

Mi tío sintió, ya franca, la tentación de timar que experimenta todo candidato a timado. Porque todo timo es el choque de dos pillos. Uno piensa que, con un rollo de papel de periódicos, rotulado $5.000, y el cuento de la limosna, puede sacarle 100 pesos al primero que se le presente con cara de bobo. El otro razona: con 100 pesos, que si bien es cierto que me ha costado gran trabajo reunir, no es ningún capital, puedo sabrosamente apoderarme de esos 5.000 duros. Y como mi tío vino a América con el firmísimo designio de hacer dinero por todos los medios compatibles con la honradez al uso, sintió la casi necesidad de entrar en aquel negocio claro, productivo, rápido y seguro...

—¿Para qué te hacen falta los 100 centenes? —inquirió mi tío.

—Para comprar los materiales químicos; que solo pueden conseguirse con uno que va a bordo de los barcos de travesía; con un estibador. Ahora bien; si usted quiere hacer el negocio, para que no tenga desconfianza, usted va a ver al individuo conmigo; le compra lo que él tenga en su casa, el platinoloide y el ácido mercurítico, que es lo que nos hace más falta, le paga usted mismo y se trae eso para su casa. Después, en la trastienda, haré yo el trabajo.

—¿Y como cuántos se pueden hacer al día?

—¡Oh! Unos 200; pero no se puede trabajar diariamente, porque tengo que irme por ahí a meter el dinero que se vaya haciendo. Entonces, con menos apuro, se podrá esperar a que los pesos pierdan el brillo, para ir más al segurete. ¡Como que los pesos se los mete al mismísimo pinto de la paloma! ¡Figúrese!

—¿Y cuándo podríamos ir a ver a ese individuo de los materiales?

—Mañana a las cinco de la tarde.

—Venga a las cinco, para ir juntos.

Con un «¡Al pelo!» se marchó el hombre. En puntillas, salí de la trastienda. Mi tío se puso a cortar medios de jabón amarillo; a pensar en el filón descubierto, haciéndose el cuento de la lechera, y afirmándose en su propósito de no decir a nadie una palabra de su inesperada buena suerte.

Al otro día, a la hora por ambos fijada, mi tío y el falso albañil salían de la bodega, lastrados con un paquete de centenes que llevaba el primero.

Llegaron a una cuartería del ñañiguesco barrio de Simpson. Se fueron a uno de los últimos cuartos. Llamaron a la puerta, y salió a ella un recio mulatón, en calzones y camiseta, al aire la broncínea musculatura de los brazos. El acompañante de mi tío hizo la presentación e hilvanó la plática:

—Hola, Seisdedos. Aquí tienes al señor de quien te hablé.

Aire de fingida desconfianza en el mulato, y...

—Oye, chico, no me acuerdo de que me hayas hablado de nadie.

—¿Cómo no, compadre? ¿Ahora vas a salirme con boberías? Déjate de eso; que cuando yo presento a un hombre para un negocio, es porque lo conozco. El señor es un hombre emprendedor, entero, honrado...

—Sí, sí —entrometió diligente mi tío—. No tenga usted desconfianza ninguna, que está usted tratando con un hombre.

—No lo dudo —respondió el supuesto estibador. Y volviéndose hacia su compinche, agregó—: Tú sabes que ésta es cosa de peligro.

—Es claro, chico; pero cuando yo vengo con el señor... ¡Vamos...!; comprenderás que...

—Bueno, pasen.

Entraron los visitantes. El mulato sacó, misteriosamente, dos grandes cajas, que fueron de bacalao, de debajo de la cama. En una había unos frascos de barro, de los de cerveza inglesa, muy encorchados, lacrados y precintados. En el otro, 2 arrobas de estaño en barras, en grandes paquetes envueltos en algodones y papel de plomo, con chapas de lacre y sellos de correo por todas partes. Se trataba, pues, del ácido mercurítico y el platinoloide.

Mi tío entregó, contándolos uno a uno, los 100 centenes. Entre los dos socios llevaron las cajas al coche en que fueron ambos a la cuartería. Y a la trastienda de la *bodega*, debajo de una montaña de sacos, fueron a dar las cajas de materiales químicos.

Solo quedaba el esperar a que, al día siguiente, el hombre viniera a fabricar pesos.

Esperó mi tío. Esperó mucho tiempo. Puede ser que esté esperando todavía.

Semanas más tarde, hallándome en un juego de *baseball*, en uno de aquellos apasionados y pintorescos desafíos de *baseball* de los años anteriores a la Guerra de Independencia, me ocurrió lo que relato enseguida:

Aquella tarde, además del juego de pelota, culto, moral, varonil y saludable, había corrida de toros, diversión salvaje que nunca llegó a tomar carta de naturaleza en la noble y progresista índole antillana. En glorietas y graderías del estadio pelotero, hormigueaba una muchedumbre criolla de ambos sexos. En el coso bárbaro apretujábase la multitud importada, y entre ella, naturalmente, toda la policía de la ciudad, entre cuyos miembros, también naturalmente, no había un solo hijo del país.

En las glorietas de los terrenos de *baseball*, sin otro estímulo que el que es propio del noble juego norteamericano: el estímulo de ser de uno u otro partido, habanista o matancista, la gente se entusiasmaba, palmoteaba, daba gritos, discutía fogosamente. En las gradas de Sol comenzaba ya el mal de las apuestas, que más tarde ha corrompido el *baseball*, alejando de él al elemento femenino, que es el que más enaltece y alegra todo espectáculo público.

Súbitamente, entre los espectadores del Sol, surgió un molote. Había molinetes de bastones, espejeos de armas blancas y apiñamiento de gente que gesticulaba y gritaba con grandes aspavientos.

Junto con otros curiosos, corrí y logré acercarme al centro de la perturbación. Vi a dos o tres individuos desgreñados, sin sombreros unos, descamisados otros, dos de ellos con sendos mapas de arañazos en la cara. Algunos se alejaban con mal disfrazada prontitud, por detrás de las graderías, y sobre uno de los tablones de ésta, el sujeto a quién se señalaba como causante de la pelotera por negarse a pagar una apuesta.

¡Diablo! Era, indiscutiblemente, el mocete que había timado a mi tío metiéndole por falsos unos pesos muy legítimos, que el muy bribón limpiaba y bruñía cada mañana antes de venir a la *bodega* con su cotidiana orden de: «¡Una Campana!».

Pensando en eso, y recordando que mi tío, cuando relató en casa la evaporación de sus nunca bien llorados 100 centenes, había reconocido que no podía denunciar al pillo sin acusarse a sí mismo de falsificador de monedas, quedé lelo, ensimismado, las manos en la cintura y la vista fija en los ojos del hampón, en actitud no disimulable de fuerte sorpresa.

Me sorprendió él en mi ensimismamiento. Me echó una mirada, que traduje por «¡Atrévete a decir quién soy, para que veas!». Se palpó matonescamente un bulto que tenía en la cadera derecha, por debajo del saco, y, como lo hicieron los otros comprometidos en el escándalo, se alejó, escurriéndose, con no simulada prontitud, por detrás de las pobladas y bulliciosas graderías de Sol.

Después de la original modalidad del *timo de la guitarra* de que fue adecuada víctima mi tío, y después de lo acabado de narrar, nada extraordinario, merecedor de ser escrito, hubo en mis días de Matanzas, excepción sea hecha de los odiosos exámenes del bachillerato.

Tras el febril estudio, las noches en vela forzando la retentiva para grabar en ella fechas, nombres y respuestas de cartabón; barajando ecuaciones, silogismos y retóricas; tras los consabidos días de desgano, de temores, de locas excitaciones del amor propio, José Inés Oña salió reprobado, y Carlos Manuel y yo conquistamos lustre inempañable con la envidiada nota de sobresaliente.

Lo diré mejor, entre oscuras y pareadas admiraciones. ¡A los quince años y medio, oficialmente *sabía* yo Idiomas, Lógica, Cívica, Matemáticas, Historia y Geografía física, política, astronómica y algunas esdrújulas más! Hasta literatura de todas las épocas, países, escuelas y colores. A los quince años y meses, *sabía* yo de la brillantez de la forma de Flaubert, del verismo de Zola, de la profundidad de Cervantes, y podía citar a todos los inmortales de las letras, con sus obras notables, influencia en la lectura de sus respectivos idiomas, peculiaridades, estilos, biografías; todos, menos los que no conocía oficialmente. ¡Oh forma flauberiana, realismo zolesco y filosofía del máximo Cervantes!, los que más me gustaban; los que más horas sustraían a mis sueños, a mis juegos, a mis estudios: Montepin, Eugenio Sue, Paul de Koch y Juan de Dios Peza.

III

Hoy; esto es, a los diecisiete años de la Independencia y a los 1919 de moral cristiana; es decir, cuando, aunque jóvenes en la vida política, los cubanos hemos sobresalido ya en todas las democráticas especialidades hispanoamericanas, Placeres, la villa natal de mi madre y mía, tiene unos ocho mil habitantes, y es, detalles de más y de menos, tan adelantada en el camino de la civilización como cualquiera de nuestras pequeñas poblaciones de tierra adentro.

Placeres es orillada por las paralelas de dos importantes ferrocarriles; es atravesada por nutridos pentagramas de hilos telefónicos, y las modas de sus mujeres y las noticias de *El Placereño*, diario local, guardan orden cronológico con las modas y con las noticias de los rotativos de la ciudad capitalina.

Placeres tiene más: tiene su parque moderno, con simétrico arbolado, profusión de bombillas eléctricas, avenidas de cemento y elegantes jardinillos recortados a la inglesa. Tiene sus calles macadamizadas y numeradas; sus hoteles *El Louvre* y *Las Tullerías* inevitables; sus sociedades de instrucción, recreo y timba permanente; sus automóviles y sus hembras de alquiler; sus poetas rubendaríacos; sus expertos en política tropical; sus gremios de resistencia obrera, y su consiguiente, moralizadora, nunca bien alabada competencia entre ministros evangélicos, *mediums* espíritas y pastores del rebaño católico.

Un año antes de Baire; es decir, cuando los autonomistas levantaban polvaredas de entusiasmo patriótico por toda la Isla, y Martí robustecía su místico ardor y su fe libertaria entre los fervorosos emigrados que poblaban las tabaquerías floridanas; es decir, cuando no era ridículo tener ideales cívicos, Placeres, la villa natal de mi madre y mía, era un mal villorrio de dos mil almas, con todas las características de un medianejo pueblo de aquellos días coloniales. La céntrica plaza, con pobretes faroles de petróleo en las esquinas; media docena de bancos de madera, despintados, polvorientos y regados al azar entre los manchones de hierba bruja, que a veces era regalo de chivos y caballos cacicales; cuatro hileras de laureles y framboyanes que orillaban el conjunto y en el centro cuatro embriones de palmas criollas, que daban simétrica escolta al lujo de la plaza: el kiosco de tabloncillo azul de Prusia, para los conciertos dominicales de la bulliciosa banda de la guarnición. En una esquina, frente a la plaza, la iglesia, que por lo grande que la soñaron quedó a medio hacer, sin torre y sin repello en los muros exteriores. En la esquina, diagonal a la iglesia, el colmenar de la clásica tienda mixta, con su típico portal de baranda, que invadían las reatas de mulos y caballejos de los mercaderes campesinos. En medio de una de las cuadras que limitaban la plaza, la botica más notable del pueblo, con sus estantes cetrinos, realzados por las líneas de tarros de brillante loza blanca, con dorados letreros en latín; su mostrador con los obligados frascos ornamentales llenos de aguas coloreadas, y su portal con el estrado, de taburetes para los sabios del lugar, que presidía el boticario. Algunos cafés esquineros con parroquia de soldados y gente criolla de menor cuantía, y ruido constante de bolas de billar, fichas de dominó, soleares, peteneras y puntos guajiros. Por otra parte, frontera a la plaza, el Casino, con sus corrillos de arregladores del mundo en el exterior, y en el interior la endémica timba de la Colonia, heredada después por la República. En medio de la cuadra en que estaban las mejores casas, el Ayuntamiento, gris caserón de mampostería, con su portal de macizas columnas, su reloj tarumba, su eminente bandera gualdirroja y la azul y movible mancha del retén de guardia. Después, anchas calles arenosas con tenduchos multicolores, típicas casas de madera y de guano —de mampostería las menos—, todas con espaciosos portales y amazónicos patios sembrados de enormes frutales, que asomaban sus copas por encima de tapias y tejados. Por estas calles: guardias civiles con añilosos uniformes y machetes de cruz, inmejorables para el tradicional «componte»; guajiritas de percales y borceguíes, montunos de jipi y guayabera; escasa gente de vestir ciudadano; billeteros, vendedores ambulantes, algunos jinetes en repiqueteadoras cabalgaduras criollas; a veces una carreta, pesada y ruidosa, con una procesión de bueyes; algún que otro desteñido guardia municipal, y negras bandadas de tiñosas, protegidas por la ley, que tácitamente les encargaba el servicio de higiene pública.

Entonces, en el año de 1894, cuando iba yo por mis dieciséis años, volvimos mi madre y yo a Placeres, en busca de consuelo y hospitalidad bajo la égida de mis abuelos maternos: Ella vestida de negras tocas llorando silenciosas lágrimas, llevándome de la mano, en una como fiebre de temores y cuidados, de amor de madre adolorida por un formidable mazazo del destino. Vestido yo de cerrado luto, aplanado bajo el propio golpe moral que despiadadamente hiriera a mi madre.

Una y otra acabábamos de perder al único sostén firmísimo de nuestra debilidad; al solo cultivador y guardián de nuestras virtudes, de nuestra felicidad, de nuestras vidas. Acabábamos de perder a mi padre; a mi buen padre-amigo, yo; al esposo paradigma de esposos, ella.

Fue del modo más doloroso, si es que en el dolor por la muerte de un buen padre y de un marido amante y amado caben gradaciones de intensidad. Lo perdimos de muerte casi repentina, de una pulmonía doble, a 1.000 millas del hogar, de nuestras almas, que, mientras él agonizaba lejos de los suyos, juzgábanlo animoso, fuerte, en recia lucha por la vida.

Medio año antes, por la ojeriza que le procurara entre sus jefes su españolismo sin quijotescas estridencias, mi padre había perdido su empleo de factor en el ejército. Llevado de su inclinación al estudio y de sus nobles aspiraciones, después de dejarle a mi madre lo preciso para la vida y mis estudios, se fue a los Estados Unidos en busca de uno de aquellos títulos filadelfianos que obteníanse con dos años de afanoso estudiar. Durante el verano, a cuyos comienzos había él dejado la Isla, entre lágrimas y mutuas recomendaciones cariñosas, todo fue bien, y las cartas del estudiante de cuarenta y cinco años venían plenas de seguridad y optimismo. Pero llegó el invierno crudo de septentrión, y con la primera nevada el terrible asalto de la traicionera dolencia, que, en aquella robusta naturaleza de aldeano gallego, hízose incurable desde los primeros momentos: En estos primeros momentos mi padre comprendió toda la gravedad de su caso, y, llamando a su lado a un cubano, compañero de estudio, le hizo escribir una carta para mi madre, en la cual, brutalmente, con las ansias de quien ve derrumbarse, de súbito, todo el ideal de la vida, le daba la noticia de la gravedad de él, formulando precipitados consejos para el mejor aprovechamiento de la escasa fortuna en la empresa de mi educación. Entre esta primera carta y la que recibimos tres días después con la terrible ratificación de nuestra desgracia, mi madre y yo pasamos por la más desesperante, por la más inenarrable angustia. Cuando vino el golpe definitivo, cruel, inmenso, que a nuestro gran dolor se nos hacía trastornadoramente inconcebible, mi madre quedó largas horas hundida bajo el peso de aquél. Echada a través de la cama conyugal, bebíase el silencioso llanto, ahogándose en aquella pena que, de grande, no cabíale en el pecho. Estrujábame en sus duras, delirantes caricias, mojándome con el agua de sus ojos; en tanto que yo, en un vacío del alma, en un desplome moral, en una subconciencia dolorosa, solo veía, para llorarlo, el cuadro de mi padre moribundo, lejos de los besos y de las lágrimas hogareños, en una desalmada enfermería escolar o en la sala de un hospicio público, y el cuadro del casi solitario entierro, mecánico, frío, allá a 1.000 millas de nosotros, de aquella Matanzas en la cual el recuerdo, la nostalgia de él, amargara nuestro vivir.

Al saber la muerte de su hermano, mi tío demostró más sorpresa que dolor. Hasta hizo visible cierta rara, chocante complacencia, al ver que los hechos habían venido a corroborar su bodegueril criterio de que mi padre nunca hubiera podido abrirse paso en la vida, porque no la entendía, y, en vez de haber venido a Cuba a trabajar en el comercio, a ganar dinero, púsose a perder tiempo. Primero, formando hogar con inconveniente premura; luego con sus extrañas opiniones políticas, que le llevaban a disculpar y hasta ver con buenos ojos el separatismo de los cubanos, y, para colmo de disparates, aquel de haberse ido al Norte en busca de una carrera. ¡Vaya, vaya! Bien se lo había él dicho, y repetido a su hermano. ¿Qué más carrera que la del productivo comercio a la española, con géneros españoles, en lo que de tierras españolas quedaba en América? Allí le tenían a él de ejemplo. Poco lujo en la ropa, poquísimo en el comer y ninguno en el dormir. ¿Diversiones?, la del negocio, y para mujer, la negrita o mulatica barata, sumisa y exenta de enojosas complicaciones pasionales. En cambio, tenía ya, además de su *bodega*-filón, media docena de casuchas de alquiler y una taleguita, allá por la calle del Río, por la Sucursal del Banco Español de la Isla de Cuba.

En aquel ambiente de penuria sentimental, de sordidez, de egoísmo, la viudez de mi madre hízose pronto doblemente insobrellevable, y mi orfandad mucho más hiriente y desconsoladora. Por eso mi madre pensó en buscar sedativo a nuestra profunda herida moral, en casa de sus padres; en el cariño, en la nobleza, en la hospitalidad de la «otra casa», de la única que pudiéranos dar digno asilo. Y, por ello, volvimos a Placeres, a nuestra villa natal, en el año 1894, en una tarde de invierno, gris y lloviznosa; mi madre, de negras tocas, y yo con cerrado flus de luto y con los ojos llorosos y el alma muy triste, como los ojos y el alma de ella.

Aquella Placeres, de la cual guardaba yo alegres recuerdos de la primera infancia; recuerdos de mañanas luminosas pasadas en jocundas cacerías por los guayabales arrabaleños, de pueriles trapisondas por calles y cercados, de bucólicas correrías por las márgenes del vecino río, de las mil no borrables ilusiones de la risueña inocencia pasada; aquella Placeres cuyo recuerdo viviera, con siempre creciente prestigio en mí, me pareció otro pueblo en el momento de la llegada.

En él sentí entonces toda la hostilidad de los lugares que por primera vez nos dan asilo. Y más por allí, a la orilla del poblado, por los alrededores del paradero, cuyo andén ya empezaban a querer alumbrar dos mortecinas luces de petróleo. Y más allí, a la llegada del tren, del cual bajamos una docena de viajeros, y al cual esperaban dos coches desvencijados y polvosos, la azul figura de un municipal, el carrucho de la correspondencia, dos arrapiezos consignatarios de sendos rollos de diarios habaneros y el desarrapado y bullicioso grupo de la pueblera chiquillería pedigüeña de bultos y maletas.

Por un error en las cartas cruzadas entre mi madre y mis abuelos, nadie nos esperaba en la estación; y porque los otros viajeros eran más ágiles, o estaban avezados a trotar por aquellos rumbos, nos quedamos sin ninguno de los dos coches, y tuvimos que andar a pie, seguidos de dos maleteros portadores de los equipajes de mano, toda una larga calle, atravesando la mal alumbrada plaza, hasta la casa de mis abuelos, grande, con jardines en el frente, situada en la última calle del poblacho.

Cuando llegamos a ésta, la noche era negra. A través del frontero jardín lanzaba su luz un gran farol de portal. La casa era de dos pisos, con baranda de torneados balaustres, y con dos balcones salientes, que, como la puerta y las ventanas de abajo, estaban totalmente abiertos. El recién dado azul celeste de toda la casa brillaba con la luz del portaleño farol, y en el interior entreveíase el alegre lujo de ricachona casa del pueblo. A su vista hubo en mí un eclipse de tristeza, pero solo un eclipse, porque la escena que enseguida se produjo fue de dolor, de un amargo resurgimiento de lágrimas.

Al vernos atravesar el jardín, la mulata María de la O, vieja criada de la casa, vino a nuestro encuentro. Nos reconoció enseguida, y atrajo, cariñosa, a mi madre contra el pecho, con un doliente «¡Ñiña Lolita!», que a la muy fiel y sincera le salió nublado por no fingido pesar: Con dos gotas cristalinas rodándole por las mejillas, la noble mujer me estrechó la mano. Vino mi abuela, aún bella, con una soberbia belleza matronal de camagüeyana, alta y maciza. Simuló un aspecto calmoso, para darnos valor, y recibió, en los brazos a la hija, enmudecida de pena. Vino después mi abuelo, indisfrazablemente compungido, y lo mismo Rafael, mi único tío materno, joven alto y delgado, tres años más viejo que yo, y se repitieron los besos, los abrazos, las frases de bienhechor consuelo.

 Aunque cerca ya de la edad en que se razona, no estaba yo aún fuera de aquella en que todo es para nosotros instinto y emoción; y actor de tan emocionante escena, sentí otra vez la angustia precaria de aquellos días recordables, y sentí que el sombrero se me desprendía de la mano, que me flaqueaban las piernas, que los ojos se me aguaban, que una fuerte ansia me oprimía el pecho y me agarrotaba la garganta.

 Pero... nos lavamos; fuimos a la mesa, que ya estaba lista para la cena cuando nuestra llegada, y ante el blanquísimo mantel y el brillo que un gran quinqué céntrico daba a la loza, a cristales y cubiertos; ante la olorosa y humeante sopa, el arroz amarillo con jamón, el clásico boliche asado y la dorada fuente de tostados chatinos, se me despertó un apetito incontenible; el apetito propio de quien ha pasado un día de ajetreo y ayuno, y comí franca, golosa, muchacherilmente.

 Después de la comida, enseguida casi, sentí un sueño inocultable, de una fuerza instintiva tan imperiosa como el hambre que antes me dominara. La vieja mulata criada me hizo que la siguiera al cuarto de mi tío Rafael, y allí me dejó, al lado de «mi» cama, apresurado en la operación de quitarme la ropa. Ya en el lecho, sentí la rara dicha de verme solo, de tener cerca al sueño, que habría de pasar la esponja del olvido por el cuadro de recuerdos y sensaciones que me apresaban. Oí un piano, y risas y charloteos juveniles en una casa vecina; después las nueve campanadas del reloj de un cuarto aledaño, y enseguida el toque de corneta de un cercano puesto de tropa, terminado por un redoble de tambor que, como trueno que se aleja, se fue apagando hasta morir en la inconsciencia de mi sueño.

El pitazo de un tren que orillaba el poblado, hízome abrir los ojos, allá por las seis de la mañana. El tiempo había cambiado desde la tarde última, y por los intersticios de la puerta y por las persianas del postigo ventanero se colaba poderosa la luz de una clara mañanita tropical, y junto con la luz una fragancia de aguinaldos en flor, que embalsamaba la habitación, anulando el malsano y desagradable olor a dormitorio cerrado; y junto con la luz y el perfume del jardín, los ruidos de la casa, que despertaba a los trajines del día; mover de muebles, golpes de plumero, chocar de lozas y cristales, el partir de la leña para el mañanero café criollo, el cloqueo del gallinal y la diana jocunda de las bandadas de locuaces gorriones. Y, como a la par que la casa, despertaba el pueblo, se oía el armatoste de una carreta, rebotando sobre las piedras de la calle, y los toques de aprendizaje de una lejana banda de cornetas. En aquel alegre comienzo del día, recordé a mi padre, pensé en mi madre, en la situación de ella y mía; pero no pude entristecerme; no pude sustraer mi joven alma a los alientos de juventud y felicidad que se respiraba en todo el delicioso amanecer.

Me incorporé en la cama. Mi tío había dejado la suya y salido del cuarto, sin que yo lo advirtiera, probablemente con el alba; porque tal era la costumbre de mozos y viejos, en campos y pueblos, en aquellos pasados días felices de menos civilización y más vida natural.

Ya vestido, me asomé a un postigo de la ventana. El cielo era remoto, azul y límpido; el Sol ponía su oro brillante en lo alto del jardín; en la copa de los naranjos, en las guías elevadas de los jazmines de la montaña, en las enredaderas de aguinaldo y en los goteantes tejados de la casa vecina. Canteros, arriates y latas maceteras rezumaban humedad. En la tierra de los sembrados y en los grises ladrillos del pavimento espejeaban los charcos del agua caída la tarde anterior.

El jardín contiguo era como una prolongación del nuestro, dividido por una cerca de listones verde loro. A través de la cerca, un cacareante grupo de gallinas y pollos arremolinábase en torno de alguien que esparcía el desayuno de maíz en grano y molido. Al principio no me fue posible ver la persona que daba de comer a las aves, porque ocultábala a mis ojos un minúsculo y apretado platanal. Pero, con un abanicar de alas y un exaltado desconcierto de píos y cacareos, retrocedió la mancha de gallinas y polluelos, y entonces pude ver a la persona que regaba el maíz a la doméstica multitud alada.

Era una muchacha de vestido a media pantorrilla, bien llena y mejor torneada, que me daba la espalda en aquel momento. Blanco era el vestido, que ajustaba delicioso a un cuerpo de bella hechura, y que dejaba al descubierto, además de la media pantorrilla, los blancos y redondos brazos. Remataba la hermosa figura un tupido casco de pelo castaño oscuro, abierto en dos largas trenzas.

El brazo izquierdo rodeaba el lebrillo del maíz apoyándolo en la cintura, y la mano del diestro prodigaba la lluvia del áureo grano.

¡Oh, el reverso! ¡Si pudiera yo ver el reverso de aquella medalla en que instintivamente presumíase un total concierto de bellas proporciones! Y, fluido, casualidad, lo que fuese; pero la muchacha volvió la cara, tal si buscase algo, como si creyese percibir su nombre en una voz lejana. Me vio, y quedamos algunos instantes mirándonos fijamente, en suspenso, como si ella preguntárase a sí misma quién podría ser este nuevo vecino; como si a mí hubiéranme fascinado aquellos grandes ojos negros, que en dulce sorpresa y con un desconocido poder prestigioso me miraban con irrefrenable curiosidad.

Se marchó presurosa y quedé como asustado, sin haber visto, por más que la había mirado, si la muchacha era, o no era, bonita de cara; aunque sí recordando, como si aún los tuviera delante, o como si los llevase dentro de los míos, aquellos ojos negros, grandes, que en cierta dulce sorpresa me habían mirado breves instantes.

Terminé de vestirme pero no sin volver, maquinalmente y más de una vez, al postigo desde el cual veíase el patio que fue escena, de la maravillosa y adorable aparición; pero la suerte no correspondió a los deseos de mi joven alma.

Un cuchicheo en que andaba mezclado mi nombre, y que oíase en el cuarto vecino, que era el de mi madre, me atrajo a la puerta del mismo y me movió a pegar el oído a las hojas entreabiertas. Eran mi madre y mi abuela, que estudiaban una, para mí, trascendental cuestión: ¿Qué se hace con Ignacio? ¿Se le busca un empleo; se le pone a aprender un oficio, o se le manda a La Habana a seguir carrera? Con la respiración cortada y los oídos vorazmente abiertos, todo lo escuché, y supe que por lo pronto, y mientras se pensaban bien las cosas, se me dejaría en abierta libertad y en completo no hacer nada hasta que se me pasara la pesadumbre por la muerte de mi padre. El principal argumento en favor de mi descanso e independencia, era que mi crecimiento iba muy adelantado, que el mismo no concordaba con las cien libras de mi descarnada humanidad y que, además, estaba yo pálido y ojeroso.

Después del insustituible café con leche, mi abuela me dio espontáneo y cariñoso permiso para dar una vuelta por el pueblo:

—Anda, ve a dar un paseo, a ver si encuentras muy cambiado a Placeres. Pásate por casa de Rosaura; que allá tendrán muchas ganas de verte. ¡Las pobres!

Lento, explorando los alrededores, y más el frente de la casa vecina, atravesé el jardín, a tal hora en una gloriosa explosión de luz, de colores y de exquisitas fragancias. Porque el Sol seguía espolvoreando de oro el soberbio cuadro natural que, en aquella última calle del pueblo, extendíase por el campo aledaño, bajo un cielo que continuaba muy azul, remoto, brillante, con blancos brochazos en el horizonte.

Al seguir la acera del vecino portal eché una mirada escudriñadora al interior de la casa, y, en vez de la muchacha que me interesaba, vi los muebles de la bien aprestada sala, regados por toda ella, y en el medio, sacudiéndolos diligentemente, con un enorme plumero, una mulatica de cuadriculado, carmelita y blanco delantal.

Tan inútil como la anterior mirada fue la que maquinalmente dirigí después al portalito de marras, en el momento de doblar la esquina, formada por un puesto de frutas que trascendía a humo de opio y a humo de bollitos y chicharrones.

La calle que seguí entonces era la central, la del comercio pueblero, una de las que orillaban la céntrica plaza; que rumbo a ésta iba yo. De la acera de la sombra goteaban aún los aleros. En el medio de la calle, la lluvia recién caída había dejado una huella fangosa, mezcla de arena, huesos, papeles, guijarros, cáscaras de frutas, viejas tapas de corcho y cuanto reunió y encauzó la corriente, en calles de aquellas que solo las tiñosas limpiaban. Un lechero en mangas de camisa, a la puerta de una casa, a la que asomábase una viejita de negro mantón, ordeñaba una vaca que, con su cría y media docena más de lecheras y terneros, ambulaba por el pueblo, prodigando el blanco y espumoso líquido en jarros y botijas. De una panadería emanaba el tibio y agrio aroma del pan recién horneado. En una barbería vecina, un guajiro, extendido en el sillón, se adormecía con la jabonosa cara en manos de un peluquero moñudo y enchancletado. Al pasar por una zapatería, sentí chirriar la pública vidriera que dos hombres movían para ponerla en una de las puertas. Pasé por una botica madrugadora, y por un tenducho mixto, que barría, con grandes aspavientos y en medio de una nube de polvo, un rollizo aldeano de alpargatas y de camiseta al aire. Hasta que llegué a la plaza con sus cafés llenos de soldados, que tomaban la mañana, y que ya a tal hora barajaban fichas de dominó, y con algunos criollos de guayabera y jipijapa que tumbaban palos en los billares. En las pocas azoteas, orgullo de algunos céntricos edificios, en los laureles y framboyanes de la plaza, seguía el oro limpio de la clara mañanita. En las frondas, todavía mojadas, alborotaban los gorriones. Debajo de una de las palmas en cierne, un guardia municipal, de azul uniforme desteñido, vino a dejar una huesuda chiva, de infladas ubres. Llamaba a misa la campana del redil católico, y algunas viejas enlutadas entraban en la iglesia. Cuando llegué frente a los portales del Ayuntamiento, me dejé caer en un banco, y después de la temprana caminata, y en medio de aquel alegre cuadro de la plaza mañanera, mis dieciséis años hiciéronse menos compatibles con una tristeza duradera por la muerte de mi buen padre.

Pasaron algunos transeúntes: el municipal que había dejado su chiva debajo del embrión de palma; un barbudo canario billetero; algunas beatas más, noveleras y entrometidas, que al igual que cuantos pasaron por allí a tal hora, pero con mayores aspavientos, me miraron como asombradas de ver a un muchachón de mi talaje, sentado en una plaza a las ocho de la mañana.

Cohibido por la imprudente curiosidad ajena, me puse de pie y salí rumbo a la casa de cinco hermanas solteronas, inevitablemente feas, viejas amigas de mi familia, que vivían allá por el paradero. En el camino tropecé con un antiguo condiscípulo de aquella «escuelita de barrio» cuya maestra era hermana de la mulata erotómana, aficionada al inconveniente «juego de los maridos». Era este ex condiscípulo mío un modorro zagaletón, largo y anguloso como una espingarda, de rostro pecoso como huevo de guanaja, que se llamaba Juan Morales, pero que era más conocido por *Pan de Flauta*. Nos estrechamos las manos, le acompañé hasta la puerta de la escuela y prometimos vernos a menudo.

Las solteronas, al verme, formaron un afectuoso cotorreo; demostraron banal e hiperbólico asombro por mi crecimiento. Una me golpeó suavemente en la espalda, so pretexto de sacudirme el polvo que mi saco recogiera en el banco de la plaza. Otra, de pie, frente a mí, me apretó cordialmente los hombros, exclamando a la vez: «¡Pero, si está hecho un hombre!». La más joven, que era la más clorótica, delgada y feúcha, me hizo sentar a su lado, y, con su mano fina y exangüe, familiarmente caída sobre uno de mis muslos, me dijo frases de consuelo y pésame por la causa de mi luto. Instintivamente comprendí que en esta pobre mujer, condenada por una fatalidad intorcible a pasar por el mundo adivinando un paraíso de la vida, en el cual nunca le sería permitida la entrada, mi presencia había levantado un repentino sentimiento que ponía en sus ojos delatora fijeza y en sus palabras, dichas con voz de inflexiones acariciadoras, un significado acento como de dulce y tierna súplica.

La imaginación, no obstante, se me iba a la casa del lado de la nuestra, y con los ojos de aquélla veía constantemente la gentil aparición de la mañana. Por ello pronto los pies se me fueron a donde estaba mi imaginación. Y me pasé el día asomándome al portal y recorriendo los rincones del patio en no confesado empeño de ver de nuevo, plástica, realmente, en cuerpo y alma, a la causa de mi súbito e inexplicable trastorno.

Por la tarde estrené uno de mis trajes de dril de luto, y muy peinado, encorbatado y abotinado, salí al jardín del frente de la casa, cargado con una mecedora y un número de *La Ilustración Española y Americana*.

En su portal, en sendas mecedoras y también con un libro cada una, exhibían su belleza y su acicalamiento vespertino dos muchachas. Una, de vestido rosa por los tobillos, me daba casi la espalda, y por debajo del asiento, entre los palitroques de éste y una orla de blanca tira bordada, dejaba ver una bien hecha pantorrilla, que apretaba una casta media cruda, nacida de un diminuto zapato de corte bajo. La otra quedábame de cara, y era, por dicha, la que yo vehemente quería ver.

Me acomodé en mi mecedora, *La Ilustración* sobre el muslo de la pierna izquierda, que crucé al sentarme; la cabeza inclinada sobre el antebrazo de aquel lado, que se apuntalaba en el propio muslo; la diestra entre las hojas de la revista, como incipiente y melenudo poeta que posa frente al lente fotográfico. Y me alelé en un desconocido e inexplicable —para mí hasta entonces— deleite mental quintaesenciado: el del devoto contemplar las perfecciones físicas de una joven, que las tenía, y que era la primera que me gustaba, y el de probar con ella el inconsciente casi, el no aprendido, el más adorable bobo «flirteo» de mi vida.

Ella me pareció aquella tarde todo lo bello, lo encantador, lo idolatrable que se compendia en la forma galante, admirativa y poética de «un ángel», «una virgen» o «una diosa». No sabía yo, entonces, de tasar perfecciones femeniles, y de haber sabido, tal peritaje me hubiera estado de más en aquellos pródromos de enamoramiento primerizo; que en estos casos y a tal escala de la vida, se enamora uno «porque sí», generosa, impremeditadamente, y el objeto de nuestro amor se nos antoja, casi siempre y a despecho de posibles defectos físicos, lo dicho: un ángel, una diosa, modelo y resumen de estatuaria belleza.

Pero vinieron después los días en los cuales yo, con refinada, innata índole artística, pude aquilatar las corporales seducciones de Ella, y supe, conscientemente, que su belleza era, más que aceptable, más aún que estimable, la belleza singular de una típica y triunfadora real moza criolla. Como yo, en tales años, tenía Ella dieciséis, sus formas eran ya perfectas, tropicalmente desarrolladas, en ajustado acuerdo con la estatura, más bien alta. Alto, enhiesto y abultadito el seno. Estrecha la cintura. Redondas las caderas. Los muslos curvaban el frente del vestido, acusando una línea y una amplitud frinenianas. Los torneados brazos, que yo viera medio desnudos en la mañana de nuestro encuentro feliz y que, en la gama de los colores de cubana, tenían el matiz blanco-trigueño, guardaban escultórica proporción con las pantorrillas, que siempre medio asomaban por debajo del corto vestido, y que casi hacían estallar las blancas medias, hinchadas de carne dura y redonda, y que emergían de unos negros, minúsculos y quebrados zapatos de antillana.

Aquella tarde el pelo castaño era más oscuro a la semiluz del crepúsculo, y le caía por la espalda como las alas enormes de un inmenso pájaro negro. Con tal marco, divino resultaba el murillesco rostro, y de un delicioso trigueño-rosado, que era, a su vez, marco apropiado de impecables perfecciones. Entre las más seductoras, la de aquellos grandes ojos negros —desde la mañana los llevaba yo dentro de los míos— que debajo de los finos arcos de las cejas y a la sombra de las grandes pestañas brillaban hermosos y parladores.

Como media hora, hasta que la escasa luz crepuscular hizo imposible la lectura, y en ambas casas brillaban ya las luces interiores, duró la recordable escena. En ese tiempo leí medio cuento tartarinesco de *La Ilustración*, sin entenderlo mucho ni poco, y eso para disimular cada vez que la muchacha levantaba la vista y me sorprendía en flagrante éxtasis contemplativo.

En una de aquellas levantadas de vista, que fueron frecuentes, de una frecuencia esperanzadora, ella me había sostenido la mirada breves instantes, y al influjo de sus ojos incomparables yo había experimentado una dulce, deleitosa y como calofriante sensación de hipnótica entrega de místico arrobamiento, de una grande, ignorada felicidad hondísima.

Al ponerme de pie para dirigirme a la mesa, desde la cual me llamaban para la última comida del día, la diosa me miró una vez más, y entonces sí me llevé dentro de los míos no tan solo sus grandes ojos negros, sino toda su imagen cautivadora.

En la mesa hice algo de lo clásico. Derramé una copa de agua sobre el mantel y, por azúcar, le puse sal al café. Como mi aspecto seguía siendo el de un hombre tristón, tácitamente acordaron todos que el recuerdo de mi padre aún me apenaba mucho, y mi madre, por ello, tragó algunas lágrimas junto con los bocados de la cena, que finalizó triste, a pesar de los esfuerzos de mi tío por comunicar a todos el entusiasmo que él sentía a causa de un gran negocio de reses que acababa de realizar.

Después de comer me fui a la calle. En el portal del lado no había nadie, porque probablemente cenaban los vecinos, pero ello no impidió que yo volviera la cara al llegar a la esquina. Seguí la calle central, medio iluminada con las luces de las tiendas y de los faroles que los vecinos pudientes colgaban de sus portales. Fui al Casino. Había en el portal un estrado de arregladores del mundo; dos finchados oficiales de la Guardia Civil, un gallero de jipi y trochana, viejo amigo nuestro, y dos obesos hacendados de menor cuantía, con golpe de gruesa leontina, anillos de brillantes y gafas de piedras brasileras. Dentro del redil de la cursilería pueblera: dos calvos maestros de escuela, embebidos ante el tablero de ajedrez; cuatro mozalbetes que golpeaban una mesa con las fichas del dominó; un grupo de mirones que rodeaban una mesa de billar, en que dos expertos jugaban al morito. Por una puerta que comunicaba con la saleta, veíase un cuarto, de atmósfera azulosa por el humo de los cigarros, y en él un racimo de cabezas dobladas sobre la de pintado pino, en la cual tintineaban el oro y la plata, y en la que adivinábase el tapete verde cubierto por las veleidosas cartulinas de Olea.

Mi padre, aficionado al juego-ciencia de Capablanca, me había enseñado algo de ajedrez. Me detuve detrás de los viejos jugadores, pero como estuvieron un cuarto de hora totalmente absortos, sin mover una pieza, me aburrí. El billar y el dominó eran japonés por mi parte. La curiosidad quiso llevarme a la banca del monte, pero mi pundonor se opuso, y triunfó.

Impaciencia y aburrimiento me sacaron del Casino. Atravesé la plaza y emprendí el regreso a casa, atraído por algo indefinible.

Nadie en el portal del lado, cuyo potente farol asociábase al nuestro en el alumbrado de aquel pedazo de calle orillera. Dentro del portal, en la sala, la mayor de las jóvenes tecleaba sentimental el vals *Sobre las olas*. Puedo decir que casi me dolió no ver a la otra, y en mi deseo de lograrlo, antes de recogerme, pasé de largo por mi casa y me detuve en la esquina próxima.

Era una estrellada y fresca noche cubana. Por allí, por las afueras del pueblo, era fuerte la fragancia de sembrados y jardines. El alma del mexicano Juventino Rosas seguía vibrando amorosa en las notas del glorioso vals. Volví sobre mis pasos, hasta la otra esquina, y perdí mi tiempo y mi ilusión de verla, porque alguien empezó a cerrar puertas y ventanas, y tuve que reintegrarme a casa y colarme en mi cuarto, aquella noche solitario por la ausencia de mi tío, que andaba por la finca de mi abuelo.

Me desvelé, y ensoñado con el «vals de las olas», con el angelical rostro de mi ángel; con sublimes y cursis declaraciones de amor, con idilios de la más candorosa irrealidad; reseca la boca, ardientes las manos, desbocado el corazón, oí todos los ruidos que rompían el nocturno silencio pueblerino: la clarinada última del cercano cuartel de infantería; el ladrido de los nocturnos guardianes de patios y bateyes; el intermitente cantar de todos los gallos de 2 leguas a la redonda; el guitarreo y las afalsetadas guajiras de algún trasnochador enamorado, y el lejano tronar de un tambor lucumí, allá por el barracón de un vecino ingenio.

A fuerza de cerrar los ojos en la oscuridad, y de acomodarme en posiciones favoritas, logré dormirme, y dormirme total, profunda, adolescentemente.

Empero, a las seis de la mañana ya me paseaba por el cuarto, con el postigo entreabierto, esperando ver a la reina de las gallinas... y mía.

Esta vez ella se rodeó de sus gallinas en lugar visible, de frente a mi cuarto, y con un «pío, pío», que a mí me pareció más dulce que el «vals de las olas», empezó su tarea de regar el mañanero maíz.

Vestía lo mismo que la mañana anterior, y lo mismo que la mañana anterior traía los brazos desnudos hasta cerca de los hombros, y el vestido un tanto más corto que el que vistiera la noche pasada. No me asomé al postigo, sino que me puse a vigilarla por el ojo de la cerradura de mi puerta, deseoso de verla buscarme con la mirada. Estuvo un momento entretenida en esparcir el maíz; pero luego alzó la vista y la paseó, de vez en vez, por la ventana de mi cuarto, cuyo entreabierto postigo parecía atraerla poderosamente. Sentí que un júbilo inmenso recorría todo mi cuerpo, que el corazón se me hinchaba de dicha, que era mi felicidad de aquel instante toda la imaginable felicidad de este mundo. ¡Porque me había buscado con sus grandes, con sus negros, con sus lindos ojos! Cuando vi que se retiraba casa adentro, audaz pero rojo de vergüenza, me asomé al postigo y la hice arrebolarse a su vez, con una ligera inclinación de cabeza, una leve sonrisa y un imperceptible entreabrir de labios, en que era de adivinarse un tímido: «Buenos días».

«Buenos días» que obtuvo brevísima y leve réplica, de un elocuente aturdimiento.

Como aquellas veinticuatro horas pasaron mis primeros días de esta segunda época placereña: «el flirteo» en crescendo con la vecina; las visitas a las solteronas, la menor de las cuales seguía dedicándome tacitas de café, torrejas, platanitos y otras chucherías, que ella intentaba endulzar con miradas de Dolorosa y suspiros de un impertinente romanticismo; la lectura de mis novelones, y horas de inconsciente ocio, en el Casino, o tumbado boca arriba en los herbazales de la orilla del río, viendo correr las nubes. Así, ese bendito no hacer nada, junto con el buen comer y el puro amar primero, benditamente me hacía mejorar de figura. Visiblemente crecía y me transformaba en un hombre y, valga la verdad, en un hombre muy bien plantado. Más alto que todos los de casa, mi tío materno aparte. Envuelto en carnes, y no flaco tal lo estaba antes. Derecho, empaquetado, con un rostro pasable, de fino y trigueño cutis, que coronaba unas cortas y tupidas crenchas negrísimas. De mis ojos, todos afirmaban que eran como los de mi madre, y ella los tenía negros, grandes, rasgados, pestañudos, de una dulce y subyugadora melancolía.

Al mediar la primavera, cuando primaveralmente me colaba por los diecisiete años, ya Susana Rubio, mi vecina de oval rostro, precoz estatuaria de diosa y vestido a media linda pantorrilla, era mi novia; mi novia extraoficialmente para los otros. Para mí oficialísimamente, como acreditábalo un papelito que amorosamente guardaba yo entre las páginas de *El Judío Errante*, y que contenía el formal azucarado «sí».

Pero si para nuestras familias no éramos novios oficiales, no era ello porque hubieran inadvertido lo que cada día era más visible: los efusivos saludos, las miradas habladoras, los furtivos intercambios de flores y cartitas, mi asiduidad en hacerle compañía a mi madre, cada vez que ésta visitaba a sus nuevas amigas *las Rubio*, y mi afición a pegarme a Ella las noches en que las dos hermanas iban a las retretas en la plaza del pueblo y la mayor se paseaba sin masculina compañía, por musulmana exigencia de novio ausente.

Y es oportuno decir aquí algo de *las Rubio*.

Para los de mi casa, *las Rubio* eran toda la familia vecina, incluyendo en este nombre genérico a hombres y mujeres. Mas, por *las Rubio*, propiamente dicho, debíase entender las dos hermanas que daban ese nombre a todos los de la casa: mi Susana y su hermana mayor, Mercedes.

Era ésta de tal modo parecida a su hermana, en el color del pelo, de los ojos y de la piel, y en lo alta, esbelta, desarrollada y bonita, que la mejor pintura literaria que puede hacerse de ella es decir que era Susana Rubio, con dos años más de edad. Susana y Mercedes eran hijas de don Serafín Rubio, un fuerte colono del cercano ingenio *Las Zarzas*, que pasaba más tiempo en el ingenio que en la casa, y que, como Rosita, su cuarentona esposa, era como alfeñique, perfectamente moldeable para todos los caprichos, para todas las ideas y opiniones de Mercedes, que sabía bien aprovechar los privilegios de la progenitura, el prestigio que le daba el hecho de haberse educado en La Habana, las enseñanzas de sus inseparables novelas y folletines, y que, además, tenía un genio un tanto voluntarioso, y, por lo vivo, reñido con la moral al uso en aquellos días moralísimos. Debido a lo dicho. Mercedes dominaba a todos en su casa, y máxime por aquel prestigio de su educación habanera. Susana, de carácter dulce, de índole modesta, de educación placereña, se sometía consciente y apaciblemente al modo de ser inquieto e imperioso de su hermana, que, para aquélla era, en cambio, hábil modista y peinadora, confidente de sus más íntimos pensamientos y buena compañera de compras y paseos. En la casa de *las Rubio*, asimismo, vivía un tío paterno, don Justo, viejo bajito, obeso, patilludo, empleado fundador del Ayuntamiento; don Justo solo venía a dormir a la casa. Cuando no dormía estaba entre su sellado papel de barba; en la fonda donde comía; en el café donde jugaba, como un maestro de billar, a la «viuda» o al «morito» y magistralmente paladeaba sus «compuestas», y en casa de una linda mulatona que sospechosamente habitaba un cuarto con puerta a la calle, allá por el Cuartel de Infantería.

El modo de ser de *las Rubio* se notaba, sin necesidad de tener uno grandes dotes de observador, a las pocas visitas que con ellas se cambiaban; y era visible, cuando del noviazgo de Mercedes se hacía charla (y para todo ella lo traía a colación), que todo su genio se anulaba solo para una persona: para *el Nene*; que éste era el apodo de aquel novio ausente —a punto fijo no sabíase dónde—, que con las exigencias propias de los novios de estas latitudes no dejaba que Mercedes fuese a retretas, bailes y paseos. Sí; aquel nombre del Nene, que a mí me sonaba a pillo y a guapo, no dejaba de salir en ninguna conversación de Mercedes. «Cuando venga *el Nene*», «recibí carta *del Nene*», «*Al Nene* no le gusta que yo me ponga ropa escotada...» ¡Dichoso Nene!

De novios llevábamos un mes Susana y yo, sin salir de aquel hablarnos en presencia de otros y sobre el tema de la conversación general, y sin pasar de las cartas, hechas a escondidas, que intercambiábamos con sustos y mortificantes precauciones después de llevarlas encima días enteros; un mes llevábamos en este noviazgo feliz y memorable, pero que entonces nos parecía insufrible, cuando cumplí los diecisiete años, y ella, junto con un pañuelito blanco, al que pintó con tinta sus queridas iniciales, me dio una cartita de felicitación en la cual se lamentaba de no poder congratularme en aquel día, «estando a tu lado y apretándote fuertemente la mano».

Con el pañuelito prendido a la tela de la camiseta, sobre el lado del corazón, anduve dos o tres días —¡qué así éramos los jóvenes «del campo» en aquellos años!—, y esos dos o tres días los pasé dándole vuelta en el caletre a este grave problema: era necesario, inaplazable, que nosotros, mi Susana y yo, nos viéramos y habláramos con la libertad de los novios formales, con la independencia con que sobrentendíase que lo hacían Mercedes y *el Nene*. Pero, ¿tendría yo bastante autoridad, por mis años y mi título de Bachiller en Letras y Ciencias, para pedir «la entrada» a don Serafín o doña Rosa, su mujer? ¿Qué pensaría y qué dirían de tales pretensiones mi madre y mis abuelos? ¿Disgustaríanse los «viejos» de ambas casas al enterarse de la novela? ¿O lo sabrían tan bien como nosotros, y precisamente por saberlo se acordaban, otra vez, de mi porvenir, de mandarme a La Habana para lo de la carrera?

Andaba yo con este brete en la cabeza, cuando repentinamente dejé de ver a Susana un día, ¡un día entero! Aquella noche no dormí. Mi tío y compañero de cuarto estaba en la finca, por lo que desde las cinco de la mañana pude estar detrás de mi postigo esperando ver a Susana —a la que en una especie de oración muda invocaba yo llamándola Mi Felicidad, Mi Amor, Mi Vida— con su maíz, sus gallinas y su risueño «Buenos días».

Después de una hora de desesperante espera, cuando la casa despertaba con todos sus ruidos peculiares y cantaban los pájaros en orquestal saludo a la mañana, sentí un «pío, pío» que me volcó el corazón, ganoso, reclamante de su otro corazón hermano...

Pero —¡oh Duda!, ¡oh Dolor inmisericorde!— vino Mercedes a regar el mañanero desayuno a las gallinas, quizás por qué motivo fútil, muy distante de las calamidades que inventaba y ponderaba mi imaginación.

—¿Y mi ángel? ¿Qué se ha hecho de mi ángel? —casi monologaba yo angustiado; con la angustia imaginable, en un instante así, para un joven de diecisiete años, y «del campo», en aquella época felizmente romántica.

Tal angustia debió llevarme a cierta intranquilidad ruidosa; porque oí a mi madre, desde el cuarto próximo, preguntar con voz de sobresalto

—¿Ignacio? ¿Qué te pasa?

—Nada —contesté rápida y secamente.

Enseguida procuré serenarme, y para ello me fui al lavabo a pasarme la toalla húmeda por el rostro recién lavado, en busca de nueva reacción para salir del cuarto con talante normal e insospechoso.

Hice un esfuerzo para olvidar momentáneamente a Susana; empujé la puerta del cuarto vecino, que era el de mi madre, y me presenté a ésta con un «Buenos días» de disimulada naturalidad.

—¡Buenos días, hijo! ¿Qué te pasaba, hace un momento, que me pareció como que hablabas solo; que tenías un loco revolver por todo el cuarto? —y al preguntarme así, mi madre clavó sus ojos bellos, dulces, muy amantes, dentro de los míos, y en aquella mirada prestigiosa vi el deseo de la Buena de no escuchar mentiras, de infundirme confianza, de provocar la declaración de algo que ella no ignoraba, y el deseo de ofrecerme amistoso consejo maternal y tolerancia.

Y, actor de diecisiete años, ante el influjo dominador de aquellos ojos, padres de los míos, divinos como los de Susana, sentí la imposibilidad de seguir fingiendo por un ansia vehemente de confesar mi pena al buen corazón de mi madre; por una súbita tristeza irrefrenable, que me ponía un húmedo paño de lágrimas ante la vista y un nudo, duro y amargo, en la garganta.

—Vamos, hijo, tú tienes algo, y debes decírmelo —dijo ella en tono pedidor, confidencial.

Y estalló en mis labios la verdad. En un discurso cálido, atropellado, incoherente casi, pero de hondo y sincero arranque; de más ardoroso e intranquilizador efecto por los paseos que me daba de un lado a otro, dinámico, excitado, fuera de mí, como no me viera mi madre nunca, dije que era novio de Susana; que la quería tanto como a mi interlocutora, perdonáraseme el atrevimiento; que estaba dispuesto a irme a La Habana, a estudiar, o a cualquiera otra parte y a lo que quisieran; pero que era necesario, improrrogable, imperativo, el que antes nos dejaran ser novios, a la vista de todos. Dos días llevaba sin verla, sin saber si la habían regañado, o prohibídole que fuese mi novia. ¡Qué sabía yo! ¡Quizás si le exigiesen que no me quisiera! ¡Como si eso se pudiese imponer tan fácilmente!

—Pide tú «la entrada», o déjame a mí pedirla; pero comprende que esto no puede seguir así. Ya ves como estoy: loco, enfermo; dos noches sin dormir. ¡Esto es insobrellevable!

Mi madre, entre enternecida y risueña, con esta —para ella— tempestad en un vaso de agua, y —para mí— desesperante, trastornador conflicto; me dijo con perfectísima calma:

—Bueno, cálmate; siéntate. La cosa no es para tanto. Ya nos habíamos dado cuenta, aquí... y allá, y...

—¿Y qué? ¿Qué opinan ellos? ¿La han regañado? —interrumpí nervioso, impaciente.

—Espérate, hijo, espérate. Déjame hablar.

Hizo una pausa, y me enumeró inconvenientes e improbabilidades: lo que yo creía tan grave y trascendental, no eran más que locuras de muchacho; muchacho pobre, sin oficio, en vísperas de irme a La Habana a continuar los estudios. Los amores para más tarde. ¿Qué pensarían los padres de Susana, por lo dicho de unas relaciones así? ¿Qué habría ordenado mi padre si se hubiese presentado una situación semejante?

—¿Mi padre? Me habría dicho que sí. Él me quería mucho.

—Él menos que yo hubiera cedido en este caso.

—¡Qué va! Le diría lo que te acabo de decir: no podré estudiar, aprender oficio, ni nada —y dando una trágica, efectista entonación a la voz, rematé—: Sí, ni nada, ¡ni vivir!

—Detente, detente... Si nadie te va a matar; ni te vas a morir, ni nada de eso... Locuras de muchachos. Además, ¿no dices que ella te quiere mucho? Pues, hijo, ya te esperará a que tengas edad para ser su novio, para adquirir responsabilidades... Nada, locuras de muchachos.

Mi madre, con tanto evocar a mi padre, y madre cubana al fin, empezaba a ceder algo, inconscientemente. Arrecié.

—Sí, locuras de muchacho. No puede permitirse. ¿Y tú cómo te casaste a los quince años?

—¡Ah! Yo era la mujer, y tu padre tenía veintisiete años cuando nos casamos. Sabía buscarse la vida, y sostener una casa... Era un hombre, serio, muy bueno, y...

No pudo decir más. De repente se recrudeció el dolor por la muerte de mi padre, y olvidada del origen y lo cómico-serio de la entrevista rompió a llorar, silenciosa, pero inconsolablemente.

Mi emoción era propicia al contagio de aquel resurgimiento de dolor, y sentí que las lágrimas, al fin, descendían de mis ojos. Me senté en la cama, al lado de mi madre, y empecé un suplicante alisar de cabellos, en ardiente demanda de la misericorde tolerancia que necesitaba yo para mi felicidad.

Consecuente con su estado de ánimo de aquella hora, mi madre, aunque seguía diciéndome que no entre sollozos, con lacónicas frases negativas, visiblemente perdía autoridad y me daba alientos para que siguiera yo abogando apasionado por mi causa.

Porque no podía ella verme sufrir un minuto más; porque la hora era propicia a la complacencia peligrosa; porque deseaba quedarse sola, cortó el inolvidable diálogo con estas palabras, casi ahogadas por el llanto:

—Bueno, déjame ahora. Ve a desayunarte... Yo hablaré con tu abuelo, y... Veremos.

—Sí, sí, mamá. Me voy. Pero ayúdame, ¿eh?... Me portaré bien. Ya verás.

Le di un beso en la frente, y regresé a mi cuarto a lavarme otra vez la cara, a peinarme de nuevo, a serenarme para ir a la mesa en demanda del desayuno.

Tomado éste, me eché a la calle sin rumbo fijo; y no obstante, como si huyera del ruido, de encuentros enojosos en tales momentos, de las empalagosas solteronas, máxime de la más joven, fui a dar a la orilla del río, a la sombra de un minúsculo cocal, que alfombraba una verde y fresca mancha de hierba, hija de un riquísimo venero contribuyente de la límpida correntada. Allí me eché de cara al cielo azulísimo, aspirando el fuerte olor de los guayabales cercanos, y me abismé en un raro ensoñar, a ratos muy dulce, a ratos muy desesperado, somnilocuo y febril.

Angelicalmente perdida la noción del tiempo, y hasta de la vida, estuve allí horas enteras, hasta que las doce campanadas del reloj municipal llegaron avisadoras del mediodía. Me puse de pie, y en rápido andar y correr llegué a casa cuando el almuerzo mediaba.

Al entrar por la calzadita, me topé con «la vieja», que al verme la cara empurpurada y sudorosa por la carrera desde el río, me interrogó alarmada e impaciente:

—¡Caramba! ¿Cómo has tardado tanto?

Tuve en el instante una idea sutil y clarísima: mi madre estaba atemorizada, porque me suponía en extremo y peligrosamente alocado desde la mañana, y nada más a mi favor que dejarle y atizarle tal creencia, dando a mis palabras y actitudes cierto dejo de inquietante aburrimiento:

—Me fui a la orilla del río, a sentarme a la sombra de los cocos aquellos en donde hay una poza muy honda (la poza esa de los remolinos, que creo que le dicen de «los ahogados»), y como había silencio y mucho fresco, y parece que, también, por la mala noche de anoche, me quedé dormido y cuando me desperté ya eran las doce.

—¿Y qué fuiste a hacer a ese lugar, muchacho?

Arrecié en mi empeño de fingir una indiferencia, advertible y sospechosa, diciendo:

—¡Psch! Nada, algunas veces voy por allí. Es un buen lugar para leer.

—Sí, pero tú no llevaste tus libros esta mañana.

—No, no los llevé, pero..., total..., es lo mismo.

Respondí siempre con mi despreocupación de suicida romántico, y seguí para la mesa.

Después del almuerzo, dije que iba para casa de las solteronas, a fin de hacerme el misterioso, ya que sabiendo que alguien espiaría mi salida, luego con tomar el camino del río estaba dando el golpe estratégico. Todo esto me dio resultado, porque al volver a la casa, escuché —deteniéndome inurbanamente fuera de la puerta, al oír el rumor de conversación dentro— este diálogo final de un sesudo consejo de familia:

—No le pasa nada. No seas tonta. En cuanto se vaya para La Habana, se le olvida todo. ¿Que acaso nosotros hemos llegado a viejos, sin ser jóvenes antes? Desengáñate, muchacha; ni se enferma, ni se suicida, ni nada —tal dijo mi abuelo.

Bondadosamente agregando, al ver que no se convencía al auditorio:

—Bueno, si la familia de ella está conforme, se puede arreglar eso, dejándole pedir la entrada, con la advertencia de que luego tendrá que irse a estudiar a La Habana.

—Creo que es lo mejor —dijo mi madre, en un respiro, como quien se apresura a soltar una pena.

—Es lo mejor —remachó decisivamente mi abuela.

—Bien —cerró mi abuelo—, que en cuanto llegue, y si están todos conformes, se le diga. Después vayan Lola y tú a tantear, a Rosita, para facilitar el que ella y don Serafín accedan.

Y volviéndose hacia mi tío:

—Y tú, Rafael, como más joven, a ver si en el cuarto por la noche, a la hora de acostarse los dos, le das los consejos esos de que se porte bien, y a la hora de irse a La Habana lo haga con entusiasmo.

Tembloroso, anhelante, forzando el papel de aburrido de la vida, para no delatar mi indiscreción, entré en la sala, di las buenas tardes y pasé de largo para mi cuarto. Ya en éste, salté y bailé, en necesario desahogo de una incontenible, acusadora y pueril alegría.

Minutos después, aparentemente sosegado, otra vez con mi aire de seminarista maltrecho por solitarios vicios, me eché en la cama, las manos cruzadas debajo de la cabeza, piernas y busto en rectitud cadavérica; empeñado en mantener mi aspecto fúnebre; en que para ello me sonara triste el piar de los gorriones en las enredaderas del patio; en que me pusiera melancólico el fuerte olor a flores y a verduras jardineras, y en que no me alegrara el Sol de una típica bella tarde cubana que a chorros se metía por la entornada puerta y por los postigos ventaneros.

—¿Ignacio? —llamó mi madre, desde la puerta que comunicaba el cuarto de ella con el mío—. ¿Duermes?

—No, entra —y me incorporé sentándome en la cama, desgreñado, bostezador, con lánguidos ojos de jesuita en pública oración.

—Bueno, he hablado con mamá y con tu abuelo, y estamos conformes en que pidas «la entrada». Desde luego, que si te la dan o no, eso es cosa tuya. Pero, eso sí...

Y aquí el sermón de que aquello era un paso serio, un compromiso; tenía que hacerme digno de Susana y de la responsabilidad que se me dejaba asumir; era preciso que pensara en irme para La Habana a estudiar, porque el hombre ignorante, como decía mi padre..., y todo lo demás que no entendí, ni siquiera oí bien, a causa del alborozo que me andaba por dentro, y que me llevaba a darme grandes paseos, frotándome las manos, y a dialogar malcriadamente:

—Sí, sí, mamá. ¿Cómo no? Ya verás qué bien lo hago todo. Déjame.

—Sí, pero mira...

—Si lo sé todo. Si lo he pensado mucho. No me digas nada más.

—¿Y cuándo vas a ver a Rosita?

—Mañana, por la noche. Pero déjame. ¡Hasta luego! ¡Anda, vete!

Mientras de ese modo me deshacía de la bondadosa. Me encaminé al escaparate de mi tío. Hurté muy frescamente un pliego y un sobre de una cajita de azul celeste papel de novios, oloroso a Kananga, que muchas veces había yo visto en la gaveta central del gran mueble, e hice una carta de largos trazos vigorosos, para Susana, diciéndole que a la noche siguiente iría yo a pedir «la entrada» a Rosita, y dándole toda una serie de órdenes e instrucciones, en un tono imperativo, indiscutible, de *úkase* dictatorial.

Y con la misma inconsciente decisión hice todo esto: metí la carta en un libro, y éste en un papel de periódico, que doblé con maestría de boticario o habilidad de enamorado «sin entrada». Salí, entré en el portal vecino, y sin titubeos ni saltos de corazón di dos toques de aldaba suaves, toques de persona decentísima, y al presentarse la fámula de color canela, le entregué el paquete, con esta lacónica y terminante orden:

—Déle esto a Susana.

Y me reintegré a casa; atravesé el jardín, la sala, el comedor y los cuartos delanteros, hasta dar en el mío. De éste solo salí para la comida y luego para dar un paseo por la plaza, para «no enterarme» de la entrevista preparatoria de mi gente con *las Rubio*. A la diez, estuve en casa; ya en el cuarto, oí la esperada cátedra moralista de tío Rafael; aunque no pude hacerlo hasta el final: entre monosílabos de sonámbulos, pesada y lentamente me fui rindiendo con la letanía y con el cansancio nervioso de tantas emociones y de la mala noche anterior.

Desperté después del desayuno de las gallinas de *las Rubio*, cuando mi madre me llamó para el mío. Como buen muchacho que oye consejos y obedece a sus padres, salí del cuarto con dos voluminosos y detestables libros de texto debajo del brazo; tomé el café y me fui al local ribereño. En vez de echarme en la hierba, como el día anterior, tiré los libros sobre las duras y salientes raíces de un cocotero, y en vez de estudiar me puse, Demóstenes en canuto, a ensayar un discurso; el discurso para la madre de Susana, en el momento solemne de pedirle «la entrada».

A las cinco de la tarde, el siguiente día, exhibiendo mi mejor flus de medio luto, mis botines de becerro y charol, mi flexible Borsalino y mi hermosa chalina morada, sobre un cuello enhiesto y blanquísimo, fui a la barbería más céntrica del pueblo —en la cual, ya en aquellos años, sabían de «maquinita» y de «Bayrum»— a que me arreglaran la media melena, y me dieran la ilusión de una viril afeitada por el rostro imberbe y sedeño.

Después de la comida, salí, lentamente, como quien no tiene rumbo determinado ni preocupación alguna, al jardín de la entrada, esclarecido por el gran farol frontero, que juntaba su luz con la del vecino portal. Nadie había en éste; pero sí en la sala, en donde el alma nostálgica de Mercedes empezaba a teclear *El ausente*, la habanera que triunfaba entonces, dulce y criollísima.

Me volví, de un modo disimulado, a ver si alguien avizoraba mis pasos, y como no me pareció ver bulto alguno por detrás de los postigos ventaneros, ni de las rendijas de la puerta, ni de las persianas de los balcones, me lancé rumbo a la casa de *las Rubio*, con el forzado heroísmo del que hace los preparativos para zamparse una inevitable copa de Carabaña. Porque, en el momento decisivo, me amarraba un miedo súbito, inoportuno e indomable.

Al poner pie en el portal, oí sobre las piedras de la calle el ágil repiqueteo de una criolla cabalgadura que se acercaba rápida, y enseguida percibí al jinete.

Recordé que el padre de Susana iba siempre de dril blanco. Mi miedo quiso que fuera el propio don Serafín, y continué de largo, hasta cruzarme con él, cerca de la próxima esquina, que débilmente caía en el radio de luz de ambos faroles porteros.

Me quedé en la esquina, enredado en una especie de dualismo interno; en una lucha desconcertante del Ignacio miedoso con el Ignacio enamorado. Uno decía: Ya ves que no es por mi culpa; si no hubiera sido por la llegada «del viejo», ya estaría yo dentro de la casa. Y el otro redarguía: ¿Y qué? Se le pide a él la entrada. ¿De todos modos no ha de enterarse de ello? Además, «la vieja» ya estuvo a entenderse con Rosita, y de haber encontrado resistencia lo hubiera dicho, para evitar la plancha.

Triunfó este último razonar, y muy decidido fui a tragarme, de una vez, el «purgante». ¡Andando! ¡Qué demonios! ¿Me van a comer acaso? Y así, alentándome con este monologar temerario, como se anima cantando el noctámbulo medroso al cruzar por un paraje oscuro y solitario, desanduve el tramo de la esquina a la casa de las Rubio. Casi al llegar yo a ésta, don Serafín, que dejara el caballo en la puerta, salió y, con habilidad de guajiro, cabalgó sobre la muelle albarda cubana y tomó la calle abajo, en la propia dirección que yo traía.

Entré, resuelto, en el portal; di dos leves aldabas en la puerta; salió a ella mi Susana, y al verme, roja como un clavel rojo, asustadísima, implorante, me dijo por todo saludo:

—Por Dios; vete. Hoy no.

—Sí, chica; no seas boba, si ésa es cosa de un momento. Se pasa el mal trago, y listo.

—No; no; hoy no.

—Pero si va a ser mañana, ¿por qué no hoy?

—Porque no.
—Pero si es lo mismo.
—No.
—Sí.
—¿Quién es? —preguntó Mercedes, al propio tiempo que se nos acercaba.
—Vete —suplicó Susana, con ojos de Dolorosa.
—No.
—Vete, sí; por tu madre, chico.
—¡Ah! Si es Ignacio. Entra, Ignacio. ¿Y por tu casa? —saludó Mercedes.
—Bien.

Susana corrió para el comedor. Mercedes, con sonrisa de superior condescendencia, me indicó un sillón y me dijo:
—Siéntate, que voy a llamar a mamá.

También se fue rápida. Sentí carreras, cuchicheos, risitas ahogadas, y entonces sí que me di cuenta del temblor de mis piernas y del bataneo del corazón, espoleado por unos nervios como sacudidos por fuerte correntada eléctrica.

Se presentó Rosita:
—Buenas noches.
—Buenas noches —repliqué poniéndome de pie. Se me olvidó el discurso; me volví a sentar y comencé a balbucear mi parte de este diálogo:
—¡Qué calor hay esta noche!
—Sí, mucho.
—¡Y qué oscuridad!
—Sí, bastante.
—Vi a don Serafín.
—Sí, acaba de llegar de la finca. Fue a cenar a *Las Tullerías*.

Y la pobre señora, la buena madraza de las Rubio, empezó a darme ánimo, a ayudarme, con sonrisa benevolente, y yo, más que declarando mis deseos, los fui confesando con la guía espiritual y experimentada de Rosita, hasta que llamó a Susana, y ésta desde la puerta del cuarto contiguo a la sala, cabizbaja, las mejillas encendidas, retorciendo afanosa un pañuelo entre los dedos de ambas manos, dijo casi imperceptiblemente: «Sí», cuando la vieja —que lo sabía tanto como su hija— le preguntó si era cierto que éramos novios desde hacía algún tiempo.

—Bueno —terminó Rosita—, se lo diré a Serafín. Creo que él no tendrá inconveniente, ya que, como tú dices, tu mamá y tus abuelos están conformes. Puedes visitar a Susana los jueves y los domingos, de ocho a nueve y media de la noche.

—Gracias —dije con el alma desbordante de gratitud, de dicha inenarrable. Me puse de pie, le di la mano a Rosita y fui hasta donde estaba la Avergonzada, a coger entre mi mano diestra la suya, que tenía frialdad de hielo.

—Buenas noches —dije con voz tomada por la emoción, y muy deprisa me escurrí por la puerta, rumbo al fresco de la noche, del espacio libre, al espacio inconmensurable que, para expandirse, necesitaba toda mi alegría infinita.

En tanto llegaba el día de irme a La Habana, a continuar mis estudios, yo mataba el tiempo, o viceversa, de acuerdo con el programa este: después del desayuno me encaminaba hacia el cocal de la orilla del río, llevando conmigo un par de libracos de texto, en la doble intención de seguir acreditándome de muchacho estudioso y tener en que apoyar el papel, los seis pliegos de papel que, por todas las caras, llenaba yo cada día para la Diosa. A las once, reintegro a casa para el almuerzo, y después de éste, a casa de las solteronas a leerle novelones lacrimosos a la más joven y a procurarle el raro placer de la melancolía, con los alfilerazos que para su alma eran mis confidencias de amor idílico, de Susana y el mío. El baño, seguido de un esmerado arreglo personal, allá a las cinco de la tarde, y luego, al jardín que daba a la calle, si había testigos, a mirar y remirar a Susana, quien desde el portal suyo me miraba y remiraba fascinada y fascinadora, incansables los dos; si no había testigos, a platicar por señas, con maestría de sordomudos. Las noches que no eran de jueves y domingos, después de la comida, yo azotaba la guijarrosa acera, de esquina a esquina de las dos casas, «vendiéndole listas» a Susana; y cuando, por el buen decir, a eso de las siete, ella dejaba el portal, me iba al Casino a rondar la mesa de juego, que me seducía diabólicamente con las múltiples combinaciones del *monte* criollo.

Las noches de jueves y domingos merecen párrafo aparte. Ya se me dejaba vestir de blanco. Tenía yo dos ternos de dril número cien, de los cuales conservaba siempre para aquellas ocasiones felices uno limpio, espejeante, y vestido con él, tocado con un jipi finísimo heredado de mi padre, lustrosos los corte bajos avellana, legítimos de las Baleares, y con una rosa en el ojal, como sangrante herida sobre la blancura del terso dril al nivel del corazón, me iba a la barbería, a que me peinaran con Oriza y me quitaran el brillo de la cara con polvos de arroz.

Y después de comer... Al Paraíso, a la Gloria, a la única gloria conocida, verdadera, indiscutible, de esta y de todas las vidas.

Mercedes nos cuidaba algunas noches, al principio de la velada; unas veces arrellanada en un sillón del estrado, frente a los que ocupábamos nosotros, leyendo un folletín o releyendo las cartas del Nene; otras veces tocaba el piano, y para ello nos daba la espalda, inútilmente para nosotros. Después relevaba la «guardia» Rosita, armada ya con *La hija del cardenal*; sentábase frente a nosotros y leía hasta quedarse en una vigilante dormivela, el libro en el regazo, la cabeza ladeada sobre el respaldo del sillón, los ojos medio abiertos, con la actitud del gato que aduerme a la puerta de la cocina.

Que, a no sea por la nubecilla de dolor que ponía en el azul de nuestra dicha el pensar en el cercano e inevitable traslado mío a La Habana, nuestro querernos así nos bastaba para sentir toda la felicidad de un amor hondísimo, libre aún de toda mácula pasional...

No obstante lo idílico, de mi amor, y con todo que, del culto a éste, era mi corazón como lámpara votiva, dos negras antenas del vicio empezaban a rozar aquella entraña mía: el juego y el vitando apego al fraude amoroso.

Cada noche que no era de las visitas a Susana, allá entre el momento en que ella se iba del portal, poniendo así fin a mis «listas», y llegaban las diez, hora de reintegrarme a casa, iba yo, de moscón, a rondar la mesa del *monte*. Los jugadores formaban dos apretadas filas en torno del inevitable y clásico tapete verde; la fila delantera, que era la de los «puntos fuertes», ocupaba recios taburetes criollos; la de atrás, la de los «peseteros» encorvábase sobre la otra, para mejor «repartir» y cobrar sus «paradas», y vigilar a banquero y «gurrupié», y por detrás de todos, yo, empinado, silencioso, todo ojos y nervios, seguía mis cábalas y combinaciones, con apuestas imaginarias, que —¡oh misterios de la diosa ciega y rodante!— siempre fueron acertadas mientras no jugué una peseta.

Porque un día la arriesgué o, mejor, arriesgué cinco de un golpe.

Yo les tenía tirria a los reyes; quizás si ciertas cábalas propias se complicaban con mis naturales inclinaciones antimonárquicas; pero les tenía tirria a los reyes de la baraja. Ver yo un rey y coger el «tirante» en contra, aunque solo en las intenciones, todo era uno, y más cuando el rey era de espadas, que se me antojaba el más odioso. Seguía yo con interés la «timba», llevando en mente la cuenta de los centenes que iba ganando, en un estado tal de emoción, que me costaba un buen esfuerzo de voluntad el no sacar del bolsillo algunas pesetas y ponérselas a las cartas contrarias al rey; sobre todo cuando no estaba en la mesa el de espadas. «Tiene que estar en el lomo», me decía a mí mismo con profundísima convicción. Si echaban el rey, era tan fuerte el choque, que me tenía que ir a la calle, con toda la excitación nerviosa de quien ha perdido cuanto lleva encima.

El día del cuento salió a jugar un rey, y «abajo», que era cosa que, completaba mi cábala. A mi lado estaba *Pancho Camajuaní*, «un punto» de los más «brujas» de Placeres; le vi sacudirse violento cuando advirtió cómo se presentaba el lance: el rey de copas, y en contra espadas y bastos. Él solo tenía 2 duros; echó una ojeada en busca de ayuda para «repartirse» en contra del rey. Vio que yo le observaba con cierta insistencia, y me dijo:

—Oye, muchacho, ¿quieres darme un peso, para con este par de ellos dispararnos pal rey, de a peso? —y al decirme eso, me enseñó 2 duros que tenía en la mano...

—¿Cómo no? —y le entregué 5 pesetas sueltas, que traía en el bolsillo.

Se «repartió» *Pancho Camajuaní*. Enseguida salió una de las cartas nuestras.

—Déjalo todo ahí; a dos cuartetas —ordenó Pancho al croupier.

—¡Zas! La otra.

—Queda todo —dijo mi socio.

—Va.

—¡El dos!

—Queda todo ahí —dijo *Pancho*, cuando el banquero dio con los nudillos en la mesa para pagarle la «parada».

—¿Juego? —interrogó el banquero.

—Juego —dijeron a coro varios puntos.

Salió el dos de oro, y después el cuatro..., y cogimos el dos de copas de cuarteta.

Siguió el siseo de las cartas. Corrió el banquero tres inofensivas.

—¡Juego! —exclamó *Pancho*—. Venga lo que tengo ahí; que me voy.

Me tocaron 9 pesos. Con ellos, al otro día, compré media docena de pañuelitos de seda para Susana, una cajita de pastillas de menta para la más joven de las solteronas, y otras chucherías más. Y seguí, desde entonces, de socio de *Pancho Camajuaní*. Tenía suerte yo. El banquero, Ramón Quintanilla, hombre que sudaba brillantes por los dedos de ambas manos, cuando ganábamos *Pancho* y yo, solía guiñarle el ojo a mi socio, al propio tiempo que exclamaba:

—¡Lo que es jugar con un «virginato», caballeros!

De mi suerte se aprovechaba Susana; porque le menudeaban los pañuelos, las cajitas de papel y sobres y los frasquitos de esencia, «importados» de La Habana, como decía Asturias el quincallero.

Eso es lo tocante al vicio que tenía su sede en el Casino. El otro malgastaba las flores y semillas preciosas de un joven y robusto tronco, en el amplio, estéril y laberíntico patio de las solteronas, al soplo mortífero del deseo que abrasaba a la más joven de las cinco hermanas.

Va dicho que eran todas éstas muy cloróticas, delgadas y feúchas, y que la menor de ellas sobresalía en tales defectos. La mayor, Rosaura, contaba unos cuarenta y cinco años; tenía en el color de cirio de la piel, en la mirada siempre baja y sin brillo, y en el andar sordo, monjil, el sello de la que nace virgen irremediable. Las dos que la seguían en orden de edad, Petra y Paulina, eran mellizas, tenían unas libras más de carne que las otras, gustaban de chismes, murmuraciones, cuentos escabrosos y frases de doble sentido; eran vírgenes en lo estrictamente local, porque en el pueblo, además de que las llamaban *Las pan con pan*, corríanse de ellas rumores viperinos. La penúltima, Margarita, también cuarentona, estaba casi paralítica, le daban ataques, y periódicamente sufría tremendos dolores de ijada. La más joven, Ramira, iba ya por los treinta y cinco; era muy morena, de piel apergaminada, nariz roma, no le faltaba un lunar de pelo en la barbilla, y al reírse mostraba unos dientes de hacha, de ellos uno muy negro, en el medio de la hilera superior; las ropas le caían; plegadas, sobre los hombros angulosos, como si colgaran de un clavo, y usaba mangas invariablemente largas, para encubrir unos brazos peludos y nudosos, de pitecantropo. ¡Cualquiera hubiese apechugado con ella!

Sin embargo, y vaya ello por los fueros de la verdad: Ramira —lo que tenían que envidiarle sus hermanas— en una cama, desnuda, con una sábana, echada desde el nacimiento de los muslos arriba, brazos y todo, era una estatua; porque era dueña de unas soberbias piernas, perennemente apretadas por unas medias negrísimas, muy finas, de hilo, que eran el único lujo en el vestir de todas las hermanas. Con ese color de medias, más vigorosas resaltaban las piernas sobre los encajes y alforcitas de las sayas almidonadas y blanquísimas, y por eso le gustaban las medias negras, porque realzaban su tesoro, el orgullo único de ella, que todavía a los treinta y cinco años de edad, a los veinte de continuos desengaños, soñaba en conseguir novio casable, por el solo poder de sus piernas, que, para ella, compensaban largamente todo lo rechazante que había de muslos arriba.

Sí, soberbias piernas. Nacían de unos pies finos y cortos, siempre calzados de corte bajo; eran muy delgadas en los tobillos, y las costuras de las medias daban dos líneas impecables, que se curvaban deliciosas en la amplia masa de los molledos, entrando bien en las corvas, para dar al conjunto estético remate, en acuerdo con la delgadez de los tobillos. Contemplando aquellas piernas, antes de que se me permitiera ver lo demás, mi patente imaginación ensoñaba con unos muslos macizos, blancos y redondos, como las recias y encaladas columnas de los portales del Ayuntamiento placereño. ¡Soberbias, espléndidas piernas!

En sus pobres ilusiones, creyó, al principio Ramira que quizás si yo llegara con ella hasta el matrimonio, atraído por el magnetismo de sus lindas pantorrillas, olvidada de los casi veinte años que nos separaban, y olvidada de que aún yo tenía mi madre y mis abuelos; incapaces de permitir tan indeseable inyección en la savia de nuestro robusto árbol genealógico, canario-galaico-tropical. Para la empresa contaba Ramira, además de sus piernas, con la vieja amistad que unía a las dos familias, y con todo lo consabido de que ellas, las solteronas, me habían visto gatear, me habían tenido en las piernas y hasta me habían bañado cuando yo era un mocoso. Por eso podía yo pasar horas enteras en la casa, sin alarmas de mi gente, y por eso autorizada estaba Ramira para alisarme el pelo, sacarme las espinillas, cortarme las uñas, irse conmigo a leer allá por el amplio traspatio campesino, debajo de los copudos frutales, y enseñarme, casi al descuido, el señuelo poderoso de las pantorrillas suculentas. Todo ello sin sobresaltos de las hermanas, que, dicho sea de pasada, no tenían otro acompañante que un negro viejo, pata de palo, que había sido esclavo de la casa, ya venida a menos en aquellos años, y era el encargado de ir a las compras y de levantarse a medianoche, cuando la paralítica sentía ruido por el patio y empujones en las puertas.

A mi lado sentía Ramira deseos, tentaciones tan pecaminosas como los que de veras llegaron a inspirarme sus piernas; pero se reprimía al principio, cuando ensoñaba con poderme cazar definitivamente, y no pasaba del peinado, las espinillas y otras ingenuidades. Mas, cuando oyó mis primeras confidencias de mi noviazgo con Susana, se conformó con hacerse la enojada, la romántica triste, los primeros días, y luego con abrir ciertas válvulas de escape al fuego que le quemaba las entrañas.

Un día quiso lavar con agua y jabón los canelones de la hermosa lámpara que era adorno de la sala. Se subió en una escalerita de mano, que fui encargado de sujetar; esponjó sus ropas casi sobre mi cabeza; de vez en cuando, abría bien las piernas en simulado esfuerzo para llegar a todos los extremos de la lámpara, y, por el gran espejo de la consola, deleitosamente me vio bucear con la vista, por allá dentro de las ropas de ella, con la fruición de quien, a mi edad de entonces, explora por vez primera las intimidades de una mujer.

Lo de la lámpara fue repetido en los árboles del patio. De eso pasamos al escurridizo entretenimiento de las cosquillas: le pasaba yo una pajita por las redondas piernas, que ella ponía al aire de rodillas abajo, y ella me las hacía en la cara o en las manos.

Una tarde en que una tendedera de ropa nos ocultaba de la parte frontera de la casa y que en aquélla colgaba un pantalón mío que, para que le quitara unas manchas, le había yo traído a Ramira, ésta me dio a leer un libro pornográficamente ilustrado, que sustrajo del escaparate de *Las pan con pan*; y mientras yo lo hojeaba, ella, bochornosa, escondió su cabeza dentro del pantalón mío, colgado en la tendedera, muy cerca de nosotros.

IV

Empezaban aquel día, en Placeres, las tradicionales y trascendentales fiestas del santo patrono del pueblo: San Juan Evangelista. Aquella tarde había salve a todo trapo y a todo repique; por la noche, timba fuerte y baile de máscaras en el Casino, y al día siguiente, misa cantada, perorata de jesuita, peleas de gallos y procesión con murga, armas terciadas y niños de las escuelas. Desde la mañana el pueblo se hallaba invadido por jinetes guajiros, que formaban corros a poetas de guayaberas o a «cantaores» de rayadillo, cuando no echaban «regateos», disparando al aire los revólveres, en tales ocasiones tolerados, y levantando nubes de polvo en un correr la pólvora, de filiación netamente valenciana.

De estas fiestas placereñas se hablaba en toda la provincia desde un mes antes, no por la importancia de ellas, sino porque se sabía que sería permitida una banca pública en el Casino, so pretexto de colectar fondos para las inacabables obras de la Iglesia; pero, en realidad, para que se «salvaran» con un buen puñado de duros, el juez, el alcalde y el jefe de los desteñidos municipales pueblerinos. *El Niño*

Tosca, famoso banquero de Cienfuegos, pondría la banca, de 1.000 centenes, y de aquella ciudad sureña, de Sagua y de otras poblaciones, acudirían algunos «puntos fuertes». *Pancho Camajuaní* y yo habíamos preparado una «vaca» de dos «monedas», para tan solemne ocasión.

En el tren de la tarde llegaron *El Niño Tosca* y algunos «puntos». La noticia se esparció por todo el pueblo con la rapidez y solemnidad de un soberano acontecimiento; como si hubiese llegado el obispo, o la plana mayor de los oradores autonomistas. A las ocho de la noche ya estaba todo preparado para la formal apertura de la timba; en la puerta del Casino, un conocido fullero provinciano vendía las fichas contraseñadas del banquero, discos de nácar y de marfil que representaban una onza los primeros, un centén los últimos. No iba a ser permitida la entrada a la banca a quien no mostrase, por lo menos, una ficha de a centén, con lo cual evitaríase la inútil aglomeración de peseteros y mirones. *Pancho* y yo compramos dos fichas de marfil; entramos y nos reunimos, en el salón destinado a bailes, con los otros «puntos» que venían al esperado y memorable juego de aquélla y de la siguiente noche. Ningún jugador quería pasarse sin ver tal juego. ¡Banca de 1.000 centenes! ¡*El Niño Tosca* tallando, y el *General Sagua* de «gurrupié»! ¡Recachis! No era cosa de todos los días, como afirmaba el catalán coime del billar.

Minutos después de nuestra entrada, hizo la suya, triunfal, *El Niño Tosca*, con un lujoso y pesado maletín en la diestra y en compañía de un teniente de la Civil, amigo suyo y del *General Sagua* con otro maletín, también hinchado, y seguido de una cauda de puntos y matones. En la sala se produjo un zumbido de admiración, tal como el que produce la entrada del caudillo político en un club efervescente, en día de flujo mitinesco.

Me acerqué al banquero, para admirarle de cerca. Era un casi joven alto, pálido, delgado, de hermoso y abrillantado bigote negro, terso y muy blanco «número cien», jipijapa fino, cadena de oro con una onza de dije, y un solitario, grueso como un garbanzo, montado al aire en un anillo delgadísimo, y blanco y rutilante como una gota de agua llovediza.

Después de algunas sonrisas y de algunos apretones de mano, cambiados con los «puntos» locales, que se ufanaban de ser amigos del banquero, éste se dirigió a la pieza en que le aguardaba la mesa, con su paño esmeralda y rodeada de una doble valla de taburetes. Detrás de él fuimos entrando los jugadores. En uno de los ángulos de la habitación, una mesita se alabeaba, empedrada con un cargamento de tabacos, cigarros y licores. Cuatro grandes quinqués, en sendas repisas esquineras, daban claridad de mediodía ecuatoriano al conjunto. Yo temblaba de emoción y gozo, como si, de incógnito y por vez primera, fuese a presenciar una pomposa tenida o un sonado y aparatoso «juego» de ñáñigos.

Con majestuoso desabrimiento acercáronse a la mesa el banquero y su croupier; pusieron en ella los maletines, vaciaron el contenido de éstos, y empezaron, ya más engreídos, a preparar la banca; en el centro de la mesa, un lote de naipes finos; al lado de los naipes cinco paquetes de monedas, hechos con papel blanco en forma de vela, y con la encandilante leyenda de «$530» en cada uno; después, torrecitas de discos de nácar, de marfil y de pasta, y un taleguito, boquiabierto y tumbado, que vaciaba duros y pesetas sobre el tapete.

Sentáronse, *El Niño* y *Sagua*, frente a frente; cada uno de ellos cogió un juego de naipes, y, con ceremonioso ritual, cada oficiante despojó sus cartas de la fina envoltura de papel de seda. Un juego era de revés azul y el otro, rojo; se hizo el descarte de ochos y nueves, que fueron, unos, manchados para «tapas», y otros, rasgados en pedacitos para marcar las «pintas». Con magistral habilidad quedaron «paseadas» las cartas en cuatro montones, y luego barajadas «veinte entre veinte». El croupier puso su naipe barajado y tapado en el centro de la mesa, y el banquero el suyo frente a él, al propio tiempo que dijo:

—Uno que corte.

En aquel minuto había en la pieza silencio y recogimiento de misa en el momento de alzar el cáliz. Las frentes brillaban de sudor y los ojos se agrandaban por la emoción y la incertidumbre.

Por encima de las dos pobladas filas de taburetes, *Pancho Camajuaní*, que estaba a mi lado, dijo:

—Corto.

Estiró el brazo y cortó las cartas.

Puso el banquero la «tapa», procurando, al hacerlo, que temblara el dedo del brillantón, que rutiló haciendo cosquillas en los ojos, fijos y codiciosos, de los puntos, y echó dos cartas a derecha e izquierda de él, y dos a derecha e izquierda del *General Sagua*. Una era un rey; las tres restantes, cartas «blancas».

Como banca seria, de alta jerarquía, los puntos entregaban el dinero, o las fichas, al banquero o al «gurrupié».

—De a centén para el dos.

—Póngame esto al dos de espada, de «cada» para el siete.

—Parejo al rey para el siete, estas dos fichas.

—Cuatro pesos a las de arriba.

—Ese peso al cinco de oros, de «vista hermosa».

Pancho dijo:

—Toma estos 2 centenes, *Sagua*. Repárteme de a 2 pesos para el rey, y 4 pesos de «retranca» contra copas.

Dio comienzo el correr de las cartas, suave, solemnemente; primero asomaba la «pinta», en la cual deteníanse un instante el banquero, y luego toda la carta.

Empezamos bien. Pancho jugaba con prudencia: a cada carta que acertaba, cobraba y seguía. Después de cobrar seis cartas, nos echaron la llave; pero, con lo cobrado y la retranca, quedamos bien.

Pancho dio con los nudillos en la mesa, y ordenó:

—Ponme, otra vez, de a 2 pesos para el rey, y 6 pesos, bastos contra espadas.

Si echaban el rey de espadas, nos dejaban sin plata casi.

—¿Te parece bien? —me preguntó mi socio.

—Sí, el rey de espadas no puede venir —repliqué aplomado, segurísimo.

Corrieron otra vez las cartas. A cada «pinta» adversa, sentía yo una especie de vacío en el estómago, y a cada carta descubierta uno como vértigo, que me daba temblores y sudor frío.

—¡Pinta de espadas! ¡El rey de espadas!

Levanté la vista, para pasearla por los circunstantes, lelo, creyendo que todos estarían pasmados, boquiabiertos, con aquella cosa inaudita, absurda. Pero fui yo quien quedó aún más estupefacto, casi tarumba, en una rápida transición, de la sorpresa que me causara la salida del rey de espadas, a otra más grave, increíble, que tenía todos los visos de una alucinación.

Allí, frente a mí, los brazos cruzados, devorándome con la mirada llena de asombro de sus ojos negros y pequeñines estaba el sujeto que había timado a mi tío en Matanzas. Él, indudablemente. ¡Él!

Su mirar al convencerse de que no se equivocaba, cuando me vio de frente cara a cara, pasó de la sorpresa a la más comprensible hostilidad. Y la mirada mía, mi actitud, pasó del asombro a cierta duda, que se complicaba con un miedo repentino y evidente. Parecía él decirme: «Conque estás aquí, ¿eh? Pues ¡ya verás!», y parecía como que yo me preguntaba: «¿De dónde rayos ha salido ahora este pájaro? ¿Y qué hago?».

No me di cuenta de los últimos lances del juego. *Pancho Camajuaní* me hablaba de poner 3 duros que le quedaban, en el último «tirante» contra el rey. Le contesté, maquinalmente, que sí, y siempre cohibido por la mirada quemante del aparecido aquel. Zafándole el bulto, aunque no supiera yo fijamente por qué, salí de la pieza, y como pude advertir algo como una sombra que me seguía de cerca, me detuve en el estrado del portal, ocupé la única silla desocupada que en él había y volví la cabeza. El sujeto, odioso y temible, pasó de largo; me miró de soslayo, indiscreto, y fue a sentarse en una banca del parque, debajo de un framboyán, frente a frente al Casino, con la presumible intención de abordarme en cuanto pusiese yo un pie en la calle.

Me hice el propósito de no moverme del portal del Casino hasta que mi centinela de vista no abandonase la guardia. En el parque daba vueltas como una noria una muchedumbre endomingada, de bellezas placereñas, oficiales del ejército; tacos de americana y de guayabera, soldados y chiquillos. La brisa traía el ruido de la banda, que oficiaba en el kiosco central. Dominaban los dibujos estridentes el cornetín y los floreos atronadores de los timbales que reforzaban la banda para un maltrecho danzón «arrumbado», de indiscutible abolengo africano. Y también la brisa traía el abejeo de la gente en fiesta y los olores de las mesitas de ponche, bollitos y empanadas.

Terminado el danzón, tocaron otro. En el Casino entraban y salían los «puntos». Pasaban cabalgatas de guajiros bullangueros. Al desgranar las nueve campanadas en el reloj del Ayuntamiento, se oyó el toque de retreta que llamaba a la tropa..., después tocó la banda otra de las piezas de su invariable programa dominguero... Sonó la campanada de la media, y allí, plantado en su banca, con terquedad y refinamiento de felino avizor, seguía aquel maldito y con toda probabilidad malintencionado vigilante mío. Pensé en la pérdida de mi centén, y sentí cierta rabia, que lentamente se fue volviendo en contra de tal vigilante, hasta convertirse en uno de aquellos arranques de valor a que pasaba yo sin gradual transición alguna, cuando de veras la razón se hallaba de mi parte.

—Me voy —monologué con heroica resolución, y me puse de pie.

Como impulsado por un resorte, saltó mi hombre de su banca. Me vio salir en dirección de mi casa, y siguió mis pasos, aunque sin gran prisa. Seguro que, en cuanto dejáramos atrás la claridad de la plaza, me abordaría él. ¿Con cuáles intenciones? No lo sabía yo, pero era evidente que al hombre le había preocupado mucho el encuentro conmigo; tanto, que abandonó el juego y dedicó el resto de la prima noche a vigilarme desde aquella banca, guarecida a la sombra de un framboyán. Pero, bueno, ya estaba yo resuelto a todo. Que se me acabara de acercar y hablarme, para saber a qué atenerme. Pero..., ¿y si traía él un cuchillo o cualquiera otra arma, como la que llevaba aquel día del escándalo en el juego de pelota, allá en Matanzas? Bien, suponiendo que lo trajera. ¿Y qué? ¿Acaso tenía él algún motivo para querer darme una puñalada o cualquiera otro golpe?

En tanto que así pensaba, aceleré el paso. Me volvió el miedo, miedo muy razonable, porque iba yo totalmente desarmado. Cada vez los pasos percibíanse más cerca, y empecé a sentir el desasosiego del que espera un disparo o el frío de una hoja entrándole por la espalda. Ello me hacía caminar casi de medio lado, en un esfuerzo por espiar a mi enemigo con el rabillo del ojo.

Venturosamente, y cuando ya parecía que mi perseguidor me iba a pisar los talones, oí el repiqueteo de una cabalgadura que doblaba la esquina de la plaza y se nos acercaba rápida. De repente volví la cara, y advertí que mi hombre se había detenido en su marcha, a unos 10 metros de distancia, en la oscuridad de un portal; como si se recatara; brillantes, encandilados los ojillos ratoniles por la remota luz de un farol portalero.

El jinete se acercaba, apareándose a la acera, y...

—¡Hola, Ignacio!

Era mi tío.

—¡Hola, Rafael!

—¿Vas para casa?

—Sí. Iremos juntos.

Apreté más aún el paso. Refrenó tío Rafael su cabalgadura para acompasar su marcha con la mía. Él acababa de salir de casa de la novia, hablamos de ella, de Susana y de las fiestas. Mi sujeto se quedó, con toda probabilidad, inmóvil, escondido en su portal, y luego debió como desvanecerse, porque no le vi más, ni oí sus pasos en la calle desde que el hermano de mi madre, tan oportunamente, vino a darme compañía.

Reintegrado a casa, me fui a la cama. Ya en ella, y mientras Rafael desensillaba el caballo, primero, y luego daba palique en la sala, hice un repaso mental de lo que me había ocurrido, con el empeño de explicarme bien la actitud de aquel pájaro de mal agüero que se había aparecido en Placeres, y de trazarme un plan de defensa contra sus protervos designios, que eran tan evidentes.

¿Por qué estos protervos designios? Seguramente, porque temía él que yo dijera en el pueblo lo que ocurriera en Matanzas. Pero ¿habría venido él a Placeres, como tantos otros, atraídos por la banca de mil monedas, del *Niño Tosca*? ¿Habría venido a quedarse por allí una temporada, en busca de víctimas? Bueno, si eso era o cualquier otra cosa, mejor sería que ambos tuviéramos una conversación, para que supiese él que yo no abrigaba la menor intención de contar lo ocurrido en Matanzas, y menos de presentarle a él como protagonista de mis cuentos. Si acaso, le daría yo la noticia a mi madre, explicándole la conveniencia de ser discretos, por el presumible peligro que de lo contrario me amenazaba. ¡Ah! Y se lo contaría a Susana, para tener asunto con que empezar el secreto de la noche siguiente, que era «noche de visita». Eso sí, ¡cuidado con decirle a Susana que encontré a mi hombre en la banca! Porque ya habíamos tenido nuestros disgustos por aquello de mi naciente afición al juego, que ya había llegado a oídas de los padres de ella. A pesar del ajetreo mental que me dejaron las emociones de la noche, como también me dejaron una especie de postración nerviosa, empecé a dormirme, y, ya casi entre sueños, tomé una resolución: por si el sujeto aquel solo había venido a Placeres atraído por las fiestas aquellas con banca pública, y por lo tanto habríase de marchar pronto, mejor que yo no saliera a la calle en todo el día siguiente. Pretexto para hacerlo sin despertar curiosidad: el socorrido de un dolor de cabeza. Éste se me quitaría después del baño, para poder ir a casa de Susana; pero nada de ir con el barbero, ni de ninguna otra salida a la calle, hasta las ocho, hora en que, fragante, muy peinado, de palomita blanca, me fuese a ver a la novia, a contarle mi cuento, sensacional y extraordinario... y la sorpresa grande que me causara mi encuentro con el protagonista la noche anterior, y a... ¡Me quedé pesada y profundamente dormido!

Al despertar en la mañana, tuve dolor de cabeza, que me duró hasta la hora del baño; después de éste, me acicalé dignamente, como en todo día de visita reglamentaria a la novia, y después de la comida, allá como a las ocho menos cuarto, salvé el tramo de acera que me separaba de la casa de *las Rubio*, y fui a ocupar el sillón vacío que me esperaba, muy junto al que, desde media hora antes, ocupaba mi Susana, que por cierto estaba encantadora aquella noche: como el noviazgo la había hecho más mujer vestía un amplio y blanquísimo batilongo, lleno de encajes, que le llegaba a los tobillos, pero que lo que ocultaba de las piernas lo devolvía, pródigo, en el busto y los brazos. La mata de pelo oscuro recogíase sobre la tentadora nuca, enmoñada por una cinta celeste. Un manojo de violetas temblaba sobre el busto curvado, enhiesto, que hacía adivinar la escultura de dos pechos duros, cálidos, como un par de blancas palomas anidadas en los huecos envidiables del corsé. Los ojos negros tenían el brillo y el fuego del que espera en la hora suprema de la cita. Y la sonrisa de bienvenida, que mostró deliciosa la apretada hilera de los dientes, blancos y brillantes, parecía pedir un largo y duro beso. Ya, ya sabía yo, desde mis expansiones con la solterona, sentir ciertos arranques, aquilatar bellezas visibles y explorar, con la vista y la imaginación, a través de los vestidos, las perfecciones recónditas de mi novia, y más cuando Mercedes nos daba la espalda, o Rosita se dormía con un libro en el regazo. ¡Que bien le estaba el batilongo suelto, poco almidonado, que al menor movimiento dibujaba redondeces apetitosas, de fruta en sazón! ¡Qué linda mi Susana aquella noche!

Y también estaba muy linda Mercedes, quien hizo su aparición en la sala tan pronto como me sintió entrar. Vestía un traje de sala, de gasa crema, en fondo rosa, que ceñía la cintura hasta lo inverosímil, haciendo resaltar más amplios el busto y las caderas. El moño era alto, artísticamente trabajado, y dos grandes rosas, talludas, pletóricas de hojas, ponían una nota de elegancia en medio del pecho.

El lujo de Mercedes era inusitado, y lo primero que pensé —sin advertir que el traje de Susana no era propio de calle— fue que se preparaba un paseo por la plaza, como para aprovechar el último día de fiesta. ¡Qué va! A mí que no me invitaran a ir de paseo. ¿Y si me encontraba al hombre de marras?

—¿Van a salir ustedes? —pregunté a Susana.

—No. ¿Por qué?

—Porque veo a Mercedes muy arreglada.

—¡Ah! No. Es que ha venido *el Nene*. Esta noche es la primera visita.

Y agregó sonriente, adorable, realmente ingenua:

—Mejor. ¿Verdad? Con esa compañía más solitos estaremos. Además: a ver si ahora te permiten la entrada todas las noches, como a él.

Se acercó Mercedes, y me saludó con una sonrisa y un...

—¿Qué hay?

—Bien, chica. Te felicito.

—Gracias.

Y se fue a la puerta de la calle.

—Está impaciente, porque ya es tarde y *el Nene* no ha venido... ¡Y eso que hace cuatro meses que no se ven! —dijo Susana.

Y me preguntó chiqueona:

—¿Tú no harías eso?

—No, cielo... Pero, oye, te voy a hacer un cuento. Me ha pasado un caso muy curioso. Ayer me encontré en la plaza con un hombre y... ¡Ah! ¡Ése!

Se me fue esta salida, pero se me fue en voz baja, ahogada por la emoción, como el suspiro que se nos escapa en presencia de un hecho inesperado y terrorífico, que nos hiela la sangre en las venas: allí estaba, en casa de mi novia, el temido sujeto. ¡Y era, indudable y maravillosamente, el novio de Mercedes! *¡El Nene!* ¡El hombre que tenía la virtud de las apariciones prestigiosas, desconcertantes!

No me había visto; porque se detuvo en la puerta con Mercedes, a quien, para saludarla con efusión, habíale presentado las dos manos, que seguían aprisionando las blancas y finas de Mercedes Rubio. ¡Mi casi hermana! ¡Inverosímil!

Tanto que de no haberme quedado en suspenso por la sorpresa, se me hubiera escapado una exclamación comprometedora, como:

—¡De modo que éste es el tal *Nene*!

Pero no pude; y fue mejor; porque Susana ya se alarmaba de ver mi actitud (pálido, sin habla casi, en una estupefacción indisimulable), y sentí la necesidad de reaccionar, de aparecer indiferente, sereno; sobre todo cuando el hombre entrase, y a su vez se llevase el susto del encuentro. En haberle visto antes, con tiempo para reponerme de la primera impresión, llevábale yo una gran ventaja.

—Pero, chico ¿qué te pasa? ¿Le conoces? ¿Por qué te has quedado así? —me acosaba Susana.

Comprendí que era tonto negar que conocía al aparecido, y que su aparición me había impresionado fuertemente:

—Sí, sé quien es. Precisamente mi cuento era de él; pero, chica, si entra, no te lo podré contar esta noche.

—Ya lo creo que entrará... Pero, bajito, como siempre hablamos, me lo puedes decir.

—No. Porque el cuento es así..., malo... y como él es novio de tu hermana.

—Por eso no dejes de hacérmelo. Calcula: aquí, fuera de Mercedes, nadie lo quiere para nada. Se le tolera, por la chifladura de ella.

—¿Por eso nada más?

—Sí, porque mis padres, para las cosas de Mercedes no tienen carácter; los ciega el cariño, la preferencia que tienen por ella.

—¡Y que es verdad que la prefieren! Pero, así y todo, me parece que el hombre...

—Tremendo, chico, tremendo. Parrandero, jugador, buscapleitos, bruto... Bueno, tiene todos los poquitos.

—¿Bruto también?

—¡Uy! No sabe hablar de nada, sin soltar palabrotas y dicharachos. Cuando se enfurece, se ciega como un toro. Embiste, te lo juro.

Y como yo me quedaba mudo por la preocupación, doble ahora con estos truenos, siguió ella la enumeración de los méritos del *Nene*.

—Ya ves como se viste con el lujo ese de cierta gente..., así, de guayabera, pantalón de bombacho, sombrerito de jipijapa, de medio lado..., y la melenita esa..., y... ¡qué sé yo! Bueno, mi madre dice que no se explica cómo Mercedes, tan sentimental, tan bien educada y tan... bonita (porque es bonita, ¿verdad?) puede querer a un hombre así, tan inferior a ella. Mi tío Justo afirma que no tiene nada de extraño; que así somos todas las mujeres: cabezas de pájaros, que nos enamoramos del primero que sepa decirnos cuatro boberías, y que tenga la cara bonita, y actitudes de taco, de valiente, de mujeriego; que no es ella la primera —ni será la última— que, linda, educada e inteligente, se enamora de ese modo de un buen mozo vacío, zafio y ordinariote como *el Nene*... Tú no piensas así, ¿verdad?

Para ir serenándome hice un chiste mimoso:

—Tiene razón don Justo.

—Pues no tiene razón; porque tú no eres así, y ya ves..., yo te quiero mucho.

—¿Mucho?

—Muchísimo.

—Más te quiero yo.

—Sí, qué va. Eso dices tú.

Rápidamente se me iba olvidando *el Nene*, lo embarazoso y amenazador de la hora y del ambiente, el mundo entero; porque me arrobaba ya en las seculares y dulcísimas naderías del dialogar amoroso.

Pero el éxtasis duró poco. Entraron Mercedes y *el Nene*. Éste, en cuanto me vio, se quedó como atornillado en el suelo, los brazos en desmayo a lo largo del cuerpo, pálido por la inocultable turbación repentina. Por virtud de ésta, el «Buenas noches» le salió en voz débil, maquinalmente.

—Buenas noches —replicamos a dúo Susana y yo. Nos pusimos de pie, y ella, como torcida por un deber ingrato, agregó:

—¿Qué tal te ha ido?

—Bien. ¿Y a ti?

Como mi «Buenas noches» fue pronunciado con voz clara y firme, y mi persona toda reflejaba tranquilidad e inteligencia en aquellos momentos, *el Nene* prontamente adquirió el dominio de sí mismo, y como si quisiera reafirmar que él siempre era un hombre, como si le interesase someterme —con suprema razón entonces— a su guapería, me clavó una rápida mirada intensa de sus ojos, rotundos y pequeñines, de ave lucífuga, en aquellos segundos forzada, inverosímil y matonescamente agrandados.

Le sostuve la vista con toda mi premeditada indiferencia de hombre avezado a las cosas del mundo, que de nada se sorprende ni a nada teme.

Mercedes hizo la presentación.

—Mira, Ignacio, aquí tienes a Félix Valdés, mi novio —y dirigiéndose a éste concluyó el urbano requisito:

—Ignacio García, el novio de Susana.

Al soltar el estribillo de «Mucho gusto, etc.», y estrecharnos las manos, él apretó duro, en petulante demostración de fuerza, y yo le miré audaz, sonriente, como diciéndole: «No me duele, ni falta te hace».

Ocuparon ellos dos mecedoras, que hacían fila, aunque separadas, con las nuestras. Las dos parejas nos engolfamos en el correspondiente dialogar muy quedo; libres de toda vigilancia. Porque Rosita no quiso salir aquella noche al estrado, imbuida de estas razones que me dio Susana al decírmelo:

—Para mamá hoy ha sido un día pésimo. Le causó un gran disgusto la noticia de la llegada de su enemigo malo, como dice ella *al Nene*. Tanto es así, que, no obstante lo que ella se preocupa por las buenas formas, hoy no saldrá a «cuidarnos» por no saludar a ése, como una protesta por su regreso a Placeres. Además, ya verás lo pesados que se ponen... juntando mucho los mecedores... y con unos atrevimientos, que... ¿eso es quererse? ¿Verdad que no? Por eso mamá no lo puede ver, chico. En cambio a ti te alaba siempre, te pone como ejemplo de muchachos buenos; creo que te quiere ya como si fueras su hijo.

—Y lo soy.

—Sí, casi lo eres. Y lo puedes ser. Mientras que él es una verdadera calamidad para la familia. Disgustos hemos tenido ya por ese maldito noviazgo; porque ¿tú lo crees? Pues en muchos lugares decentes no lo dejan entrar, y hemos perdido muchas buenas amistades. En cambio, ya ves: Mercedes, loquita: se le cae la baba por él. ¿Te ríes? Ah, chico, a mí ¡me da una roña!

—Me río porque me gusta verte así, brava, seriota, ¡Burrr...!

Y reanudóse el idilio. El de los vecinos todavía no entraba en su apogeo. *El Nene* parecía recelar que estuviera yo explicándole a Susana cómo era el timo de la guitarra; porque se le veía revolverse inquieto en el asiento, posando en mí, de vez en vez, el mirar voraz de sus ojos vivísimos, como si anhelara oír algo, sorprender algún gesto que comprobase lo que le era lógico sospechar.

Poco a poco, empero, fueron ellos abismándose en su coloquio, las mecedoras se fueron virando, hasta quedar casi de frente una de la otra. El respaldo de la que ocupaba *el Nene*, casi los aislaba de nuestras miradas; pero no tanto que dejáramos de advertir cómo despaciosamente juntaban los rostros, para beberse el aliento, y que se percibiera a distancia otra cosa que un siseo sordo y anhelante.

Sentí la necesidad, repentina y dominante, de pedirle algo a Susana por primera vez:

—¿A que no me das una prueba de quererme, como dices que me quieres: más que a nadie en el mundo?

—Según.

—¡Ah! ¿Ya ves...? Con condiciones... según.

—Bueno; sin según. Tú no puedes pedirme nada malo.

—No; no es nada malo... tengo deseos incontenibles de besarte. Dame un beso

—¿Un beso? —interrogó ella, plena de no mentido asombro, demudada, como si oyera una blasfemia inaudita, o como si repentinamente le hubiera yo agarrado uno de sus codiciados pechos, entonces más levantados y anhelantes por la emoción del minuto aquel.

—Sí; uno —insistí con toda la audacia de mi miedo de haberla ofendido; haciéndome el inocentón, el desentendido, como si lo que pedía fuese lo más lícito y natural del mundo.

Como en un suspiro que le saliera de lo más hondo del pecho, dijo ella:

—Chico, ¡qué desengaño! —y agregó ya resuelta, enojadísima—: Desde hoy no me vuelvas a hablar más. ¿Qué te has creído tú?

Nadie me lo había enseñado; pero, como al primero que se le había ocurrido, se me ocurrió a mí la consabida retirada estratégica:

—¡Qué boba eres! —solté en una sonrisa de superhombre—. ¿No te dije antes que me gusta verte bravita?

—Sí; sí; créete que ahora lo vas a arreglar.

—¡Qué va, mi vida! Lo hice para ver lo que tú decías. ¿Crees tú que si fueras una de esas muchachas... fáciles... así, yo te querría tanto como te quiero? ¡Mira tú! Si precisamente por eso es por lo que más me gustas: por lo buena y purísima que eres. De sobra presumía yo tu protesta; pero también sabía que el enojo no sería duradero. ¿Y a que no me equivocaba?

Ella, aunque algo menos seriota, no claudicaba. Seguía de todos modos indignada, y en el escarceo delicioso entablado entre ambos, voló el tiempo. Cuando se me ocurrió ver la hora, faltaba un cuarto para las diez. Súbitamente me puse de pie, casi en frente de la otra pareja, porque lo hice de una larga zancada. Separáronse rápidas las mecedoras; Mercedes, rojas las mejillas, brillantes los ojos, cruzó rápida los brazos en visible empeño de ocultar lo totalmente desabrochado de su blusa. *El Nene* cruzó las piernas y se pasó un pañuelo que tenía en la siniestra por la sudorosa frente. Le sonreí directa e intencionalmente; di las buenas noches, tomé mi sombrero de manos de Susana, y salí a beber aire, con el corazón muy grande, borracho de un amor insospechado, que me sacudía los nervios y me traía a la mente imágenes trastornadoras. Una de las incontables: Susana, en fina camisa rosada, con medias negras y ligas también color de rosa, anchas y de lindas moñas; suelta la negra cabellera sedosa y acariciadora; sentada en mis piernas, los brazos blancos y torneados enlazados a mi cuello, y sus labios unidos a los míos en un beso ancho, húmedo e interminable...

—¡Si fuera más temprano, para irme a ver a Ramira! — suspiré al trasponer el portal de *las Rubio*.

Fui a casa; estuve un rato de pie antes de empujar la puerta de la calle, y después me encaminé a mi cuarto, en busca de la cama, ya más tranquila mi pobre carne adolescente, porque también era de rigor que me enzarzara en este febril pensar: ¿Conque, ése era el mentado *Nene*? Por lo visto vivía en Placeres. ¡Cuidado que era atrevido! ¡Cómo besaba, y otras cosas, a Mercedes, allí, en plena sala, alumbrada y con testigos! Bueno... ¡qué caray! Después de todo era de envidiar; porque, a la verdad, ya no era yo un novio de esos degenerados por los convencionalismos; que aman ciega, enfermizamente. Así, ¡cuánto no hubiera dado yo por hacer lo propio con Susana! ¡Y con las ganas que tenía yo de besarla, de explorar mangas arriba, escote adentro, por aquellas masas blanco-mate, duras y redondas! ¿Por qué «lo someterían» a uno al suplicio ese de tener así tan cerca, noche tras noche, la deseada y probablemente deseosa carne de una mujer joven, bonita, muy querida, teniendo que acallar las exigencias imperiosas del amor; poseyéndola solo con la imaginación, con los ojos brillantes y calenturientos? Pues... por la moral. ¡Pero qué bien le iba *al Nene* con la inmoralidad! Y a Mercedes; que ella también gozaba con aquel sabroso desafuero. Pero... ¡con *el Nene*! De veras, tenía razón don Justo. Un tipo vulgarote, que apenas sabía leer, ni hablar; que se consideraba superior a Mercedes, como si le hiciera el favor de quererla. O, bueno, bien pudiera ser que no tuviera razón don Justo. Porque, la mujer... es la mujer, y la carne... uno de los enemigos del alma. ¡Mucha filosofía para un muchacho «del campo», *aunque* ya bachiller! Era preciso dejar aquello. Más me interesaba esto: «¿Se quedaría *el Nene* en Placeres?». Si se quedaba ¿no pasaría nada entre ambos? Pudiera ser que me conviniese que se quedara, a ver si Susana y yo nos contagiábamos...

Después de medianoche de insomnio, y de un día de cavilaciones, empecé a sentirme confiado en lo tocante a los propósitos que pudiese abrigar *el Nene* en contra mía, y para afirmarme en tal confianza, o por lo menos para salir de dudas, decidí, la noche después de nuestro encuentro en casa de *las Rubio*, irme a dar una vuelta por la plaza, a ver si tropezaba con mi hombre. Era mi designio el de hablarle claro, para que supiera que nada debía temer de mí. Como me tenía muy sin cuidado lo de mi tío Pepe, y menos me importaba que él fuera, o no fuera novio de Mercedes. Se lo diría para que no anduviese vigilándome, mirándome con recelo y amenaza. Después de todo: a mí ¿qué rayos me importaba él?

A las siete de la noche, después de la comida, me encaminé a la plaza, totalmente decidido a encararme con mi hombre. El pueblo, pasadas las fiestas, había recobrado su aspecto habitual: en las orillas, oscuridad y silencio; en el centro, el medianejo alumbrado de la plaza y de los cafés y casas circundantes, ruido de billares y dominós, el inevitable corrillo «arreglador del mundo» en el portal de la botica, y el consabido mentidero en la entrada del casino.

Entré en éste. Era muy temprano, y, por ende, muy escasa la concurrencia de billaristas y jugadores de *monte*. Solo el acostumbrado par de viejos estaba en su sitio, frente al tablero a cuadros blancos y negros, iniciando una sesuda apertura de los cuatro caballos. Volví al portal, aumenté el grupo de murmuradores, apoderándome de un sillón y esperé a mi hombre, seguro de que habría de pasar por allí antes de irse a casa de la novia.

A los pocos minutos de espera lo adiviné en un sujeto vestido de blanco tocado de jipi, que avanzaba por en medio del parque. Al pasar él por el radio de luz de un farol, me convencí de que era el enemigo malo de Rosita, y salí a cruzarme con él, a saludarle, a provocar la necesaria entrevista.

Me vio, y se detuvo debajo de un framboyán. Seguí de frente, el corazón me golpeaba duro en el pecho, y el paso, a mi pesar, se me hacía torpe, tal como le ocurre al borracho incipiente que pretende andar derecho.

Hice un esfuerzo, y dije con acento claro y amistoso:

—Buenas noches, Nene —y seguí de largo.

Súbita y secamente me llamó él:

—¡Oiga!

En el instante, el tratamiento de usted me causó disgusto y temor. Me detuve. *El Nene* sentóse en un extremo de un banco que allí había, debajo de un farol, y al hacerlo me indicó el otro extremo, diciéndome:

—Siéntese.

Se quedó como mirando una vieja y polvorienta lata de sardinas vacía, que estaba en el suelo, a corta distancia de nosotros; como si preparase lo que habría de decirme. Se chupó zafia, ruidosamente, una muela, como para desprender de ella residuos de comida, y dijo, después de cometer la puerca inurbanidad:

—Tengo una muela que me trae encalabrinado.

—Y lo molesto que es eso, ¿verdad?

—¡Cómo que me tiene más jorobado!

En tanto decía lo anterior, se quitó el jipi, alicorto, pequeñín, sacó de la badana de aquél un peine de fósforos de madera, y del cinturón un puñalito fino, primoroso, que reflejaba calofriante la luz del vecino farol. Apoyó el fósforo en uno de los listones del banco, y lo aguzó para convertirlo en mondadientes, sin esfuerzo alguno; porque la hoja tenía filo de navaja barbera.

Instintivamente, yo echaba miradas semicirculares por la plaza. En un banco cercano, dos soldados y un municipal platicaban entusiasmados. Esto me dio alguna fuerza de voluntad para dominar mis nervios, que ya lo necesitaban; porque eran intensas las oleadas de pánico que me corrían por la espalda; a duras penas podía contener el castañeteo de los dientes, y la virilidad se me había arrugado hasta lo increíble.

Más reaccioné aún cuando vi que el acero volvió a su vaina; que su dueño se escarbó la muela emperrada, escupió por el colmillo, y me interrogó brusco:

—¿Usted me conoce, verdad?

Advertí la oportunidad de encajar un chiste congraciador, y sonriente contesté:

—Sí. ¿No recuerda que fui presentado a usted anoche?

—No; no. ¿Usted me conoce desde antes?

—¡Ah! Sí... creo que desde Matanzas, ¿no?

—Eso es lo que yo quería saber. Para decirle que, desde Matanzas me *conocía*. Pero que ahora no me *conoce* más que desde anoche; como novio de Mercedes, y como hombre muy conocido en Placeres y... sin historias. ¿Usted me oye?

—Cómo no.

—¿Y me comprende?

—Cómo no.

—¡Oiga! Eso de cómo no, cómo no, ¿es choteo? —saltó el hombre, y de pie se me plantó delante, en actitud retadora. Tranquilizador me quedé en el banco, y apresurado contesté:

—No; que va. Yo nunca me burlo de los hombres.

—Y que yo soy muy hombre.

—Es claro. ¿Quién lo duda? Además, que a mí ¿qué me importa que usted haya hecho esto, o lo otro? ¿Ni qué me va ni viene con que usted sea novio de Mercedes...? Al contrario... Y luego, que cada uno hace lo que le parece, y nadie tiene que meterse en si una persona hizo bien o mal. No soy chismoso. Por mi parte, que cada cual se las zafe y viva como pueda.

—Eso es. Veo que *eres* un hombre de camino. Los hombres son hombres, y no mujeres, y para los hombres se han hecho las cárceles, y cuando hay que echar pa' lante en un negocio, se echa, y salga lo que salga. ¿No es verdad?

—Seguro que sí.

—Me alegro de que no hayas querido buscarte un compromiso conmigo, y que quieras ser mi amigo de verdad.

Que yo como enemigo... bueno: hay que arrancármela, y como amigo soy más bueno que el pan, y por mi gente hay que matarme... Le voy a decir a Mercedes que conquiste a la vieja para que te deje visitar a Susana todas las noches, ¿eh?

—Bueno; si se puede...

—Claro que se puede... y te voy a enseñar, para que no me estorbes... y para que goces con la hembra.

Cierto disgusto que me dominaba debió dibujárseme en el rostro seriote. Mi interlocutor seguramente lo notó; porque sonrió comunicativo, y me dijo:

—Es claro, chico; te habla un hombre de experiencia. No lo tomes a mal, que lo hago por tu bien. Con las mujeres no puede uno estarse haciendo el muy enamorado y andar comiendo bolitas. Tiene uno que atreverse, y besarlas, jugar con ellas y... desesperarlas; para que sepan lo que es bueno, y para coger uno su sopa boba. De lo contrario hace uno el papel de bobo... ¿Tú no ves cómo está Mercedes conmigo?

—¡Ah! Pero Susana no se deja hacer esas cosas.

—¿Que no? ¡Vamos hombre! Todo es cosa de ocasión. Deja que se ponga un día bien sabrosona, con los ojitos dormidos, y empiézale a hacer cosquillitas en un brazo, con un papelito, un lápiz, un abanico, o cualquiera otra cosa para que veas. En cuanto se deje se te pone madurita. Te deja seguir con la mano; se la coges, y ya no hay quien la contenga. De la mano te vas al brazo. (Y ¡oye! ¡Qué brazotes tienen las dos, muchacho!), y después a la cara, y a... lo que te dé la gana. La mujer se derrite contigo.

Y agregó, petulante y convencido.

—¡Uh! Ya lo creo. ¡Si lo sabré yo!

Hice un incontenible mohín de desagrado, que rápido disimulé moviendo la cabeza negativamente, y diciendo al hacerlo:

—Con Susana no se puede.
—¿Que no se puede? Prueba como te digo, para que veas.
—Ya probé.
—¿Y?
—Que se puso dada al diablo, y por poco nos peleamos.
—Pues, ficticio, chico, ficticio. Busca la ocasión y aprovéchala. No seas bobo: las mujeres, en eso, sienten como nosotros. Lo mismo. No seas bobo, y sálvate.
Se puso de pie, y agregó resuelto:
—Ya verás. Voy a ser tu maestro. Por lo pronto vente a tomar una ginebra.
—¿De la Campana? —me atreví a preguntar con sonrisa maliciosa.
—¡Hombre, sí! —respondió con cínico reír—. ¡Ja, ja! Sí, hombre: vamos a tomar una ginebra de la Campana.

Días después de la perturbadora cátedra de noviazgo perturbador, que me diera *el Nene*, y gracias al asedio combinado y machacón de las dos hermanas, Rosita me concedió permiso para visitar a Susana todas las noches.

En una de estas primeras visitas diarias intenté poner a Susana en el eterno plano inclinado de las tentaciones amorosas, que los novios a mi humanísimo estilo de entonces, inician por la ingenuidad de coger y acariciar una mano, y que termina casi siempre por lo más grave y trascendental. Y lo intenté, porque fue un momento propicio para recordar las lecciones del malhadado *Nene*; que a ello me empujaba una sensación de voluptuosidad que sentía yo cada noche, en la última hora que pasaba al lado de Susana, y que en aquel momento se me hizo incontenible.

Era una noche calurosa. Rosita, de bata blanca floreada de morado, leía un grueso volumen negro en una de las sillas del estrado, debajo de la luz y de cara a la ilusión de aire fresco que entraba por la ventana, abierta de par en par. En dos mecedoras, cerca del piano, casi arrinconados, se zureaban Mercedes y *el Nene*; también ella de bata; echada para atrás en el asiento, la cabeza ladeada en desmayo sobre el respaldo. Movía la cabeza negativamente, como si dijera que no a ciertos ruegos del Nene; quien la ocultaba casi como inclinado sobre la mecedora de ella, inquieto, pidiendo lo que se le negaba con perceptibles monosílabos imperativos. Susana y yo ocupábamos nuestras mecedoras, también muy juntas, en el mismo lado de la sala en que estaba la otra pareja. Vestía ella uno de sus batilongos blanquísimos y finos, llenos de encajes, de mangas anchas por los codos y amplio escote por el cual asomaba tentadora la blanca tira bordada del camisón, que tejía una cintita rosada. Su peinado aquella noche era el que más me gustaba: una sola trenza, doblada y recogida sobre la nuca, con un ancho lazo color de rosa.

Hablábamos muy quedo, muy cerca los rostros, mirándonos con interminable fijeza, en mutua fascinación deleitosa; tremantes y resecos los labios, y anhelosos, estallantes del deseo difícilmente contenido, nuestros pechos.

Sin apartar la mirada de los ojos de ella, cogí de sus piernas un abaniquito, que yo le había regalado, y que aquella noche sacara la muy linda, a la sala, para defenderse del calor. Empecé a rozarle, acariciador, con la argollita del abanico, en el antebrazo que tenía ella apoyado en el brazo de la mecedora, en tanto que seguía la sempiterna conjugación de los verbos amar y querer y el mirar extasiado de nuestros ojos.

Se dejó ella, y creí que era llegada la ocasión de que me hablara *el Nene*. Me quedé con el abanico entre el índice y el pulgar, y traté de sustituirlo, en su misión acariciadora, por los dedos restantes. Mas no bien se había establecido el contacto magnético entre mi mano, temblorosa y su brazo delicioso, cuando lo retiró ella, a la vez que me dijo en tono de reproche y súplica:

—¿Por qué eres así?

—¿Cómo?

—Así como eres; amigo de mortificarme, en los momentos en que mi vida es toda tuya. ¿No te basta con lo muchísimo que te quiero? ¿No tienes de sobra con estar así, a mi lado, horas enteras, felices los dos? A mí me parece que no hay, que no puede haber una felicidad más grande que ésta de mirarnos, hablar mucho, y estar así, juntos, muy pegaditos. ¿Por qué te vuelves malo?

—Si no lo hago porque me vuelvo malo, alma de mi alma. Es que, por eso mismo que tú dices; porque hablando de este modo, tan cerquita uno del otro, enloqueciéndome con tus ojos, contemplando tu cuerpo lindísimo, que es mío (¿Lo oyes? ¡Mío!) viendo tu cara preciosa, bebiendo tu aliento, me entran unas ganas imperiosas de besarte, de apretarte entre mis brazos, muy duro, muy...

—Bueno; no sigas, chico —brusca, abochornada y ofendida, me interrumpió.

Sentí remordimiento. ¡Maldito *Nene*! Nadie más que él tenía la culpa de estas cosas. ¡Claro que yo debía conformarme con el amor puro, así muy hondo, dulce y verdadero, de mi Susana, y no intentar ponerla al nivel de una Ramira, por ejemplo! ¡Tan linda, tan buena ella! Pero... ¿No sería yo un bobo? ¿Qué hacían en aquel momento *el Nene* y Mercedes? Y ella bien que lo quería... ¡Qué diablos! Era preciso portarse como un hombre; como *el Nene*. ¿Qué culpa tenía yo de sentir aquellos latigazos de lujuria que me sacudían cuando estaba al lado de Susana? ¿Se podía permanecer frío al lado de una mujer querida con todo el ser, contemplando su cara divina, sus ojos de fuego, aspirando el perfume aturdidor de su carne, también sacudida por inconscientes deseos? ¡Qué va! Los que tal cosa inventaron, y los que después la aceptaron, debieron ser locos o degenerados; pero no hombres. Y eso era lo que había que ser: hombre. Como *el Nene*: ¡muy hombre!

—¿Por qué te has quedado tan serio, tan pensativo?

—Porque eres muy mala —dije con ya simulada, dolorosa resignación.

Rápida y regañona, repuso ella:

—El malo eres tú.

Por la serenidad adquirida, pude advertir que aquella resistencia de Susana se debía a que aún no era llegada la hora de la otra vez suspirada ocasión —que estaba resuelto yo a sacarle provecho—, y empecé a soslayar aquel giro peligroso de nuestra plática, con unas protestas de mártir, no del todo exentas de filosofía:

—Sí; eres muy mala. ¿Qué culpa tengo yo de estar tan enamorado de ti; de quererte muchísimo? Por eso a tu lado me trastorna tu amor, las ansias de una dicha inexplicable; de estrujarte fuertemente entre mis brazos ¡qué sé yo! El único remedio es que no nos sentemos tan juntos. O que yo no te visite más.

Protestaba ella; pero yo, reafirmado en mi opinión de que no era llegada la hora de lo otro, encaminé mi diálogo por lo platónico.

Y...

Hasta un día, en que se casó una rica muchacha placereña.

La boda, celebrábase a las diez de la noche. Asistiría lo mejorcito del pueblo. Rosita quedaba encargada de llevar a sus hijas, y según la costumbre provinciana, a las jóvenes de algunas familias del barrio. En casa me dieron permiso para estar en la calle hasta medianoche, y sabía yo, por Mercedes, que *el Nene* no faltaría en el gran acontecimiento.

Al salir de casa de *las Rubio* a la hora reglamentaria: las nueve y media, me fui al casino a matar el tiempo. Entré en la banca de *monte*, aposté unos realejos, tuve algo de suerte, y distraído con el juego, cuando pensé que serían las diez, era media hora más tarde.

Cuando, apresurado, llegué a la iglesia, ésta se hallaba invadida por medio pueblo, hombres y mujeres mezclados y apretujados, aprovechable y afortunadamente para los erotómanos. Empinado sobre la punta de los pies, hice lo posible para descubrir a *las Rubio*, y tan pronto como logré verlas, a empujones, acuñándome por entre la gente, me acerqué a Susana.

Dos tacos pueblerinos, dejándose llevar gustosos por los empujones de los demás, oprimían sus carnes con las de las dos hermanas.

Me puse rabiosamente celoso, y más al ver cómo el que estaba detrás de Susana adelantaba la pierna izquierda, hasta enfaldarla con el vestido de ella, que se removía de un lado a otro, como enfadada, sudorosa, muy rojas las mejillas. Por no dar un escándalo, por timidez de jovenzuelo que empieza la vida de hombre, y no sabe bien qué se puede y qué no se puede hacer, contuve el impulso de soltarle dos bofetadas al atrevido.

Advirtió ella mi presencia, su rostro se iluminó con una sonrisa, y me dijo:

—Ven; acércate.

—Voy —repuse.

Y me abrí paso, metiendo con brusquedad el hombro entre ella y el taco, hasta desplazarlo del sitio que me correspondía.

—Creí que no venías. No sabes lo intranquila que estaba con estos hombres tan pegajosos que se han metido aquí.

Y, al decirme ella eso, sentí que apretaba su cuerpo estatuario contra el mío.

Era yo más alto que ella, por lo que pude adelantar la cara por encima de su hombro, del que me había quedado más cerca, al volverse ella un tanto de medio lado para secretear conmigo. Sentía yo contra mi cuerpo la dureza del muslo y la cadera, rotundísimos, de aquel lado. Sus cabellos me rozaban acariciadores la mejilla y la barba y por la posición de mi rostro, veía yo el busto de ella hasta muy adentro del escote, hasta donde se insinuaba la línea del seno, que anhelaba rítmico y provocador.

Empezaba la ceremonia del matrimonio; alguien maltrataba la serafina en el coro; había cierto murmullo no muy religioso en la iglesia, por la charla a media voz de las mujeres y las risitas y los chistes de pésimo gusto, alusivos a la boda, de los hombres.

—La pobre —dijo uno que estaba cerca de nosotros.

—Él es quien se va a poner las botas —agregó otro del grupo.

—¡Y qué buena está la hembra, caballeros! —exclamó en voz baja y ahuecada, un tercer envidioso.

No veíamos, Susana y yo a la tal hembra, ni al novio, ni al cura oficiante, y no nos hacía maldita la falta; porque, como siempre que estábamos juntos, nos arrobábamos ya en nuestro idilio; también como siempre ajenos a toda sensación material de hora y ambiente. Cada vez nos pegábamos más el uno al otro. En aquel apretujar de la gente, en el cual solo se veían bustos y cabezas, allá abajo, muy escondidas, se encontraron nuestras manos, que permanecieron juntas, tibias, latentes. El menor movimiento de una o la otra, me producía una sensación deleitosa inexplicable; en ellas reconcentrábase toda mi vida. ¿Era la ocasión? Allí, invisibles, lenta y descuidadamente se fueron entrelazando nuestros dedos, y lenta, cautelosa y como descuidadamente, fui adelantando una pierna por entre las de ella, que cada vez más confiada, como si respondiera a la inconsciente atracción hipnótica de mis deseos, se recostaba más y más contra mi cuerpo encandecido.

—¡Qué bien me siento ahora, chico! Antes me tenía nerviosa el hombre aquel, y, al principio, otro moscón por el estilo. Ahora me parece que estoy junto a un hermano, a mi padre... ¡qué sé yo! No me parece que es malo el que estemos así tan apretados —y agregó volviendo hacia mí sus ojos llameantes de amor:

—¿No importa, verdad?

Momentáneamente nos sacó del encanto la voz del *Nene*, que se acercaba con trabajo por en medio de la asfixiante masa humana que invadía el pequeño templo:

—¿Con quién dormirías tú mejor? ¿Con ella o con él?

—Con ella —dijo el interpelado.

—No seas bobo. Con él. ¿No ves que así dormirías toda la noche?

Susana, que oyó el chiste de esquina del *Nene*, me dijo al oído:

—¡Qué hombre, Dios mío!

Se nos acercó el recién llegado. Reemplazó al jovenzuelo que se apretaba contra Mercedes. Entablaron ellos su diálogo, no sin que *el Nene* me hiciera antes un guiño, traducible por: «¡Cómo nos vamos a poner!», y en el dialogar y en el estrujar excitador seguimos, hasta que los casados, una joven y soberana trigueña y un apuesto militar español, pasaron por nuestro lado, entre los saludos y las felicitaciones de los concurrentes.

Desalojadas un tanto las naves del templo, encabezamos Susana y yo, cogidos del brazo, la procesión formada por todos los de la casa, y las jóvenes vecinas, que Rosita tenía que acompañar hasta sus hogares respectivos.

En la plaza, hablaba ruidoso el público salido de la iglesia, que se desgranaba por las calles circundantes después de ver la partida de los recién casados, en una lujosa volanta, rumbo a un ingenio cercano, en el cual pasarían los primeros días de matrimonio. Un cuarto de Luna, que se acercaba al ocaso, malalumbraba las calles del pueblo, más desoladas a medida que uno se iba hacia las afueras.

Siempre cogidos del brazo, Susana y yo nos adelantamos a los demás, siguiendo la franja de sombra que proyectaban las casas del lado por el cual se ocultaba la Luna. Nos seguían, también por la sombra, los demás; que era la calumniada luz del pálido satélite una cosa temible en aquellos años.

¡Bendita Luna! ¡Bendita oportunidad! Así, de bracete con Susana, muy juntos, tanto que chocaban acompasadas, al andar, nuestras caderas, me atreví a tomar otra vez en mi mano diestra la izquierda de ella. Poco a poco fui entrelazando los dedos. Y ambos empezamos a apretárnoslos, como si hubiéramos querido incrustar la carne de uno en la del otro.

Dejamos a un grupo de amigos en su casa. Nos acercábamos a la nuestra. Susana se apoyaba fuerte y apretadamente en mi brazo. Seguía el estrujar sudoroso de las manos ardientes. A través del planchado dril de mi saco blanco, sentía yo en el brazo la presión de un pecho durísimo y el latir acelerado del corazón de ella.

Doblamos la esquina de casa. Los que venían detrás se detuvieron en un portal cercano, para dejar allí a otro grupo de muchachas; las últimas. Nos detuvimos un instante, uno frente al otro, sueltos ya los brazos, pero siempre muy juntos, trastornado imploré:

—Dame un beso. Ahora sí.

—No; nos pueden ver.

Ante la débil, significativa razón, con todo el poder sugestivo del hombre que ama y es amado, insistí dominador:

—No. No nos ve nadie.

Y, diciéndolo, acerqué mis labios a los de ella, y nos dimos un beso corto, seco, tímido; un beso de gloria, que no olvidaré nunca. Un beso que valía la vida.

—Dame otro.

—No; ya no más; que nos van a ver.

—Qué va.

Y la besé otra vez, más fuerte y largamente, y, sin casi saber lo que hacía, la enlacé por la cintura con los dos brazos, y la estreché con furia, como si hubiera querido fundir su carne en la mía; en tanto que se me fue, velado por la emoción, un:

—¡Ay, mi vida!

Nos separamos como aturdidos; temblorosos de pasión y miedo. Ella me dijo:

—Vamos a volvernos.

—Sí, y a decir que nos separamos y doblamos la esquina, sin darnos cuenta.

Y volvimos, ya no abrazados, y nos unimos al grupo, que entonces llegaba a la esquina. Como ya estábamos a la luz de la Luna, me pareció ver que *el Nene* me hacía un guiño canallesco.

Me levanté muy tarde la mañana siguiente, y después de tomar por único desayuno una taza de aromático y estimulante café puro, tomé el rumbo de la plaza, que era rumbo también del río; que a éste quería yo ir aquella mañana, para allí, lejos de la gente, gozar mucho recordando las a la vez tiernas y voluptuosas sensaciones de la noche anterior; para dar vado a cierta tristeza y remordimiento, por haber ido hasta donde fui con mi buena, con mi pura y queridísima Susana. Encontrados y trastornadores eran mis pensamientos; que si bien era cierto que tenía yo aún sobre mis carnes la impresión de las de ella, y en mis labios, el calor, la humedad y la dulzura de los suyos, y esto me hacía presa de unos deseos volcánicos; también por allá, por lo más recóndito de mi alma, tenía uno como dolor y una especie de miedo, inexpresables; porque no podía olvidar las protestas dolientes de ella, en ocasiones anteriores: «¿Por qué eres así? ¿No te basta con quererme mucho; con estar a mi lado, horas enteras, feliz por lo muchísimo que te amo? ¿No es una felicidad muy grande mirarnos, y hablar, sin cansarnos nunca, y estar muy pegaditos, todas las noches?». ¿Qué estaría ella pensando en aquellos momentos? ¿Cómo me recibiría aquella noche? ¡Qué cosa más inmensa, y más dulce, y más triste, y más incomprensible, el amor! Por nada en el mundo debía yo enojar a Susana; por nada en el mundo, perder su amor. Porque la quería con un querer para el cual solo ansiaba y podía vivir, y... con todo: ¡Cómo a su lado me emborrachaba, hasta exponerme a perderla para siempre, el deseo de besarla, de abrazarla, de llegar con ella a todos los disparates! ¡Qué rara, enloquecedora cosa era el amor!

Ensimismado con mis cavilaciones; con mi andar acelerado e inconsciente, ya pasaba por la plaza cuando del café de la esquina salió *el Nene*.

—¡Hola, don Ignacio! Conque anoche doblaron ustedes la esquina sin darte cuenta ¿eh?

—Sí. Palabra que sí.

—¿Cómo me vas a venir con esa mentira, chico? ¡Digo! A mí, que tengo tanta experiencia. ¡Vamos, hombre! Déjate de eso, y vente conmigo a un banco de la plaza para que me cuentes.

Mentí.

—No puedo, chico. Voy a un mandado.

—¿Qué importa? Ven, solo un momento, para que hablemos.

No supe decir que no, y fui con él.

Ya sentados en el primer banco que encontramos, *el Nene* machacó:

—Vamos; cuéntame algo.

—Si yo no tengo nada que contar. Palabra.

—Pues, compadre; si anoche no te aprovechaste, eres un bobo. Así nunca vas a gozar nada y la mujer se va aburrir de ti.

—Qué va chico; con Susana no se puede y... además... tampoco lo quiero. La considero mucho; me quiero casar con ella, y no voy a ensuciar el agua para tomármela después.

—¡Uh, compadre! ¿Tú también andas con eso de ensuciar el agua?, ¡que es más viejo! Estás hecho el gran mentecato.

Y agregó petulante, deseoso de mostrarse como tenorio rufianesco y desalmado:

—Mira: cuando empecé con Mercedes, tampoco quería ella, y se enojó muchas veces, y hasta en varias ocasiones estuvimos sin hablarnos y sin ir yo por su casa una partida de días. La fui capeando poco a poco, velando lo que te he dicho: la ocasión; hasta que un día (por cierto que me acuerdo de que tenía un pañuelo en la cabeza) que estaba muy chiqueona, se dejó coger una mano, y se la besé, y aquella misma noche le hice zafarse un botón de la blusa, y... de ahí en adelante, pues... por sus pasos contados, como tenía que ser. ¡Si lo sabré yo, que tanta experiencia tengo de esto! ¡Uh! Así lo he hecho con todas. En Matanzas tengo otra chiquita que... lo mismo, lo mismo que Mercedes. Se le cae la baba por mí.

Sonrió, engreído; se acercó más a mí; dejó caer triunfalmente una mano sobre uno de mis muslos, y como si quisiera entusiasmarme, cambiarme la faz avinagrada con que oía yo su canallada, me dijo en tono más confidencial:

—Y, oye; te voy a contar lo mejor.

Súbito me puse de pie, y repuse:

—No; no; será otro día. Estoy apurado.

—No, hombre; siéntate un momento —me dijo imperativo.

—No puedo —insistí, deseoso de irme, de no ser testigo de tanta villanía.

Aquello era como una profanación de mi amor, como una traición a Susana. Muy posible que algún conocido pasase por allí, nos viese hablando con tanto misterio, en plena plaza, a las nueve de la mañana, y sospechase algo. ¡Y con lo conocido que era el tal *Nene*! Qué va.

—No puedo —repetí.

Pero él insistió terminante, dominador:

—Compadre; siéntate un momento y no embromes más. Para que oigas una cosa buena.

Flaqueó mi voluntad, y contrariado, sufriente casi, me senté de nuevo.

—Pues, oye; para que veas —recomenzó mi interlocutor—. Antes de irme para Matanzas, hice que Mercedes me abriera la puerta una noche...

—¿Eh?

—Sí; una noche. Hacía tiempo que yo la andaba trabajando. Le decía que ansiaba verla a solas, un buen rato, para besarnos, abrazarnos y otras cosas, sin que nadie nos estorbase; que si era verdad que estaba loca por mí, que me lo probara de una vez, en lugar de estarme dando largas con palabras y más palabras. No creas: la mujer estaba terca. Decía que si yo estaba loco; que si no la quería para nada, cuando le salía con esas proposiciones. Me tuve que hacer el ofendido, y buscarle las vueltas a la cosa: «¡Boba! ¡Si era para probarte! Para ver hasta dónde llegaba tu cariño». «Ahora ya sé hasta dónde llega», y bueno... todas esas trampitas de nosotros los hombres, ¿sabes?

—Un poco, sí.

—¡Ajá! Pues en cuanto pude volví al ataque, dale que dale, hasta que la noche que te cuento ya no me decía ella que era una locura, ni que yo demostraba que no la quería al proponerle eso, ni nada de lo que me contestaba al principio; sino que no hacía más que defenderse: «No, chico; nos pueden ver». ¿Conque nada más que por eso; porque nos pueden ver —me dije—? Pues esto es pan comido. Lo que hace falta es un plan, y ¡ya lo había pensado yo! Oye, le dije: Esta noche, después que entre don Justo, te encargas de cerrar la puerta y la ventana de la calle. Como él duerme en el segundo cuarto y tú en el de tu mamá y Susana, te será fácil esperar a que ellas se rindan; tienes cuidado de no dormirte, y de oír las horas y las medias en el reloj del ayuntamiento. ¡Ah! Se me olvidaba: le dije que ¡claro! solo juntara las hojas de la puerta e hiciera ruido con el pestillo, dejándolo sin pasar. Al dar el reloj la media de las doce, le dije, te levantas descalza y te sientas a esperarme en la silla que está más cerca de la puerta. (Ahí mismo, en donde la ponen ahora, entre la puerta y la ventana.) Por supuesto, al empezar a explicarle esto, volvió con la misma historia: «Que no», «Que es muy peligroso», «Que después de eso me vas a perder el cariño», y que «¿Y si se despiertan?», «¿y si a esa hora viene papá de la colonia?» ¡La pobre, chico! También era natural que tuviera miedo. ¡Qué caray! Pero yo, calcúlate, suplica que te suplica, la mirada fija, la mano trabajando, ¡embobándola! Y que sí y que no, y besos y promesas de portarme bien, hasta que (¡Es bobería, chico: a las mujeres hay que entenderlas!) ¿lo quieres creer? Me esperó. ¡Por mi madre, chico! A las doce y media empujé la puerta. Cuando ella vio mi sombra en la claridad de la puerta, me dio la mano. Estaba en camisón y envuelta en una sábana... ¿y para qué te voy a hacer todo el cuento, muchacho?

Quise cortar:

—Bien: ahora sí que me voy.

—No. Oye de una vez el final. Estuvimos allí como dos horas, sin darnos cuenta, hasta que dio un resbalón la silla, haciendo un ruido del demonio. Nos pusimos de pie, asustados, sin respirar, abriendo bien los oídos, para saber si Susana o Rosita se habían despertado. Sentimos toser y moverse en la cama a la vieja. Mercedes parecía que tenía calentura de frío. La dejé y salí disparado. Por supuesto, me quedé creído de que la vieja se había enterado, y estuve tres días sin ir por allá; hasta que Mercedes me mandó un papelito, diciéndome que no había pasado nada.

Se puso los brazos en jarras, con las manos en los muslos; echó el busto hacia atrás, y riendo me preguntó:

—¡Ja, ja! ¿Qué te parece? —y agregó, aplomadísimo y jactancioso—: Y en estos días voy a ver si se repite la cosa.

Me quedé como irresoluto, como hundido bajo el peso de tanto cinismo y tanta felonía; casi violentándome la voluntad para reprimir los deseos de soltarle al indigno, por toda respuesta una soberbia y estallante bofetada; pesárale a mi evidente inferioridad física.

Porque ya no me sentía cobarde, y si no hubiese sido por lo que también me había pasado en la iglesia la noche anterior; es decir, por no saber si debía o no debía meterme en aquello y dar un espectáculo, me hubiera olvidado del puñal que *el Nene* llevaba siempre en la cintura, de su fuerza muy superior a la mía, y, lo dicho: la gran bofetada, y el escandalazo consiguiente.

Seco y resuelto, dije:
—Me voy.
—¿Para dónde vas?
—A un mandado, por allá por el río.
—Te acompaño hasta el café de la esquina.
Salimos juntos. En la esquina se quedó él.
—Abur.
—Abur.

¡Maldito temperamento! ¡Maldita imaginación alocada la mía! En rara antítesis; junto con el disgusto, con el asco que me causara la bajeza que acaba de cometer *el Nene*, relatándome aquellas cosas íntimas, bochornosas, de Mercedes; ¡de la hermana de Susana!, me había él aumentado las oleadas de voluptuosidad que me corrían por todo el cuerpo desde la noche anterior, con la descripción gráfica, vivísima, que me hizo de la escena aquella de Mercedes, con su cuerpo, gemelo en perfecciones al de Susana, desnudo, tibio, vibrante de pasión y de miedo, sentada en las piernas de él. ¡Qué imágenes! ¡Qué tentaciones las que abrasaron todo mi ser en ciertos momentos del odioso relato! Ya no podría ir al río; sino a casa de Ramira, comodín de mis malos ratos, ángel tutelar de mi espoleada virilidad prepotente; virilidad de diecisiete años.

En el comedor, que está contiguo a la sala, y de espaldas a ésta, Ramira teje un bastidor, que apoya en sus piernas. Entro en puntillas. Por la puerta del primer cuarto, aledaño de la sala, veo una mujer acostada en una cama, de cara a la pared, el pelo esparcido en un alto almohadón, y el cuerpo envuelto, hasta el busto, en una sábana muy limpia. Me parece oír un quejido tenue y acompasado. De la cocina sale una nube de humo azuloso, de leña verde, que invade el patio y se cuela por el comedor.

Cuando me acerco a Ramira, me siente o me adivina ella; vuelve la cara y con dulce sonreír, me saluda:

—¡Hola, Ignacio!

—Buenos días, chica.

—¡Caramba! ¡Qué milagro!

—¿Milagro?

—Es claro: si ya no vienes por aquí. Ya lo creo. ¡Con lo bien que te va con tus nuevas glorias!

Como que nunca le he negado lo mucho que quiero a Susana, le digo:

—Las glorias de siempre, chica.

Ella tiene al aire la mitad de una pierna, que adelanta para dar equilibrio, base firme, al bastidor. La otra pierna, doblada hacia atrás, se pierde junto a los palitroques de la mecedora, entre las orlas de tira bordada de la saya interior y la bata. Como siempre, las medias son negras, de finísimo hilo, y los zapatos de corte bajo, del mismo color.

Se me van los ojos hacia la incitante pantorrilla, y después de los ojos, se me va una mano, que llénaseme con lo más grueso y macizo que hay de rodillas abajo.

—No, chico; que nos pueden ver.

Y me empuja el brazo, recogiendo a la vez la pierna.

—¿Quién nos va a ver? ¿En dónde están tus hermanas?

—Margarita está echada en la cama, con sus achaques. Ese dolor que le da cada mes, y que la vuelve loca. Las otras se han ido a pasar el día por allá, por una casita que está en el camino de Santa Clara, en casa de una muchacha, amiga, que se casa hoy.

—¿Y el viejo?

—Por la cocina. Haciendo candela para preparar alguna chuchería para él y para mí. Margarita cuando está así no come.

—Bueno; entonces deja el bordado y ven a tu cuarto; que tengo que decirte una cosa.

—¿A mi cuarto?

—Sí. Ven —y me puse de pie, y la cogí por una muñeca.

—No; a mi cuarto no. ¿Para qué?

—Para una cosa. Anda ven.

—No, chico. Pueden vernos.

—¿Quién? ¿No dices que Rosaura y las otras andan por el camino de Santa Clara? Es que no quieres venir. Tú solo sirves para hacer porquerías, y dejarlo a uno siempre a medias.

—¿Qué?

—¡Claro! Tanto decir que me quieres, y ¡mentira! No me quieres para nada. Si ahora que tenemos una buena ocasión, te pones así...

—¿Y para qué voy a ir? ¿Crees que no te vi con Susana anoche? ¿No? ¿Di que no?

—Sí; estaba con ella. ¿Y qué? Eso no quiere decir nada. ¡Anda, vamos!

—¡Cuidado que eres abusador! Me confiesas, así, fría, cruelmente, que anoche estabas con ella en la iglesia, y a renglón seguido insistes en que te acompañe al cuarto. ¿Por qué no se lo propones a ella?

Me viene a la superficie un gesto repelente, que a duras penas puedo disimular replicando:

—¡Ah, chica! Porque no se puede. Pero... ¡Anda ven!

—¡Ajá! ¿No se puede, verdad? Pero conmigo, con la condenada a vestir santos, sí. Como un favor. Yo no tengo alma, ni dignidad, ni el derecho a resistirme siquiera. ¡Claro! Para eso soy vieja, fea, solterona. Y, como además te quiero (y aquí se le empieza a nublar la voz), sí, te quiero, y... soy mujer como las otras, conmigo, sí...

La interrumpo para insistir aprovechador:

—¡Sí! ¡Me quieres! Pues demuéstramelo.

—Sí, te quiero. No te figures que todo lo que he hecho ha sido perversión, exigencias de mi naturaleza, ni, ni...

Y aquí rompe a llorar, dejándome medio frío e irresoluto, en tanto que sigue, en un desborde de histerismo lacrimoso, de una elocuencia inverosímil:

—No. No te lo figures. Yo he sufrido, porque me he enamorado de ti. He tenido que aparentar que no te quería, para no alarmar a los otros, y aparentártelo a ti, pasar a tus ojos por una corrompida, para no recibir de ti la burla y el desprecio. He tenido que acallar el amor propio, la furia de los celos, sufrir el inconsciente desdén de tu juventud. Y luego, satisfacer tus arranques puramente carnales, egoístas, para aunque fuese de ese modo, tenerte a gusto a mi lado, y

¡no te lo niego!; porque viéndote gozar gozaba yo. Y el martirio de tu indiferencia después de apagado el fuego de tus sentidos. Y saber que tus ojos, tus palabras, tu boca, todo tu ser y todo tu cariño eran para otra. Anoche; anoche te vi loco, embebido de pasión a su lado, y sentí como si entraran un cuchillo en mi pecho, desgarrándome el alma. Porque ella es linda y joven... ¡Lo comprendo!

La vence el dolor, y llora copiosamente, con lágrimas que le caen en dos hilos interminables hasta perderse en los labios convulsos y sollozantes, en tanto que su cuerpo se sacude en temblores, casi epilépticos.

A mi vez, estoy acongojado, mudo, casi incapacitado para evitar que la escena acabe en sublime ridículo. Pero hago un esfuerzo, y lo único que hay que hacer: apretar duramente la muñeca de ella, que aún está en mi diestra, y decirle sugestionador:

—¿Qué hubo? ¿Vienes?
—¿Para qué?
—Ya verás. Ven.
—Tengo miedo.

Pero, al decirlo, se pone de pie.

Vesánico de deseos, tiro de aquel brazo que empuña mi diestra, a tiempo que ordeno:

—Ven. Anda, mi vida. Ven.

Presa de su histerismo, de su inmensa tortura moral, de sus febriles impulsos de hembra encelada; dominada por mis exigencias de macho soliviantado, se entrega ella, y nos vamos al cuarto. Un brazo mío le rodea la cintura, mientras caminamos juntos, muy apretados uno contra el otro, como marido y mujer jóvenes que se ocultan para la siesta en día de tornabodas.

Llegamos al cuarto de ella, que es el tercero. El humo azuloso es aquí tenue, porque está cerrada la puerta que da al patio, y de la ventana solo hay un postigo abierto. Por éste se cuela, junto con el humo, un vigoroso y oblicuo rayo de Sol, que, en consorcio con la luz que entra por las puertas que dan a los cuartos contiguos, pone franca claridad diurna en la habitación. Habitación muy limpia, con su viejo juego de caoba muy barnizado y su férrea cama de carroza, resplandeciente por lo blanco y almidonado de las sábanas, las fundas, el ruedo y el mosquitero recogido en cortinas por dos anchos lazos color de rosa.

Nos separamos un tanto, y nos quedamos frente a la cama, mirándonos en silencio, con lo cual no pierde su fuerza el delirio de mis sentidos. Porque ya hace rato que no veo en Ramira a la solterona fea. No me dice nada chocante la nota hombruna del lunar, ni me es repulsiva la piel morena y reseca del rostro, ni me enfría el busto liso, negreante y apergaminado. No me contiene el ancla, torcida y saliente, de las clavículas, ni los brazos esqueléticos que ella adelanta para ponerme sus manos, que arden, sobre las mías, que abrasan.

La vuelvo a enlazar por el talle, entonces con los dos brazos. La oprimo fuertemente contra mi pecho. La beso en los ojos, y corro después mis labios cosquilleantes hasta su oído, y le digo:

—Quiero una cosa.
—¿Qué?
—¿Me vas a complacer?
—Bueno. ¿Qué quieres?
—Primero, que cierres esas puertas.
—No.
—Sí, para decirte una cosa. Siéntate aquí —e indico la cama.

—¡Oh!
Pero se sienta.

Y entonces rodeo su cuello con mi brazo, y con la otra cojo las suyas y las dejo en el calor de su regazo.

—Quiero, necesito aquello que te he pedido muchas veces, y que tú me has negado siempre, por temor a que nos vieran. Ahora, tú misma has dicho que nadie nos estorba.

—¿Lo necesitas?

—Sí.

—¿Desde anoche?

—No; desde ahora.

—Si quieres otra cosa, sí. Eso no.

—¡Ah, no! Tiene que ser lo más grande.

—No, no.

—Sí —y rompo la escena deshaciéndome de Ramira, y empujándola hacia atrás, a través de la cama.

Rápido me tiro sobre ella. Forcejeamos, en tanto que ella también se defiende con estas protestas:

—No, chico. Ignacio, no. Soy muy fea. Y aunque pienses en Susana, luego te vas a arrepentir.

Oír el nombre de Susana, en aquel momento, me hace perder fuerzas. Es un doloroso remordimiento, una como sensación de asco, que me contiene un instante.

Felizmente; porque en ese instante el negro viejo asoma la cabeza por el postigo, y con ingenuo sonreír, que a Ramira debe saberle a mortal sarcasmo, dice:

—Niña, Ramira; yo va a tené que hacé el tasajo aporreao. Acuédese del otro día. Así en penca etá mu duro pa comé.

V

Mi abuelo, el canario rico que suministraba carne a la guarnición de Placeres y que (oportunidad es de decirlo) llamábase don Ruperto, era la personalidad más distinguida del autonomismo placereño.

Y Placeres era un foco de autonomismo, con vistas a un separatismo tan temerario, que en cada ocasión propicia ponía en movimiento a la guardia civil, hacía rodar largas tiras de papel telegráfico por las oficinas del capitán general, y provocaba tremendas parrafadas de condenaciones y amenazas al *Diario de la Marina*.

Bien le venía, pues, a Placeres, el sobrenombre de «Cayo Hueso Cubano», con que bautizáronlo los del *Constitucional*; sobrenombre que llegó a ser popularísimo, porque era muy del agrado de tirios y troyanos.

Este don Ruperto Darna, mi abuelo, había sido concejal, por los autonomistas, en el ayuntamiento de nuestro pueblo y, además, miembro de la diputación provincial de Santa Clara.

Y valga lo dicho para que se comprenda mejor lo que viene luego. Aquella mañana, cuando salí de casa de «las solteronas» me reintegré apresurado a la mía, en busca del almuerzo, que mi estómago reclamaba imperioso, después del ajetreo con Ramira, y máxime por cuanto que el desayuno había sido extremadamente criollo.

Mi madre y mi abuela estaban en la sala. La primera leía un diario de Matanzas, *La Aurora del Yumurí*, y la segunda zurcía medias. Ésta me dijo al verme entrar:

—Oye, Ignacio. Aquí estamos diciendo, tu madre y yo, que después de la Candelaria, te debes ir a La Habana, para que empieces tus clases. Ruperto tiene que mandar a Rafael a La Habana, en esos días, y puedes ir con él. Como ya él es un hombre, y llevará instrucciones y dinero, podrá arreglarlo todo. ¿Qué te parece?

A mí me pareció que la casa se me venía encima. Tuve nítido en la imaginación el cuadro que daríamos, Susana y yo, cuando le fuese con la noticia. Se aproximaba el temido lance, el dolor tremendo que nos haría sufrir mucho. Tanto debí inmutarme, que mi madre, adivinando mi pensamiento, mi pena, por decir algo, dijo:

—Te has quedado mudo, ¿verdad? Ahí tienes. Por eso no se deben crear así como quiera afectos profundos. Bien te lo dije desde un principio.

Se me fue, en un suspiro, esta réplica:

—¡Qué le vamos a hacer!

—¿Qué? ¿No quieres ir? —me interrogó mi abuela.

—Si tengo que ir, iré.

—Bueno. Ve a lavarte las manos, para que vayas a la mesa; que ya están sirviendo el almuerzo —entremetió mi madre, como para cortar el embarazo, y el disgusto que me causara la desagradable nueva.

Salí de la sala, en dirección de mi palanganero, por el sardinel que corría a lo largo de la pared de los cuartos. Me crucé en el camino con la vieja criada, que traía en cada mano una fuente llana; en una, trozos de carne de puerco frita, adornada con «chatitos»; en la otra el desgranado, inimitable arroz blanco al estilo de la tierra.

No obstante mi pena, mi enorme pena de aquel momento, aspiré con delicia el aroma de la carne de puerco frita; aceleré el paso; me lavé las manos y alisé el pelo en un periquete, e hice, enseguida, mi entrada en el comedor.

Ya estaban todos en la mesa, que, como siempre, era sencilla pero atractiva por la blanca tersura del mantel y las servilletas; las últimas, en forma de cucurucho, una en la única copa de cada comensal, con sendos panecillos dentro. Humeaba la dorada y bien oliente sopa de pan en los platos. Escoltada por las fuentes de arroz y de puerco, la de ensalada de lechuga ponía su alegre nota verde en el centro de la mesa. Brillaban los cubiertos, y brillaba la panzuda botella de agua clara, colocada cerca del puesto de mi abuela, que era uno de los cabeceros.

Mi abuelo ocupaba el otro extremo de la mesa; tío Rafael y Ortiz (el factor de la guarnición, paisano de mi abuelo, que a menudo comía en casa) en un costado; mi madre y yo en el otro. Detrás de mi abuelo, paño al brazo, de bata morada limpísima, María de la O, la vieja y muy leal criada de la casa.

A la vista y al olor de la mesa, mi apetito se hizo doble; pero, en inconsciente deseo de que me tomasen lástima y pospusiérase mi viaje a La Habana —o que lo suprimiesen ¡qué caramba!—; en ese inconsciente deseo, disimulaba yo un tanto mi hambre, con una triste cara de santo en penitencia, que conmovió a mi madre, hasta hacerla romper el silencio inicial del almuerzo con esta pregunta:

—¿Ignacio? ¿Ya sabes quiénes vienen a Placeres, no éste sino el otro domingo?

—¿Quiénes?

—Carlos Manuel Amézaga y José Inés Oña, el mulatico. ¿Te acuerdas?

—¡Cómo no! ¿Y a qué vienen esos a Placeres?

—Pregúntale a papá.

Volví los ojos inquisitivos, hacia los de mi abuelo.

—Sí —dijo éste—. El domingo después del que viene, tenemos un gran mitin autonomista, aquí, y creo que dos de los oradores que vienen de La Habana son esos jóvenes que dice Lola que tú conoces, y que dice *El País* que son dos sinsontes; dos esperanzas del partido y de Cuba.

—Pero, ¿de dónde salen éstos ahora, sobre todo Carlos Manuel, de oradores autonomistas? Si son dos españolizados. Pregúntale a mamá lo que hicieron en Matanzas.

El factor Ortiz, que era uno de tantos canarios que siempre se distinguieron por su amor a Cuba, al oírme lo de «españolizado», hizo un chiste diciendo sonriente:

—Oiga, amigo: modérese; que está presente un español.

—Vaya, vaya. ¡Valiente español nos ha salido usted! —repuso guasón mi abuelo.

—Sí —le dijo mi madre a éste—. Ese Carlos Manuel es el muchacho que le hizo a Ignacio, en Matanzas, lo que te conté el otro día.

—Sí, hombre —agregué incontenible—; es un hipócrita.

—Eres muy fuerte para hablar, chico —me dijo aplacador mi abuelo.

—No. Que diga mi madre si no digo la verdad. Para Carlos Manuel, mientras estuve en Matanzas, cubano y sinvergüenza venían a ser lo mismo.

—Vamos; no tanto, amiguito. Cuando viene con Gálvez y Saladrigas, y cuando tan bien hablan de él los periódicos del partido, algo debe valer el muchacho.

Y, dirigiéndose a mi abuela, agregó el viejo:

—A esa gente de La Habana, cuando viene al campo, le gusta comer bien a la criolla, bien a la guajira. Conque, al otro día del mitin, hay que darles un almuerzo.

Y volviéndose hacia tío Rafael, le dijo:

—Acuérdate de decir a la finca que ese día manden un lechón, y naranjas y unos cuantos de aquellos tomates de semilla americana, grandísimos, y unos «ajises» de cachucha. Después, es preciso que mandes unos propios a las sitierías y al ingenio, para avisarle a la gente. A ver si metemos mil caballos en el pueblo, y dejamos bien puesto el nombre del Cayo Hueso Cubano. Yo me encargaré de la cerveza, unos cuantos barriles, para que corra duro la marca T. ¡Ah! Se me olvidaba: que manden una novilla, para el rancho de la gente.

Y siguió con mi madre:

—Oye, Lola: a ver si hacemos una fiestecita, un baile o lo que te parezca. Y en cuanto acabes de comer me vas a hacer dos cartas: una para que manden unos voladores y bengalas, de Remedios, y la otra para pedirle permiso al alcalde. Yo también me encargo de arreglarles el hospedaje en *El Louvre*.

—¿De modo que eso va por todo lo alto? —agregó Ortiz con un «chatino» en la boca.

—¡Ah, sí! —se apresuró a replicar mi abuelo—. Por el partido hago cuanto haya que hacer. ¡La casa por la ventana! Para que tiemble el «merequetén» y sepan los intransigentes quiénes somos los del partido. Y les dé un berrenchín.

Las ocho de la mañana del día siguiente al de la noticia de la próxima llegada, a Placeres, de los oradores autonomistas. El pueblo hállase en plena actividad; en toda la actividad que es posible en un pueblo de este tamaño, en la época de mi relato.

Por la «calle real» vamos hacia el centro *Pan de Flauta* y yo. Va él a la tienda mixta en que ahora está de meritorio;

yo voy al ayuntamiento, a llevarle al alcalde el oficio con la petición de permiso para el mitin en proyecto.

De una tienda, y como a diez varas delante de nosotros, sale en nuestra misma dirección, una airosa, bien curvada y ondulante mulatona, que luce un derroche de encajes en la fina y blanquísima bata, ostenta con garbo sevillano su sedoso y bordado mantón de Manila, color crema, y golpea los portales pueblerinos con sus minúsculos corte bajos de charol negro, en un paso corto y gracioso de madrileña, que imprime a las caderas opulentas un anadeo voluptuoso.

Pan de Flauta se muerde el labio inferior, y me dice:

—¡Qué linda se ha puesto esa mulata!

—¿Quién es ella?

—¿No la conoces? Pues ésa es aquella que estaba en el colegio con nosotros; la hermana de la maestra. ¿No te acuerdas que le gustaba mucho jugar a los «maridos» y a «las comadres», haciéndose la boba con todos los chiquitos del colegio?

—¿De veras? ¿Carlota?

—Sí; solo que ahora se llama la *Arremangá*. Es la querida de don Justo, el tío de tu novia; es decir, él es el paganini; porque el gallo de ella es *el Nene*.

Sigue la mulata por los portales, entre un tiroteo de burdelescos piropos, que parten de todas las tiendas y cafés, y de cada transeúnte peninsular o criollo.

—¡Ay, mulata! ¡Si te cojo por mi cuenta!

—¡Qué cacho e tía, mi mare!

—¡Ave María! ¡Qué revoloteo de popa, cabayeros!

A media cuadra de la plaza, *Pan de Flauta* y yo, que hemos apretado el paso, le damos alcance a la linda mestiza, y cuando ya estamos junto a ella, mi acompañante le dice:

—¿Qué hay, Carlota?

Ella, que conoce la voz de *Pan de Flauta*, vuelve la cara, se detiene, y con una sonrisa que descubre la admirable dentadura, responde:

—¿Qué hay, chico?

Enseguida me reconoce; adelanta hacia nosotros, y me tiende la mano en un efusivo saludo:

—Hola, Ignacio; chico ¡qué alto estás!

—Y tú, qué hermosa.

—¿De verdad?

—Ya lo creo. Y eso lo sabes tú mejor que yo.

Y agrego adulón, malicioso; pero con la cara encendida de vergüenza:

—¿Cuándo volvemos a jugar juntos?

No le gusta la broma; porque se enseria, y por decir algo replica:

—Ya estos tiempo pasaron, chico.

Y al terminar ella la frase, veo que se le alteran las facciones, palidece, y mira, con los ojos agrandados como de sorpresa o temor, algo que hay a mi espalda.

Instintivamente, *Pan de Flauta* y yo nos volvemos y nos quedamos en suspenso al ver *al Nene*, que viene por el medio de la calle, a largos pasos, en línea recta hacia nosotros, dura la mirada, hamponesco el gesto.

Al llegar, se planta frente a Carlota, los brazos en jarras y el busto erguido.

—¿Qué haces aquí?

—Vine a comprar unas puntas.

—Pero me parece que aquí, en la calle, no las vas a encontrar.

—Es que...

—Es que nada. Ya te estás largando para el cuarto; que yo te voy a arreglar. Para que sepas respetar a los hombres.

Me veo en la necesidad de intervenir, tanto porque es justicia defender a Carlota de los bárbaros celos del hampón, como porque necesitamos *Pan de Flauta* y yo salir de nuestro papel desairado en la callejera escena:

—Es que somos amigos viejos. Estuvimos juntos en el colegio. Hace tiempo que no nos veíamos y nos encontramos aquí por casualidad.

—Bueno; está bien; pero que se largue enseguida.

Y sale hacia el café de la esquina, cuyas puertas, como las de otros establecimientos cercanos, se pueblan rápidamente de curiosos.

—Bueno, chico, adiós —nos dice ella al darnos la espalda y alejarse, ya con menos rumbo en el lucimiento de su bata, su mantón y su cuerpo lleno y cimbrador.

—Abur, chica —respondemos a dúo *Pan de Flauta* y yo; y doblados por el ridículo, volvemos por donde hemos venido, perdiendo así la ruta que llevábamos y teniendo que darle la vuelta a toda la manzana, para ir, él, a su trabajo, y yo a entregar mi oficio en el ayuntamiento.

Alguien, probablemente uno de los espectadores de la escena que acabo de describir, le dijo a Carlota que *el Nene*, desde su regreso a Placeres, había reanudado sus relaciones amorosas con Mercedes; porque desde aquella tarde empezó la primera a callejear por el barrio nuestro; a pasar y repasar por la cuadra en que vivíamos nosotros. Ya no iba calzada de cortebajos de charol, ni revoloteaba coquetona el mantón de Manila, ni movía conquistadora sus amplias caderas de venus rolliza; sino que arrastraba con gran ruido unas chancletas de cuero de venado, se envolvía la cintura en una negra manta de flecos, braceaba verdulerescamente, y echaba miradas inquisitivas y desafiadoras a la casa de *las Rubio*. Era en aquellos momentos la mulata herida como hembra; la mulata criolla, mezcla de dos sangres esclavas: la del africano que sirvió para revivir en plena civilización cristiana los horrores de la esclavitud antigua, y la de la mujer española, fruto de esa misma civilización, sierva del hombre hasta la indignidad, en sus horas de amor, y desesperada, trágica y demente hasta despreciar las iras del tirano de su vida, en las horas de celo bestial.

Desde que Carlota pasó dos veces, aquella tarde, por la acera de *las Rubio*, advirtieron éstas que alguien de la casa era objeto de las iras de la mestiza enfurecida. Cerraron puertas y ventanas y con las persianas de una de las últimas entornadas hacia abajo, cada vez que una de ellas veía venir a Carlota, llamaba a las demás y se reunían las tres a ver y comentar.

—Fíjense. Es con nosotras, porque mira mucho para acá. Ni duda cabe —afirmaba Rosita.

—Debe ser algún enredo de tío Justo —se empeñaba en decir Mercedes.

—¿Y no serán cosas del *Nene*? —preguntaba casi afirmativamente Susana.

—Y del *Nene* ¿por qué?

—Hombre, pues... por nada. ¡Como él es así!

—¿Cómo?

Carlota, al pasar por el portalito de la casa, monologaba furiosa:

—A ese desgraciado lo saco de aquí. Pa' que sepa que yo me sé amarrar las sayas. Y a ésa le arranco el moño o le marco la cara. Pa' que no ande sonsacando a los hombres comprometidos. ¡Ya lo creo!

Ante la amenaza de un escándalo, las tres mujeres temblaban de vergüenza y miedo. Enmudecían unos minutos y volvían otra vez las conjeturas:

La «vieja»:

—Eso no es con Justo.

Mercedes:

—Pues mira, la mulata esa, por las señas que nos han dado, se parece a la que dicen que tiene tío allá por el cuartel.

Susana:

—Sí, así dicen que es la mulata de él; pero a mí me parece que ésta no es cosa de tío; porque, en tal caso, ¿a qué vienen esos celos?

Mercedes:

—¡Caramba! Tú parece que la has cogido con *el Nene*.

Susana:

—Yo no la he cogido con nadie. Pero ¿por quién va a pasar por aquí, diciendo tantas cosas, ese demonio de mujer?

La «vieja».

—Sí, hombre, por *el Nene* debe ser. La culpa de estas cosas la tenemos Serafín y yo; es decir, la tiene él; que se cree que todo lo que tiene que hacer un padre de familia es andar en los negocios, para que no falte nada en la casa y para guardar dinero. Es un merengue. Cubano tenía que ser. ¡Qué falta de carácter, Dios mío!

Mercedes: (Alzando el tono más alto que la madre.)

—Bueno, ya sé lo que se pretende: que *el Nene* sea de todos modos el querido de la mulata esa. Díganlo claro de una vez: lo que quieren es que «uno» no tenga novio; que se quede para tía, para criada, para monja o para quién sabe qué.

Y rompió a llorar convulsa, hecha un ovillo, en un sillón cercano a la ventana.

El golpe era de efecto seguro. Enseguida la vieja se achicó:

—Vamos, muchacha, vas ahora a llorar por gusto. ¿Quién te ha ofendido? ¿Quién quiere que seas criada, monja y todo eso que dices? Además, ¿quién sabe por quién ni para qué pasa por aquí esa mujer? Después de todo, yo no meto la mano en la candela por Justo, ni por nadie.

Mercedes crecíase a medida que Rosita cejaba:

—Sí, pero ¿por qué no viste eso antes? Porque quieren mortificarme, martirizarme —decía con desesperación, hecha un mar de lágrimas, y con la voz entrecortada por los sollozos.

Y como la mulata pasó dos o tres veces más, y siempre lanzó sus insultos y amenazas, echando miradas de odio y enseñándole el puño cerrado a la casa, en ésta hubo toda la tarde corre-corre de curiosidad y miedo, los más absurdos comentarios, recriminaciones, lágrimas; la comida quedó intocada en la mesa; todo por un loco y explicable temor al escándalo, que parecía inevitable.

Pero lo que no hubo, lo que me dijo Susana por la noche al contarme lo que acabo de narrar, fue que, en medio de la vergüenza y las acusaciones de todas, a ninguna de las tres mujeres les pasó por la mente la idea de que pudiera ser yo el hombre del «compromiso» de que hablara repetidamente la mulata celosa y refertera.

Me apresuré a decirle a Susana, por si acaso, que la mulata, a juzgar por las señas, era la querida del Nene; pero tuve cuidado de recomendarle que no se lo dijera a nadie, y tuve otro cuidado más importante: el de ni siquiera insinuar que yo conocía a Carlota.

Como al cuarto de hora de estar yo al lado de Susana —los dos solos en la sala, porque el miedo y el disgusto tenían retraídos a los de la casa— entró *el Nene*. Venía risueño y locuaz.

—Buenas noches, dichosotes.

—Hola —repliqué displicente.

—Hola —repitió seriota Susana.

—Ustedes, cuando están gozando, en el limbo, no quieren ni que les hablen.

—Je, je —sonreí perrunamente.

—Pues, sí —por decir algo, respondió Susana

—Bueno, hombre, bueno, yo no voy a ser impertinente. Me iré para mi puesto —y, uniendo la acción a la palabra, fue y se sentó en uno de los dos sillones que a él y a Mercedes esperaban en el rincón.

En esto entró Mercedes. A primera vista se notaba que no había exagerado Susana al pintarme el malhumor de su hermana. Sin saludar se dirigió a su puesto.

El Nene seguramente ignoraba lo ocurrido, porque al ver la seriedad de Mercedes, exclamó zumbón:

—¡Adiós! ¿También tú?

—Yo ¿qué?

—¿También tú estás de duelo? ¿Se ha muerto alguno de la familia?

Pronto le dijo su novia lo que ocurría, y se produjo entre ellos una discusión que, aunque sostenida en voz baja, notábase que era violenta. Susana y yo casi no respirábamos, y abríamos vorazmente los oídos, en tácito acuerdo, en explicable empeño de pescar algo de aquel diálogo borrascoso, que cada vez iba subiendo más de tono.

—Pues aquí todos creen que la perdida esa pasa por ti.

—Sí, es claro. Como que me tienen tirria; como lo que quieren es que se acaben las relaciones. ¡Claro! Según tu gente, te conviene un gallego, y mientras más bruto y apestoso mejor.

—No, eso no. Porque yo no me dejo.

—Bueno, pero ¿vas a seguir con ese genio? ¿Eres como las demás? Avisa porque cojo el sombrero y me largo.

—No, si no es para tanto. Yo...

Pero *el Nene* bufaba ya. Toda su bestialidad fermentaba bestialmente. Además, buscaba un pretexto para salir a caza de una explicación; en busca de Carlota para apretarle el pescuezo hasta que cantase claro; hasta que le confesase el nombre del envidioso que había ido con el chisme, y para patearla después. E interrumpió a su interlocutora:

—No, no es para tanto, y te presentas con esa cara de perro, y hasta te pones a regañarlo a uno, ¡concho! Ni que fuera yo el único hombre que viene aquí. ¡Me voy a casa del... diablo!

Y diciendo eso, terca y bruscamente se puso de pie y fue a una silla esquinera en busca del sombrero.

—Oye, no te vayas; no seas así, chico —se atrevió a decir Mercedes.

Pero él, sin hacer caso a la súplica, incapaz ya de todo rasgo decente, cogió el sombrero, se lo encasquetó con toda malacrianza, y al seguir el largo de la sala para ganar la puerta, rezongó esta indirecta amenazadora:

—Esto se aclara esta noche «mismo», y alguna mosquita muerta va a saber quién soy yo.

Mercedes salió para el primer cuarto, haciendo un visible esfuerzo por no soltar las lágrimas, antes de llegar a él.

Quedamos otra vez solos Susana y yo. Rosita no había aparecido por la sala desde mi llegada. Se oía a Mercedes sollozar, maldecir y tirar muebles y puertas por los cuartos. La mulatica criada, de vez en vez, se asomaba disimuladamente, curiosa, por la puerta del comedor. Susana no se atrevía a contar y comentar mucho lo sucedido, por temor a una explosión histérica de Mercedes. El ambiente era pesado, la hora embarazosa, por lo que acorté la visita, despidiéndome de Susana, allá como a las ocho y media, sin que ella saliera a despedirme al portal, porque no le agradaban a Rosita las *posdatas* de novios en la puerta de la calle.

Al salir del portal, iluminado por la vivísima luz de su farol, me hallé de manos a boca con *el Nene*, que pareció brotar de las maniguas del otro lado de la calle orillera, muy oscura, porque la noche amenazaba próxima lluvia.

Él estaba muy excitado, anhelante, como quien acaba de reñir o de dar un carrerazo. Traía listas de churre en los blancos pantalones, la guayabera con un siete enorme en una manga y manchas de sangre en los puños. Me dijo:

—Oye, Ignacio, tenemos que hablar.

—Bien, hablemos.

—No, aquí no. Vamos por la esquina, hasta la cerca de cardón. Por allí.

Y me señaló un lugar más allá de la última casa del pueblo por aquel lado; un lugar invisible por la negrura imponente de la noche.

Lo que me pasaba siempre en los momentos decisivos: tuve menos valor para quedar como un cobarde, para humillar mi amor propio ante el guaposo, para soportar el ridículo si aquello se corría por el pueblo —en el que ningún hombre se echaba para atrás en tales casos— que para irme así, inerme, a reñir en lugar oscuro y solitario con aquel desalmado, que seguramente llevaba su puñal inseparable, y que era capaz de cualquier villanía.

Me hallaba sereno, dispuesto a seguir el camino que el dedo del *Nene* me indicaba, recto y terminante. Por mi serenidad increíble, fría y sin alardes ningunos, pude replicarle *al Nene*:

—Vamos a donde quieras, pero como yo no cargo arma, creo que tú debes dejar en algún lado la que traigas.

—No, si no tengo intenciones de fajarme contigo. Solo quiero que hablemos.

—Pues, si es solo para hablar ¿por qué no lo hacemos aquí o en cualquier otro lugar alumbrado y en donde nos vea la gente?

—Bueno, vamos de todos modos.

—¿Y tu puñal? ¿Lo llevas?

—Sí, pero te voy a dar otro. Vamos.

—Bueno, vamos.

Echamos a andar; él delante.

Al llegar a la tenue claridad del puesto de viandas y frituras de la esquina, vi que *el Nene* hizo una curva y entró en el establecimiento. Me detuve en la puerta en el momento en que el guaposo le decía al chino que estaba detrás del mostrador:

—Oye, pasana, préstame un cuchillo un momento.

—No si pué.

—¿Que no se puede?

—No.

—Te digo que me des un cuchillo —insistió, *el Nene*, abriendo mucho los ojos y pareciendo como que medía la altura del mostrador y la distancia que lo separaba del asiático.

Éste dijo algo en su idioma, y en el instante aparecieron dos chinos más en la puerta de la trastienda.

Al verlos exclamó *el Nene*:

—¿Es decir que no me lo das, cacho e ladrón? Pues, toma, guárdame eso.

Y al decirlo tiró sobre el mostrador el puñal envainado, que sacó hábil, rápido, de la cintura. Salió por la puerta en que yo esperaba, y me dijo:

—Vamos, que si no fuera porque voy a lo que voy, le iba a enseñar a ése que a mí lo mismo me da un chino que tres.

Seguí detrás de él, en dirección a la inmensa cerca de cardón guardadora de una tupida arboleda de frutales, que de día era límite del paisaje que se vislumbraba desde los balcones de la casa. Mudos caminábamos en una pavorosa oscuridad, únicamente turbada por la luz de algunos relámpagos, y en un silencio que solo rompía el chirriar de los insectos y el cañoneo de los truenos, cada vez más fuertes y seguidos. Pasaron algunas ráfagas de aire húmedo, con olor a tierra mojada. La lluvia se nos venía encima.

Pero *el Nene*, obstinado, o quién sabe qué, al llegar a la cerca siguió andando, llevándome como a remolque por entre los guijarros y altibajos del maniguazo.

Ladró amenazador un perro cercano. *El Nene* se detuvo un instante, pero solo un instante, porque enseguida reanudó la marcha. ¿A dónde me lleva este hombre? ¿Qué trama, qué lazo me habrá preparado? ¿O esto es un ridículo soberano? Me detuve, y con sentida resolución le dije:

—Oye, *Nene*, ¿a dónde vamos? Creo que para hablar, o para lo que sea, hemos andado bastante.

Se volvió y me dijo:

—Tú parece que eres muy guapo.

—No estoy guapeando. Es que está al caer el agua, y me parece que aquí no nos ve ni nos oye nadie.

Un relámpago cegador me permite sorprender *al Nene* en actitud irresoluta, los brazos caídos paralelos al cuerpo, y la vista en el suelo. Estalla enseguida el trueno, y como a la vez que no tengo miedo, no estoy ansioso de reñir, porque comprendo que todo aquel lío descansa en un error agrandado por la índole desconfiada y agresiva del guapo, le digo con leal franqueza mi pensamiento:

—Mira, compadre, por una equivocación y por tu recelo y tu amor propio exagerado, estamos aquí haciendo un papel ridículo...

—¿Cómo un papel ridículo?

—Sí, hombre, hemos venido a casi media legua del pueblo, exponiéndonos a que nos caiga encima el aguacero. Ninguno de los dos traemos arma. Para hablar, o para lo que sea, creo que ya estamos bien ocultos. Conque, dime lo que quieras y acabemos de una vez.

—¿Sigues guapeando?

—No guapeo, pero estoy dispuesto a todo. Porque en la forma que me has desafiado; sin el menor motivo, pues..., mira, aunque supiera que me ibas a matar.

—Bueno. Estamos hablando más de la cuenta. ¿Quién le dijo a Carlota que yo soy novio de Mercedes?

—¡Qué sé yo!

—¿Tú no has sido?

—Yo no.

—¿Y quién?

—He dicho que ni sé, ni me importa —dije siempre con mi acento firme, sincero, revelador de mi completa inculpabilidad en todo lo ocurrido.

—Te he traído aquí para que sepas que soy muy hombre, y si tú quieres algo con Carlota, me lo digas ahora, para que nos la rifemos a las trompadas, a los tiros, a las puñaladas o a la que quieras.

—No quiero nada con Carlota, ni con nadie. Lo que pasa es que tienes muy mal carácter; eres muy impresionable, y lo primero que pensaste es lo único que se te ha ocurrido. Como si el pueblo no fuera bastante chico para que todo se sepa enseguida.

Y como empezaban a caer gotas, gruesas como garbanzos, agregué:

—Y si estás satisfecho, vámonos, antes de que nos mojemos por gusto.

—Pues, vámonos; pero cuidadito que...

—¡Uh! ¿Otra vez? ¿No queda tiempo de averiguar? ¿Sí? Pues..., no nos mojemos.

—Sí, que no me conviene mojarme, porque estoy muy sofocado. Le acabo de dar una entrada de leña a la bruja esa. Y estoy dispuesto a repetírsela. A ella y al más pintado. Porque no quiero más escándalos en casa de la hembra... Y que me prendan esta noche, si quieren... Por lo que pueda pasar voy a recoger el cuchillo en casa del chino.

Esto lo decía *el Nene*, mientras apretábamos el paso por entre la maleza, rumbo a la esquina de casa.

Aumentaban las gotas, e hicimos más rápida la retirada, orientándonos con la luz de los relámpagos, enredándonos en los guisazos, en una carrera loca, ridículo epílogo del sublime lance.

—Ya cerraron estos chinos. Con seguridad que me cogieron miedo, y me quedé sin el «jierro» —dijo ya debajo del chaparrón *el Nene*, al separarse de mí en la oscurísima esquina, en frenético correr hacia el centro de Placeres.

Cuando llegué a casa, mi madre se negó a creer que yo me hubiera agitado y empapado tanto en una carrera de casa de *las Rubio* a la nuestra.

Para que don Justo no le viese los golpes, con lo que peligrosamente podría enterarse de la paliza de marras, Carlota se metió en cama, fingiendo todos los males de difícil comprobación: dolor de cabeza, de costado, fatiga y opresión en el pecho. Sin duda era alguna grave dolencia que se le venía encima. Por fuerte que fuera su «capricho» con *el Nene*, no por eso iba ella a perder a un viejo tan fácil de complacer, tan poco moscón y tan espléndido como el decano de los chupatintas municipales.

Reflexiones, que, sin embargo, y junto con las amenazas del *Nene*, no fueron bastante más que para aguantarla en la casa tres días; al cumplirse los cuales, y con su atavío de combate —chancleta, manta y batilongo de colorines— se lanzó a la calle, nuevamente en dirección de la casa de *las Rubio*, allá como a las seis de la tarde.

A tal hora, y como era costumbre, Susana y Mercedes estaban en el portal, en sendas mecedoras, exhibiendo sus toaletas de la tarde, y estábamos en nuestro jardín de entrada, mi abuela, mi madre y yo, que leía en voz alta, y a la escasa luz crepuscular, unos versos retumbantes de *La Ilustración*.

De súbito se presentó en la esquina próxima y enderezó sus pasos hacia nosotros la temeraria Carlota, que exageraba sus ademanes provocativos, abanicándose con una punta de la manta y chancleteando fuertemente. Entrambas hermanas hicieron gestos de sorpresa y miedo. Yo quedé impávido, sin poder continuar la lectura. Era tan insólita la presencia de una mujer de aquel talaje en aquella calle última del pueblo, que no conducía a ninguna parte, que mi madre y mi abuela quedaron en suspenso, sin que les causara extrañeza el que yo también lo quedara, hasta el punto de interrumpir la lectura.

Al llegar al jardín me vio y se detuvo. Estaba pálida; los ojos hermosísimos entornándose en zafio gesto de desprecio, y la gruesa nariz etiópica respirando anhelosa. Me dijo:

—Hola, ¿vives aquí?

—Sí.

Mi madre y mi abuela quedaron espantadas. Mercedes y Susana nos miraban atónitas. Rápida se me ocurrió una fórmula para tranquilizarlas a todas:

—Mira, mamá, esta muchacha y yo estuvimos juntos en el colegio. ¿No te acuerdas de ella? Sí, hombre, la hermana de aquella maestra.

—Ya lo creo que doña Lola se acuerda —dijo congraciadora la mulata.

—No, no me acuerdo —replicó secamente mi madre.

La mulata sufrió una más intensa alteración de sus facciones; acentuóse su palidez, la nariz hinchábasele ansiosa, como la del ciervo que olfatea al carnívoro, y miraba fijamente hacia la esquina del puesto chinesco.

En éste, asomado por la puerta, veíase una pierna con pantalón blanco y un listón de cabeza destocada, que atisbaba recatándose. Se adivinaba *al Nene*, que habiendo visto a Carlota venir en dirección de *las Rubio*, se apresuró a seguirla primero, y dar un rodeo después, a fin de poderla acechar sin ser visto.

—Bueno, hasta luego, ¿eh? —dijo Carlota, al dar media vuelta y emprender su regreso por donde había venido.

—Hasta luego —contestamos a coro, mi madre, mi abuela y yo. En tanto *las Rubio* habían desaparecido del portal. La mulata dobló por la próxima esquina, y simultáneamente el pantalón y la media cara avizora desaparecieron de la esquina de los chinos.

En casa, para que mi madre y mi abuela acallaran su exigente curiosidad de saber por qué Carlota vino por allí aquella tarde, tuve que contar todo lo ocurrido, desde las primeras veces en que la última había pasado por aquel barrio, hasta la tragicomedia de la noche del aguacero.

¿Aguacero dije? No fue menudo el que se me vino encima aquella tarde, sustos tardíos de las dos mujeres, seguidos de sermón de mi abuela y catilinaria de mi madre. Y gracias a que mi abuelo no se enteró de nada, que si no el chubasco casero se convierte en octubrino ciclón.

Para terminar, le bastó a mi madre con esta resolución:

—A mediados de la semana que viene, después del mitin, te vas para La Habana. A estudiar. Se acabaron las chiquilladas.

Contrario a lo que era habitual, a las siete y media, cuando llegué a casa de *las Rubio* para la visita cotidiana, la puerta de la calle estaba cerrada. Emocionado, irresoluto casi, percutí suavemente con los nudillos. Me abrió la criadita mestiza, y después de corresponder a mis «Buenas noches», me franqueó la entrada, reintegrándose aceleradamente al interior de la casa.

Inusitado también que Susana no me esperara en la sala, que hallábase desierta. Mi emoción y mi timidez subieron de punto, y con paso inseguro fui a colgar mi sombrero en la percha que había entre la puerta de la calle y la del cuarto primero, y luego me senté en «mi» sillón.

Pasaron tres o cuatro minutos, que se me hicieron desesperadamente larguísimos, y ¡respiré! porque sentí los pasos de Susana, que se aproximaba por el comedor.

—Hola.

—Hola.

El enojo trocárale los labios, adorable nidal de besos, en jeta de africana enfurecida. Le sostuve la mirada iracunda de sus grandes ojos negros, ansioso de dar explicaciones, de traer el sosiego al alma de ella, de iluminar su rostro de Purísima, con una sonrisa de paz y amor.

Hosca me dijo, al sentarse a mi lado:

—¿Conque no conocías a la mulata esa, eh?

Di mis explicaciones, que Susana, pendiente de mis labios, deseosa de ser convencida, no interrumpió en lo absoluto. Yo sí conocía a Carlota, porque habíamos sido condiscípulos, pero como ya estaba hecha una mujerona cuando mi regreso a Placeres, no la había reconocido.

—¿No viste cómo también saludó a mamá? —pregunté afirmativa y concluyentemente.

—Puede ser, pero ella algo busca por aquí.

—Es claro, ¿no te he dicho que es la querida del *Nene*?

Por suerte no me oyó Mercedes esta última afirmación. Porque entró en la sala, vestida de medio luto, encorsetada, risueña, con un gran manojo de talludas violetas en el prominente y redondo pecho.

Dio las buenas noches y sentóse al piano. Empezó una danza. La dejó a medias. Fue a la puerta y estuvo en ella un buen rato. Volvió al piano, cogió una pieza de música y se puso a hojearla. La dejó para ir al comedor a ver la hora. Las ocho y media, y *el Nene* no venía. Regresó a la puerta y luego al cuarto. Trajo un libro, leyó tres páginas del centro y lo dejó sobre una silla. Consultó de nuevo el reloj. Faltaban diez para las nueve. Estuvo por última vez en la puerta, y de la puerta, con el rostro avinagrado, se largó para los cuartos.

Mientras tanto, Susana y yo habíamos dialogado. Seguimos dialogando. El tema era el de las circunstancias: el lío de la mulata, primero; la desesperación de Mercedes al ver que *el Nene* no venía aquella noche, después.

La oímos tirar muebles por allá dentro, y Susana me dijo:

—Esa se va a acostar, pero antes estrujará el vestido y se tirará de los moños.

Cuando yo, en vista de que las señas eran de que Mercedes se había acostado, y de que Rosita no tenía intenciones de salir a la sala en toda la noche, me preparaba a irme discretamente, apareció en la puerta —cosa rara a tal hora— la figura rechoncha de don Justo.

Traía en la mano el tostado y corcusido jipijapa, y con la otra, armada de un enorme pañuelo de colorines, enjugábase la calva y las patillas. Entró bufando y tronando.

—Supongo que estarán ustedes enterados del escándalo.

Susana y yo, estupefactos, movimos la cabeza negativamente. En la puerta del primer cuarto, la ansiedad estereotipada en el rostro, apareció Rosita, y preguntó con voz trémula:

—¿Qué ha pasado?

—Uf, pues casi nada, como quien dice. Las cosas que pasan en estos tiempos en que nada se respeta, en que no hay la menor idea de lo que es la moral. ¡Como que el tío ese lo mismo se acuesta con una negra que con una mulata!...

Le interrumpió vergonzosa «la vieja»:

—Oye, oye, ¿qué modo de hablar es ése? ¿No ves que está presente Ignacio? Cálmate y di lo que pasa.

—Pues casi nada, como quien dice: que el tal Nene parece que es concubino de una mulata de por allá por el cuartel, y que la mulata, que es de las que rompe y rasga, según razones quería darnos un escándalo en la puerta de la casa. *El Nene*, que estaba sobre aviso, la sorprendió cuando venía para acá; la hizo ir para el cuarto en donde viven, y empezó a darle una entrada de palos. Ella grita, pide auxilio y vienen dos guardias. He visto (lo ha visto el pueblo todo) que los llevaban para el vivac. Él, desgreñado, con la guayabera hecha trizas, y repitiendo «ese mosquita muerta, me la paga». Ella iba toda ripiada, el pelo suelto, llorando, y explayándose en improperios: «O yo no me sé poner la saya en su puesto, o ésa me la paga. ¡Le corto el moño! Y luego que se lo cuente a sus oficialitos del María Cristina...»

—Oye, oye, Justo, que te está oyendo Ignacio, por Dios —ruega otra vez Rosita.

Me creo en el deber de irme, para hacer menos duro el disgusto familiar. Al ponerme de pie, Susana, temblorosa y abochornada, me dice:

—¡Ay, chico! Si sigue tío metiéndose con *el Nene*, se va a levantar Mercedes, y entonces..., entonces; sí que se va a formar el lío entre ella y este viejo celoso y despechado.

En el momento de salir yo, sintióse ruido en el cuarto: Mercedes se levantaba.

—¡Qué vergüenza! ¡Qué dirá la gente! ¡Qué escándalo! —exclamaba Rosita, presa de la mayor desesperación.

Y, al salir del portal, lo último que oí fue la voz de don Justo que ardía en santa indignación. Moralista.

—¡Uf, qué canalla! Enredar a la familia en un escándalo así. Todo el pueblo ha oído los improperios de esa negra sucia. ¡Y qué cochino! ¡Uf!... ¡Con una negra!

VI

El tren ordinario de las seis y cuarenta, que es el que trae a los oradores, viene con dos horas de retraso. Así se lo dice Saladrigas a mi abuelo en un telegrama que este prócer del autonomismo local recibe cuando ya es entrada la noche, y grupos de enlevitados placereños y de jinetes guajiros esperan y se impacientan en la estación.

La «calle real», que es la que conduce del paradero a la plaza, está hecha una romería. Casi todas las casas están abiertas, resplandecientes de luz, adornadas las ventanas con cortinas azules y blancas y con ramilletes de muchachas, endomingadas, y bulliciosas. En algunas esquinas hay arcos de pencas de cocotero, exornados con farolitos de papel y guirnaldas de trapo. De pared a pared, en las casas principales, hay cordeles llenos de más globos y faroles de papel de China. De las orillas, de la calle y de algunos portales se han posesionado las negras y los chinos vendedores de dulces, frituras y refrescos. Se oyen los acordes de una danza, que la mejor charanga del pueblo toca en el «bailecito» de una casa céntrica, y las afalsetadas notas de los puntos criollos, acompañados con tiples y guitarras, llenan el aire con rumor de gran fiesta. Los soldados se mezclan en las parrandas con los hijos del país, confraternizando descuidadamente, mientras los oficiales, cogidos del brazo, lo recorren y lo miran todo, con las caras bigotudas encendidas en santo rencor patriótico. El «Cayo Hueso cubano» va a quedar a la altura de la fama que le valió tal nombre. Va a quedar como pueblo el más arrestado, el más insurrecto, que en vez de temor tiene a orgullo el demostrar sus sentimientos de rebeldía.

Allá como a las nueve, cuando nuevos y más nutridos contingentes de guajiros a caballo levantan polvareda y griterío en las calles, el cornetín de la orquesta estacionada en el andén del paradero, y media docena de voladores, anuncian la llegada de los oradores famosos.

Mi abuelo no cede a nadie el honor de ser el primero en saludar a los lumbreras «del Partido»: Aquél, mi tío, don Serafín Rubio y don Justo y yo, formamos grupo delantero en esta hora de los abrazos efusivos, los apretones de mano cordialísimos y las presentaciones al por mayor: el señor Oliver, el señor Torres, José Pérez, Pedro Valdés, Juan Anónimo... Y por otra parte: el Gran Saladrigas, Luis Armenteros,

Juan Bautista Armenteros, Carlos Manuel Amézaga, José Inés Oña...

—No vienen Cueto, ni Giberga —dice mi tío, que tenía la gloria de conocer a las principales columnas del Partido Liberal Autonomista.

—Pero vienen los Armenteros, Carlos Saladrigas, Fonts Sterling y otra gente buena. Y es mejor. Éstos no se destiñen. No son camaleones.

Replica al punto don Serafín, que, tiempo es de decirlo, en la de los Diez Años comió cuero de taburete, aplacó la sed con orines de caballo, estuvo a punto de ser fusilado por Vicente García y protestó con Maceo bajo los históricos Mangos de Baraguá... Todo el mundo en Placeres conoce sus proezas guerreras, y muchos le llaman el Comandante, grado que dichas proezas guerreras le ganaron en la década gloriosa.

A pie nos vamos por la «calle real», seguidos de la orquesta y de la cabalgata de correligionarios vitoreadores. Al pasar por el iluminado portal del Casino, los españoles que están en éste y los autonomistas se cruzan miradas agresivas. (Hoy los prohombres liberales y conservadores, cuando se encuentran en las pesquerías electorales, se saludan como compadres.) Una mesa de cincuenta cubiertos nos espera en *Las Tullerías*, pero los habaneros antes de cenar quieren saber si hay ducha en el hotel. La cena empieza a las once y media, y es curioseada por dos centenares de mirones que hacen cola en las puertas del establecimiento. En un extremo de la gran mesa, casi de cabecera, está la pareja de Carlos Manuel Amézaga y el pardo José Inés, dos hombres hechos y derechos. El blanco se deja unas patillas negrísimas, a la inglesa, que le darían rostro de barítono de la legua, si no se lo enseriaran pachecalmente las gafas brillantes, de largos cordones negros que caen aristocráticos sobre el chaleco de piqué blanquísimo. El mulato señuelo está hecho una cañabrava, de largo, flaco y curvado; como su amigo, viste saco y pantalón de color fúnebre, y exhibe, también pachecalmente, las gafas brillantes con largos cordones negros, que cáenle aristocráticos sobre el chaleco de piqué blanquísimo.

Con la intención de rehuir todo encuentro con ellos, me voy al otro extremo, recatándome, después de sentado, con los bustos de mis más cercanos compañeros de mesa. Logro cumplidamente mis deseos, ya que llega la hora de terminarse la caricatura de banquete sin que adviertan mi presencia los dos flamantes oradores. No hay brindis, porque los que han de hacer el gasto en el mitin no quieren soltar prematuramente lo embotellado para el momento solemne, en la solemnísima jornada del día que viene.

De esta jornada, nadie quiere perder un solo detalle —ni la manifestación en que los oradores han de ir en los dos únicos coches disponibles, escoltados por jinetes selectos y seguidos de centenares de campesinos caballeros en sus rocines de trabajo, ni uno solo de los discursos, ni la ternera y los lechones asados allá por unas enramadas a la orilla del río, ni las peleas de gallos, ni el torneo hípico de la tarde, ni en la noche el convite y baile, en honor de los visitantes, allá por una casa cercana de la nuestra— y por ello a la hora de la desbandada de la cena-banquete las calles están oscuras y desiertas; no se oye otro ruido que el de la música del «bailecito», y los guajiros, que duplican el número de los habitantes placereños, restauran sus fuerzas, distribuidos por el pueblo y sus cercanías, entregados al sueño en casa de parientes y amigos.

Mi abuelo, sugestionado por mi abuela y mi madre, incurrió en una equivocación mayúscula, la mañana del gran día. Quisieron las dos buenas mujeres que mi abuelo, acompañado de don Serafín, fuera a ver al alcalde aquella mañana, para rogarle que extendiese la prisión correccional del *Nene* hasta fines de aquella semana, con el objeto de dar tiempo a que yo me fuese para La Habana. Don Serafín, por complacer a mi gente, aceptó el encargo de acompañar a mi abuelo, pero aceptó mal de su grado. Porque aquel don Serafín que, como decía su mujer, era de merengue para sus hijas, para el que les hacía la menor ofensa, así como para el que por cualquier motivo ponía en peligro su fama de comandante insurrecto, era candela pura, y el Comandante ansiaba ver en la calle *al Nene*, para pedirle cuenta de sus chulerías y sus escándalos.

Ya lo había dicho, cuando le empezaron a tratar de la comisión de marras:

—No tengan ustedes cuidado, que ése no tendrá tiempo de hacerle nada a Ignacio. Antes le arreglaré yo el pelo. Por eso precisamente no me he ido, ni me voy para la finca; para que no se me escape.

Pero, como va dicho, ante el ruego combinado e insistente de mi familia, cedió y fue con mi abuelo a ver a don Hermógenes Feijoó, alcalde de Placeres.

Don Hermógenes, además de alcalde, era gallego, bodeguero y capitán de voluntarios; *luego* era muy enemigo del *Nene*, el separatista más arrestado del pueblo, el que a cada rato andaba de palos y bofetadas por discusiones acerca del rescate de Sanguily, del encuentro de Las Guásimas, de la entrada de Holguín o del Pacto del Zanjón: Pero mucho más enemigo era don Hermógenes del Comandante. Así, por contrariar a éste, cuando los dos comisionados lo entrevistaron en su casa, que estaba en la «calle real» a la vuelta de la nuestra, el alcalde no se comprometió a nada, haciendo como que echaba a guasa el asunto.

—Vamos, don Serafín, no sea usted así. Por vida de... *El Nene* es capaz de volverse loco, si oye los aplausos y la música y los voladores, sin tomar participación en esa bulla insurrecta. Por vida de..., don Serafín.

Y de ahí, de ese tono de chocante broma, no pudieron el padre de Susana y mi abuelo sacar a Feijoó; por lo que tuvieron que salir de allí medio corridos e indecisos respecto a las intenciones del alcalde en el asunto del preso.

Los esperaba yo en la esquina próxima. Me contaron la malacrianza de Feijoó. Me dijeron que no creían que éste sacara *al Nene* del vivac hasta mediados de semana, pero que, de todos modos, estuviese yo ojo avizor por lo que pudiera suceder. Y nos fuimos los tres hacia la plaza.

Pasa media hora de las nueve. Para las diez está anunciado el comienzo del mitin. El centro del pueblo nuevamente arde en fiesta. Es un día claro, sereno, alegre, de cielo azul limpísimo y de un calor impropio del mes de febrero. En las tiendas y cafés, grandes coros de criollos y soldados rodean a los «poetas», cantadores de puntos y tocadores de tiples, bandurrias y guitarras, entre los vivas, y los olés, y los taponazos de cerveza inglesa. Muchas casas tienen colgaduras blancas y azules. Ha crecido el número de arcos y el de los vendedores callejeros. La *Balla de Gayos*, que está a una cuadra de la plaza, despide alegría con sus banderolas, sus tiras de gallardetes multicolores y sus grandes enramadas de guano. Las cercanías de la plaza efervescen de gente a pie y a caballo. El kiosko de la música va a ser la tribuna, y por ello se encuentra lleno de sillas y dignamente adornado con palmas, cortinas y estandartes. En los últimos se ve: *La Fra-*

ternidad, Sociedad de personas de color; *La Armonía, grupo filarmónico*; *Los Autonomistas de Guaracabuya*, y otras leyendas. En el frente del kiosco, que da al Ayuntamiento, se ve una mesita con un porrón y un vaso de agua, y por este mismo lado, frente al kiosco, hay un encerado con varias hileras de sillas, probablemente para el bello sexo, porque ya se ven en él algunas sombrillas y vestidos policromos. En los portales de *Las Tullerías* la charanga placereña toca una cadenciosa habanera, que pone cosquillas en los pies de la gente joven. Grandes caballerías de guajiros galopan por las calles circundantes, levantando tierra y llenando el aire con estridentes vítores al Partido, a don Saladrigas, a las Reformas y a los cubanos valientes. Dominando el conjunto, la bandera roja y gualda del Ayuntamiento ondea confiada y majestuosa.

Cerca de *Las Tullerías* tropezamos con *Pan de Flauta*, y me alegro porque puedo separarme de mi abuelo y de don Serafín, satisfaciendo así mi amor propio, que esquiva todo encuentro con Carlos Manuel y compañía.

Mi amigo y yo cruzamos la calle y nos internamos en la plaza en busca de un sitio con sombra, para desde él presenciar el mitin. De pronto *Pan de Flauta* exclama:

—Mira, allí al lado de las *Pan con pan*, hay dos sillas vacías.

—Sí, pero ese entoldado es para las mujeres.

—No importa. No van a venir tantas. No hay otro sitio, con sombra, vacío. Por lo pronto vamos allí; a oler a Oriza y Kananga, y lo demás.

Las solteronas —tres, porque Rosaura y la enferma no han venido— nos acogen con locuaz entusiasmo. Gritan los billeteros y los chinos vendedores de mantecado y «chichipó». Los guajiros —algunos amparados por prehistóricos paraguas— han formado tres filas de jinetes en torno de la plaza. En ésta, la muchedumbre, en la que azulean muchos uniformes y sobresalen en parejas los sombrerones escarapelados de los «civiles», es cada vez más compacta. Los chiquillos se han posesionado de las ramas altas de los framboyanes, y los tejados y azoteas de algunas casas fronteras a la plaza se han poblado de curiosos.

Suenan las diez en el reloj del Ayuntamiento; los músicos enardecidos por el bélico ambiente y por las «mañanas» que se han zampado entre pecho y espalda, rompen con las tristes notas de *La bayamesa*; brota un fuerte repique de palmadas, los vivas atruenan el espacio y estallan graneados los potentes voladores remedianos. La gente se arremolina, se apretuja y le abre calle a la mancha oscura, severa y prosopopéyica de los oradores y su comitiva.

Cuando el kiosco queda lleno de personajes, y el calvo y ventripotente delegado del gobierno ocupa un lugar céntrico y visible, aparece al lado de la mesita del porrón y del vaso de agua la crecida figura de mi abuelo, asfixiado casi por el traje negro de las grandes solemnidades, y guarecido bajo las enormes alas de un jipijapa encresponado por el luto de mi padre.

Le corresponde abrir el mitin y presentar a los oradores, y lo hace en medio de un silencio solemne, primero con ciertos titubeos, en un preámbulo de palabrería fiambre, pero poco a poco se va entusiasmando, y si bien es cierto que gesticula como un orate, y que habla un tanto atropellado, el fuego de la convicción y su rica voz de barítono al fin se imponen y el viejo se lleva la gran ovación al ceder la tribuna «que ha de pisar con facultad el joven estudiante de Derecho, José Inés Oña, "una esperanza del Partido y de la patria"».

Si mi abuelo accionaba como un orate, José Inés parece que va a desarmarse hablando, y que ha de caer roto en pedazos como el esqueleto rumbero de un prestidigitador de manigua. Sin embargo, se ve que tiene madera de buen autonomista; es decir, de maestro en heroísmos tribunicios y en los cantos plañideros *a la raza* y al idioma, a la hora de decir «¡Presente!». Cuando da las notas altas, altísimas, del valor cívico, la muchedumbre efervesce de entusiasmo, y mientras unos aplauden y gritan frenéticos, otros, con mística unción, ponen los ojos en blanco, exclaman sincerísimos: «Es un sinsonte», «Una campana de oro», «¡Cómo habla sin parar!». En estos períodos, que son largos, redondos y culminantes, el delegado del gobierno se revuelve en la silla como si le pincharan con alfileres.

Pero José Inés tiene madera de autonomista, de buen autonomista, y un momento de afonía y de vaso de agua, advierte el torrencial orador que el público se pone belicoso y que el delegado y los oficiales circundantes arden en santa ira patriótica. Y da un cambio de frente. Empiezan a danzar Martí y los que con él «torpemente, desde ingratas tierras extranjeras, lanzan el grito de insurrección; con riesgo de ajenas vidas y riesgo de ajenos intereses», capitanes araña de nuevo cuño.

Murmullos de disgusto en el público. El delegado se dilata en su ilustre silla; sonríe y trabaja sibaríticamente, con un cortaplumas, el desperille de un veguero. Arrecia la catilinaria en contra de Martí, de Cayo Hueso y los «irresponsables que viviendo en el país, se hacen eco de los ilusos conspiradores».

Esto ya va siendo muy fuerte para el «Cayo Hueso cubano». Suenan algunos «mueras». En una esquina de la plaza surge un molote. La gente se arremolina en aquella dirección. Corren los guardias. Los ocupantes del kiosko se ponen de pie. El delegado, subido en su ilustre silla, yergue el busto, husmea lo que ocurre, se atusa los bigotes capitanescos y mueve la cabeza de un lado a otro, como padre desobedecido que se domina para no imponer violentamente su autoridad: Algunas mujeres gritan, otras lloran y no pocas amenazan con que «les va a dar algo».

Un minuto después; media docena de guajiros, con el caballo del cabestro y seguidos de algunos sombrerones con escarapela, van camino del vivac. Se restablece la calma. El delegado desciende de la silla. La gente se comprime otra vez en torno del kiosko, y José Inés, que ha emblanquecido creo que por el susto, mal hilvana un epílogo calmante; que termina pidiendo un viva a Cuba española.

¿Viva? ¡Sí, señor! Un disparo, dos..., y de revólver. Nada de cohetes ni voladores. Nuevo corre-corre. Nadie sabe de dónde han partido las detonaciones. Vuelven a gritar las mujeres, chillan los muchachos y gesticulan y hablan vehementes, emocionados, los hombres... Por fin, el delegado del gobierno, empinado frente a la mesita de los oradores, pide:

—¡Shii! ¡Silencio! ¡Calma!... ¡Orden!

Disminuye el escándalo, y el delegado puede hablar:

—Si no guardan ustedes orden, o si por casualidad siguen los disparos, disuelvo el mitin... ¡Lo disuelvo! Y..., he dicho.

Y la paz impera o reina, nueva y precariamente. Lo preciso para que se reanude el mitin y mi abuelo tenga oportunidad para hacer otra solemne presentación, mientras se apagan los últimos truenos de la tempestad de murmuraciones, siseos y protestas:

—Tiene la tribuna, que domina como un maestro, el futuro doctor en Medicina, también una esperanza de la patria y del Partido, Carlos Manuel Amézaga.

Tras, tras, tras..., aplausos graneados.

Y el que ya es casi un doctor, por la figura severísima, el andar balanceante y la pose académica, se acerca a la mesita consabida y empieza su discurso.

Bien, bien trabajadito el exordio. Cualquier malicioso diría que no es improvisado, por lo magistral de la declamación y la facilidad de palabra; períodos redondos, empezados con voz grave, campanuda, que va en crescendo artístico hasta coronar una frase efectista, en carusiano agudo, de resultados magníficos. Sobre todo por las citas, de este corte arrebatador: «Porque, como dijera el fogoso maestro de las *Hojas Literarias*, el peor crimen que ha podido cometerse en América ha sido ponerse a gritar: Viva España sobre un barril de manteca o un uñete de aceitunas...».

—¡Bravo! ¡Métele criollo! ¡Piquito de oro! —y descargas cerradas de aplausos. Hasta yo estoy entusiasmado. No sé qué admirar más; si la exuberante oratoria, o si la frescura inadjetivable de mi heroico ex condiscípulo. Quién sabe por qué, pero en el acto me viene a la memoria el día en que hice correr despavorido, allá en Matanzas, al valiente Carlos Manuel. ¡Cómo corrió!

Pero, espérate, que sigue el chorro de elocuencia. Hay que oír. Carlos Manuel la emprende ahora, como José Inés, con los filibusteros de la emigración, con Martí, con Tampa y Cayo Hueso. ¡Cuidado que tiene el gran arrojo tribunicio! ¡Digo, después de la bulla que provocó ese tema en labios de José Inés! Es el gran autonomista. Valiente. O puede ser que traiga embotellado lo que tiene que decir y no quiere descoyuntar su discurso aquí, al lado de los Armenteros, Saladrigas y otros próceres, que le alientan diciéndole casi al oído dulces y oportunos «Bien», «Muy bien», «Bravo».

Sigue el chorro. Hay que oír: «Los autonomistas cumplimos honrada y virilmente nuestro deber, siendo firmes con nuestra divisa de Orden y Libertad, y denunciando a los conspiradores que en el extranjero fraguan nuestra ruina y nos señalan caminos de lágrimas y sangre. Digámoslo más alto, para que nos oigan las conciencias nobles y los corazones patriotas: los pretensos regeneradores ¿qué pueden ofrecernos? Los horrores de la guerra civil, la lucha armada entre los mismos hijos del país, que adquiera siniestros caracteres, y luego, en lontananza, ¡en lontananza, señores!, una más completa ruina y un retroceso fatal en el camino de la civilización».

Tras, tras, tras. ¡Bravo!... Hasta el delegado del gobierno aplaude electrizado.

Pero, se apagan los aplausos, y brotan, graneados, allá por las caballerías que rodean la plaza, algunos «mueras» enérgicos.

—¡Fuera! —grito con toda la fuerza de mis pulmones, y lo grito al mismo tiempo que me pongo de pie, de frente al kiosco, con la resolución del que siente conmovidas sus más hondas fibras por una gran injusticia o por una enorme canallada. Estoy desconocido.

Como es el primer grito que sale de un sitio próximo a la «tribuna», los que están en ella se levantan de sus asientos y buscan con la mirada al que ha gritado. Los que están cerca me miran azorados. Carlos Manuel se detiene y me clava una mirada que quiere ser de cristiana resignación y paternal condescendencia, pero que es de sorpresa y disgusto. Le sostengo la vista, erguido, retador, moviendo la cabeza afirmativamente, como si repitiera: «Sí. ¡Fuera! ¡Farsante!».

El delegado del gobierno saca el rostro, inquisitivo y fulminador, por encima de los rebullentes señores del kiosco.

Ramira está a mi lado, sofocada, nerviosa, asustadísima, y me tira del saco repitiendo una letanía:

—¡Ay, chico! ¡Por Dios! No seas así; siéntate, tranquilízate.

Y le hacen coro las hermanas y *Pan de Flauta*.

—Siéntate. No seas loco.

—No seas bobo; siéntate.

Algunas mujeres cambian de asiento para alejarse de mí. Una guajira enfurecida me dice:

—¡Cállese, cristiano Y deje oír a la gente.

La atmósfera está caldeada por el Sol, brillante y furioso, y por el fuego de las pasiones políticas exaltadas. Por fin, en medio de la expectación de todos y antes de que mi abuelo y don Serafín adviertan que soy yo el del lío, se me acerca *Pimiento Morrón*, un municipal rojo y abotagado a fuerza de ginebra:

—O se está ustez tranquilu, o me lo llevo para el vivaque.

Se repitió el coro:

—Siéntate.

—No seas bobo.

—Sosiégate.

—No seas malcriado; siéntate.

Y me siento.

Y se calla y se aquieta la gente; porque ya resurge el chorro de elocuencia: «¡Pero no sucederá! La rebelión que pretenden los ilusos, seducidos por el misticismo más o menos simulado de un aventurero sin arraigo en el país, de un bohemio, de un literato fracasado, como ese que recorre las tabaquerías de la Florida, soliviantando a las chusmas de nuestro bajo fondo étnico; esa rebelión que en la remota probabilidad de triunfar solo nos traería conflictos raciales y desastres que nos colocarían fuera del número de los pueblos civilizados; esa idea de rebelión, vuelvo a decir, señores, únicamente puede entusiasmar a los ignorantes, a los perversos que trafican y medran con la ruina y la sangre de los pueblos. *(Estoy, otra vez, que si no grito, estallo.)* El Partido Liberal Autonomista es la encarnación del patriotismo y de las aspiraciones de la mayoría. *(Un silbido.)* ¿De qué se nos puede tachar? ¿Quién está autorizado para negarnos buenas intenciones, deseos de salvar al país, de sacrificarnos por él? ¿Los revoltosos? ¿Los locos del separatismo?» *(De una esquina parten nuevos y más recios silbidos, y de otras, voces de «¡So!», «¡Cállate!» Y Carlos Manuel, sin saber lo que se dice, sigue preguntando...)* ¿Acaso se nos puede tildar de cobardes?... ¿De traidores?, ¿Quién, quién puede hacerlo?...

—¡Tu madre puede! —le contesto en zafio reto, de pie, avanzando hacia el kiosco, con el índice de la diestra recto, horizontal, fusilante, apuntando al rostro impávido del muy jesuita. Es una explosión de valor; valor tardío, pero seguro, como el que me convirtió en guapo del colegio una tarde allá en Matanzas, o como el que me impulsó a seguir *al Nene*, aquella noche oscura, de truenos y lluvia, a la cerca de cardón frontera a mi casa.

Ya no oigo a *Pan de Flauta* ni a Ramira, que tornan a llamarme loco y a tirarme del saco, rogándome que me detenga. Carlos Manuel sigue mudo y absorto, viéndome ir hacia él con el índice estirado y fusilante, repitiendo mis apóstrofes, perdularios y mortales como puñalada mexicana. Avanzo en línea recta, decidido, temerario, ciego, como el ácrata fanático que va al regicidio, como el toro que se lanza sobre el trapo escarlata, como el aburrido de la vida, que corre a echarse delante de un tren en marcha. Todas las miradas me siguen: la de los próceres reunidos en el kiosco; la de los espectadores más curiosos, que se apelotonan en torno mío, estirando el cuello para ver mejor. Todos están como petrificados por lo raro e inesperado de mi actitud. Pero súbito los españoles y españolizantes gritan: «¡Es un mambí! ¡Que lo metan preso!», «¡Que lo pateen!», y los cubanos y cubanizantes vociferan: «¡Fuera!», «¡Fuera el intransigente!», «¡Covadongo!», «¡Gallego!». Cuando ya alcanzo los escalones del kiosco, y se alzan los bastones y brillan los revólveres y los cuchillos, y mi tío viene hacia mí, lívido y trastornado, se nota el movimiento serpentino de alguien que avanza encorvado, rápido, abriéndose paso por entre la muchedumbre que se apretuja vociferante en torno mío, aunque me deja una valla de ocho o diez varas. Llega a esta valla, a este claro, el frenético que se me encima. ¡Es *el Nene*! Viene encorvado, con un brillo siniestro en la mirada. Ya frente a mí saca de la cintura un puñal relampagueante. Echo una rápida mirada, instintiva mirada circular, en busca de lo primero que pueda encontrar para defenderme: silla, bastón, navaja. Inútil. No hay tiempo. ¡Zas!... *El Nene* me tira una puñalada a la entrepierna.

—¡Ay! —grita penetrante, horriblemente, una mujer.

—¡Lo mató! —dice uno con trágico, angustioso acento.

El puñal se ha clavado en la parte interna, del muslo derecho, unos milímetros más abajo de la entrepierna. La violencia de la acometida me ha tirado en el suelo. *El Nene* cruza por encima de mí. «Ya maté a ese chota», dice, y sigue su carrera, con el puñal tinto en sangre siempre en la diestra, por entre la multitud paralizada de horror, que le abre ancha calle. Gracias a que ya me rodean Ramira, *Pan de Flauta* y otros, no me pisotean y remata la gente, presa de un pánico inexplicable, en parte, y perseguidora después de la natural reacción, la otra:

—¡Ataja!

—¡A ése!

—¡Bandido! ¡Asesino! —desesperada clama Ramira.

Oigo el tropel de las caballerías que corren. Mujeres y niños que lloran y gritan, en aspaventosos comentarios. Suenan un tiro, dos, tres, fuego graneado que va alejándose.

—¡Un médico! ¿Qué ocurre que no viene un médico?

—¡A la botica! ¡A casa de *Chucho*!

Dicen los que están ansiosos encima de mí. No los veo porque tengo delante de los ojos una nube gris, estriada de hilillos cristalinos. Siento frialdad dolorosa en la pierna herida. Algo pegajoso y tibio corre por ella. Aumenta la gritería a mi lado. Ahora veo espirales de fuego que suben y centellean laberínticos. Me zumban fuertemente los oídos. Me ebullen los sesos en el cráneo, como si quisieran salírseme de él. El suelo de la plaza se hunde, y siento un balanceo vertiginoso. Quiero gritar: «¡Mamá», «Susana», pero no puedo, porque tengo la lengua gruesa, pesada, muerta, que no me cabe en la boca...: Muchos me palpan, hacen por levantarme, y oigo:

—No lo levanten. No se puede mover hasta que no venga el juez.

—No, hombre, qué juez, ni qué juez. A la botica.

—¡No sé para qué! ¡Digo! De puñalada en la ingle no hay quien se escape.

Hago un esfuerzo por palparme la ingle, a ver si allí estoy herido, y no puedo. Deshácese en lamentaciones Ramira; ruge furioso mi abuelo; jura, blasfema y amenaza don Serafín. Bien, conozco sus voces, que percibo como en sueños, y..., no puedo oír nada más. Me retumban los oídos: prun, prun, prurrún. Una frialdad horrible me sube por piernas y brazos... Estoy en el aire... ¡Qué hielo en el alma! Se me va la vida... Si pudiera gritar —¡qué consuelo!—: ¡Mamá! ¡Mi madrecita ¡Susana!...

Una horrible pesadilla: grifos, dragones, centauros, unicornios; todas las monstruosidades de la fábula y la heráldica; lenguas de fuego, negros decapitados, perros hidrófobos, desfile de fantasmas; Hoffman, Poe, y..., alternativamente, con la rapidez, precisión y metódico eslabonamiento de una cinta cinematográfica, escenas del drama de que fui protagonista: José Inés, manoteando y vociferando en el kiosco..., los guajiros con los caballos del cabestro, camino del vivac, seguidos de una pareja de sombrerones grises, con escarapelas gualdirrojas... Carlos Manuel endoctorado en la «tribuna»... La muchedumbre agitada por cálidas ráfagas de entusiasmo patriótico... ¡Fuera! ¡So!... *El Nene*, encorvado, culebreando por entre la gente, con el puñal centelleante en la apretada diestra... Su mirar feroz en el momento de herirme, y..., ¡paf!, la puñalada.

Vuelvo en mí, con un grito desgarrador, y abro, muy abiertos, los ojos vidriados por el sufrimiento.

Lo primero que logro ver es el rostro de mi madre; pálida, ojerosa, enarcada sobre la cama; interrogantes, con lágrimas los ojos, que me miran obsesionados, la respiración contenida por la angustia.

—Ignacio, hijo mío, ¿qué tienes? ¿Qué te sientes? Aquí está tu madre, no grites.

—¡Oh! ¡Qué cosa tan horrible, mi madre! Agua, dame agua.

—No hables, mi corazón. El médico dijo que te diera agua de pan tostado. Voy a buscar un pedazo que tengo listo en el comedor —y se va.

—¿Qué hora puede ser? ¿Qué tiempo hará que me hirieran? ¿Me hirió *el Nene*? ¿Y por qué?... Sí; debe estar preso... Este se parece a mi cuarto; dos velas encendidas, cosa inusitada... Es el de mi madre... El velador lleno de medicinas y rollos de vendaje... «Percloruro de hierro», y un reloj... ¿Las dos y cuarto? Debe ser de la noche; porque no oigo ruido alguno..., habría claridad afuera..., y gente; Susana, la mulata vieja, mi abuela...

Discretamente se cuela una sombra por la puerta por donde salió mi madre.

Instintivamente voy a moverme para ver quién es, y...

—¡Aaay! —se me escapa un grito de dolor, que debe correr por el silencio del pueblo y de los campos vecinos como una nota trágica, escalofriante. Es el dolor agudo que he sentido en la herida al pretender moverme.

—¿Qué tienes, mi alma? ¿Sufres mucho? —me dice mi abuela, peinada y almidonada como si fuera el mediodía.

Simultáneamente casi, entra mi madre con un vaso de agua turbia amarillenta:

—No te muevas, hijo; soy yo. ¡Pobrecito! ¡Qué desgracia, Dios mío! No te muevas; no hables. Te lo advertí.

Y mientras lo dice, echa una cucharada de coñac en el agua. Después saca de una cajita redonda que hay en el velador una oblea, y me la da junto con el agua:

—El médico dijo que si volvías en «sí», se te diera este calmante. Tómalo. Dice él, y dice Chucho, que eso no es nada. Cuestión de cuidado y de paciencia. A ver si con eso te duermes otra vez; aunque yo mejor quisiera verte despierto... ¡Ay, Dios mío! —suspira hondamente.

—¿Y Susana?

—Pues..., calcúlate..., durmiendo.

—¿Y *el Nene*? ¿Lo prendieron? Me pareció oír tiros cuando empecé a perder el conocimiento...

—Duerme, duerme. Procura dormir. Ya te enterarás de todo —se apresuró a interrumpir mi madre.

—Sí, no te conviene hablar. Lo tiene prohibido el médico —acuñó mi abuela.

—Dígame eso solo... ¡Mi madre! ¡Cómo me duele!

—Por lo mismo, duerme, procura dormir.

—Antes dime eso solo.

—Bueno, pues el bandido ese, a quien debimos denunciar y entregar a la justicia, cuando lo encontramos aquí; después de herirte, corrió, echó mano a un caballo de un guajiro que estaba desmontado, y salió a escape por la calle del cementerio. Le cayeron atrás los guardias de a pie, y un civil montado, que le disparó al aire para asustarlo, parece. En la zanja del cementerio el canalla se fue de cabeza con caballo y todo, y cuando se vio en el suelo, cogido por el guardia civil, sacó un revólver y lo malhirió. Montó otra vez y desapareció por los maniguazos y los cañaverales de los Mameyes, y dicen que se ha corrido para Calabazas, con el rumbo de Sancti Spiritus o Alonso Sánchez, porque no han podido dar con él... —y suspiró mi madre otra vez—. ¡Ay, hijo! ¡Cuando lo supe, y te vi en la botica, tinto en sangre, desmayado...

Y los sollozos la enmudecen. Sufro mucho. Quisiera oír todo el relato interesante, pero la oblea puede más qué mi voluntad. Los párpados me pesan como si fueran de plomo, con todo, hago un esfuerzo:

—¿Y cuándo fue?

Mi madre sigue llorando. Me responde mi abuela, que aparenta hallarse más serena:

—¡Muchacho! ¿Cuándo iba a ser? Hoy al mediodía, digo, ayer; que ya han pasado de las doce, de la noche.

—¿Y el mitin?

Pero ya pregunto maquinalmente, porque los ojos se me cierran. Oigo a mi madre que repite las indicaciones del médico, de que no debo moverme ni hablar. Ya con los párpados entornados, advierto nuevas sombras que entran en el cuarto. Oigo cuchicheos, gente que anda de puntillas..., la clarinada de un gallo cercano..., siento que unos labios piadosos se posan en mi frente; que dos gotas gruesas y tibias me caen en las mejillas..., y me aletargo pesadamente.

Abrí los ojos. El cuarto seguía herméticamente cerrado, porque los médicos, con la misma autoridad con que hoy defienden las ideas y procedimientos, que mañana desecharán, afirmaban entonces que en todo caso de enfermedad o accidente grave, era peligroso abrir la menor brecha al aire, traicionero y homicida. Escoltando a la Virgen del Cobre, dos velas recién encendidas pugnaban por dominar la potente luz del Sol, que filtraba por las rendijas de la puerta y la ventana que daban al patio. Afuera había música de gorriones, golpes de escoba por la sala, repiqueteos de martillos en una herrería cercana y ensayos de clarín por el cuartel de caballería. La sombra de alguien que andaba con silenciosos pasos monjiles por el cuarto, sombra que cruzaba rápida y agrandada por las paredes, me hizo pasar la vista por todo lo que podía ver sin moverme. Era Susana. Mi madre, pálida, y más pálida aún por la luz de las velas, dormía en una mecedora. Susana ordenaba las cajitas, los frascos, el reloj —que tenía las manecillas juntas en las nueve— y el desorden de hilas, vendajes y algodones que cubrían el mármol del velador.

Me entraron ganas de tocarla, de hablarle, de llamarle la atención, pero imposible, me duraba la modorra; todavía me zumbaban los oídos y tenía la boca pastosa y seca, por la fiebre.

Súbito se volvió hacia mí, y no me sorprendió con los ojos abiertos porque los cerré prontamente. Se acercó a la cama, y honesta y purísimamente comenzó a arreglarme las sábanas, extenderlas dobladas hacia abajo a la altura del pecho. Las deslizaba con habilidad de enfermera, sin rozarme el cuerpo. Sentí una ternura inmensa, y abrí los ojos.

Asustada me dijo:

—¿Te despertaste, mi hijo? ¿Cómo te sientes?

Afligido por la emoción, por la debilidad, por la anemia hemorrágica, ni pude responder y tuve que cerrar los ojos, empañados por las lágrimas.

—Sí, mejor es que duermas. ¡Que tienes calenturón! —y me tomó la diestra, caída en mortal laxitud a lo largo del cuerpo, fuera de la sábana; la besó como una madre, humedeciéndola con sus lágrimas, murmurando piadosa—: ¡Mi hijo! ¡Mi vida!

Y sentí que se alejaba. Reabrí los ojos, y se fue con su andar silencioso, con el pañuelo en los ojos, a sentarse en una mecedora, de espaldas a mi cama, *vis a vis* con la mecedora de mi madre.

A entrambas las envolví en una mirada ternísima. ¡Las dos santas mujeres! Madre y novia, que me decían con un solo amor, grande y puro: «¡Hijo mío!».

Después de muchas noches en vela, de una sucia y alevosa dieta de caldo de res, de las consiguientes curas dolorosas, de encierro en aquel cuarto maloliente como una rebotica, cuando mi madre, de tanto no dormir, de tanto trabajar, de tanto dolor, no es ni sombra de la hermosa mujer de otros tiempos, cuando ya las moralistas oficiosas del pueblo se han hartado de censurar a las dos familias, porque Susana ha estado a veces en mi cuarto, cuando hace cuarenta y cinco días de la brutal agresión salgo por primera vez del cuarto, apoyado en un bastón, rumbo a la sala, en donde me espera una amplia mecedora con almohada, y un taburete al frente, a guisa de silla de viaje.

Detrás de mí, lista a darme su apoyo en cualquier momento, va mi madre. Delante mi abuela, que quita del camino cuanto mueble está en la remota posibilidad de estorbar mi paso. Al lado de la mecedora me espera la vieja mulata criada, los brazos en jarras y la blanca dentadura al aire, en un sonreír jubiloso. En otra mecedora de la sala, a la luz de un postigo entreabierto, mi abuelo, enhiesto el busto, con las gafas cabalgándole en la nariz, lee *La Unión* y tiene en las piernas *La Marina*. Al verme, levanta la vista y exclama:

—¡Hola, hola, jovencito! Haciendo pinitos, ¿eh?

—Ya, ya —dice mi abuela.

—¡Gracias a Dios y a la Virgen! —exclama la vieja mulata.

—Los médicos dicen que no quedará cojo; pero ¡tengo un miedo! —exclama suspirosa mi madre.

—No, hombre, ¡qué va! Que venga y se entere de las noticias, que creo que así, cojo y todo, tendrá que coger el tole para el Norte. Porque están las cosas que tiembla el merequetén. Vamos, ven.

—Voy, pero antes déjame verme en este espejo —replico al enfrentarme con el del primer cuarto.

—¡Uy! ¡Qué feo! Parezco un finado —exclamo al verme de cuerpo entero, flaco, encorvado por la cojera, con el ropón blanco sobre la ropa interior, amarillo como un cirio, la negra barba tupida y larguísima, y el cabello como una vieja techumbre de guano.

—Si me ve Susana, se asusta —digo.

—¡Qué va! La pobre se ha portado muy bien —me responde mi madre.

Y yo la atajo, mimoso:

—Bueno, si se asusta y me deja, me queda otra novia.

—¿Otra qué?

—Otra novia. Tú.

Por primera vez la veo sonreír, en cuarenta y cinco días:
—Bueno. Anda y no seas adulón.
Al llegar yo a la sala, se abre la puerta de la calle. Es Susana, que trae unos periódicos para mi abuelo; como pretexto para venir aquella mañana en que mi primera salida del cuarto constituye un acontecimiento. Al verme cojear, apoyado en el bastón, me dice risueña:
—Una..., dos..., tres, cojito es.
—Déjate, ¡eh!
—¡Ay, Dios mío! ¡Qué feo!
A poco de entrar Susana, lo hace Rosita. Me siento en mi mecedora acojinada por las almohadas. En torno mío se forma la tertulia. Mi abuelo me alarga *La Marina*, me indica un escrito que encabezan gruesos titulares: «La alteración del orden», y me dice:
—Lee eso.
Paso la vista por el encabezamiento y el subtítulo; porque más me interesa la conversación.
Mi abuelo: (Dirigiéndose a Rosita.)
—¿Qué le parece a usted como va eso?
Rosita:
—Pues, ya verá usted lo que dice uno de los periódicos que le trae Susana. Parece que Masó y la gente de Baire ya no piden las reformas como al principio, sino que se declaran separatistas.
Mi abuelo:
—Sí, eso he visto en *La Unión*. Y de la gente de Matanzas, ¿qué se dice?
Mi madre:
—En un periódico de allá, que me han mandado, dicen que toda la gente de Ibarra y la complicada en La Habana

está presa: Sanguily, Juan Gualberto Gómez, Coloma. A éste y a la novia creo que los llevan, o los llevarán a Matanzas...

Susana:

—¿Y aquello que te contaron, mamá?

Rosita:

—¡Ah, sí! Dicen que *el Nene* anda por Taguasco y por allá, con su grupo de hombres.

Mi abuelo:

—Bueno, ya él andaba capitaneando una partida de bandoleros. Eso lo saben ustedes...

Mi abuela: (Presurosa.)

—Sí, sí, está bien, pero no se puede negar que por Remedios y Sancti Spiritus ya hay partidas de levantados. ¡Uh! Y en Santiago de Cuba y en Puerto Príncipe.

Mi abuelo:

—¡Uh!

Rosita:

—¿Y usted qué piensa hacer, señor Darna?

Mi abuelo:

—Si esto sigue, irme a México, al Norte, o a donde se pueda, con toda la gente.

Mi abuela:

—¡Que si sigue! ¡Ya lo creo que sigue! Ahora va de veras, y las van a pagar juntas. Que se acuerden ahora del *Virginius*, del pobre Varona, de los Estudiantes, de todos sus crímenes.

Yo:

—¡Ah, sí, ahora la pagan!

Mi madre:

—Y que, según razón, vienen los Maceo, y el viejo Gómez.

Mi abuelo:

—Bueno, ya veremos qué se hace —y dirigiéndose a Rosita—. ¿Y don Serafín?

La interpelada:

—Serafín, figúrese, por el campo. Anda escondido por...

¡Pon! ¡Pon! Suenan dos golpes en la puerta. Quedamos en suspenso; menos la criada, que va a ver quién toca.

Un dúo de «Buenos días». Son los dos médicos que entran de rondón, criollamente. Delante, el doctor Cañizo, cubano, treinta y cinco años, alto, vientre adiposo, chaquet, bombín y bigote negrísimo, brillante de pomada; recita en las reuniones familiares y despide los duelos ilustres; emplea mucho su latín macarrónico, en la conversación y en las recetas; es autonomista a macha martillo, y además, mi médico de cabecera. Detrás, el doctor Pons, español, cincuenta años, figura donquijotesca, terno blanco, pajilla, pera y bigote grises; es el ateo oficial del pueblo, y a sus enfermos les habla de «las sienes», «las tripas» y «la barriga»; con respecto a política cubana, se adelanta a Pi y Margall. En un momento de gravedad vino a verme en consulta con Cañizo. Este pregunta:

—¿Conspirando?

—Conspirando a ver si le matamos a usted, si el muchacho se nos queda cojo —se apura a responder mi abuelo, siguiendo la intencionada broma.

—¡Qué va a quedarse cojo! ¿Qué dice usted, Pons?

—Todo puede ser —filósofo replica Pons.

—Vamos, hombre; parece mentira. Que en cuanto pueda resistir el frío (?) de la navaja, se pele y se afeite, y enseguida, ¡a la finca! a comer buenos pollos, huevos, leche cruda...

—¡Eh, eh!, ¿a dónde va usted? —sarcástico le interrumpe Pons—... ¡Carachis! Ni que estuviéramos en Madrid o en La Habana. ¿Qué más campo que éste? A la orilla del pueblo, arboleda al frente. Todos los huevos, pollos y leche fresca que se le antoje.

—Sí, sí. Pero, mi querido colega, siempre en las poblaciones por pequeñas que sean, hay miasmas deletéreos, microbios patógenos, causales de las neurosis, por las emociones...

—Bien, mi Cañizo, basta. Que vamos a dejar patidifusa a esta buena familia. Hablemos de otra cosa. ¿Qué hay de insurrectos?

Cañizo salta vehementísimo:

—¿De insurrectos? Que están locos. Que ya les van a dar Cuba Libre. ¡Sí que se necesita ser burros! Porque es preciso no hacerse ilusiones: sin Cuba española, sin esa bandera, que ha ondeado, como dijo..., este..., este; bueno, como dijo el otro, que ha ondeado en un imperio en el cual nunca se ponía el Sol, y sin la autonomía, pues... ¡Una merienda de negros! ¡Un Haití y un Santo Domingo! Cualquier zacatecas aspirando a la Presidencia, y los yanquis, con las agallas bien abiertas, para repetir la hazaña de México...

Y por ahí siguió un buen rato, en medio de un silencio hostil de nuestra parte y de las más hirientes ironías de parte de Pons; hasta que éste, que comprendía nuestro embarazo, cortó el flujo declamatorio de su compañero:

—¡Bueno! ¡Aprobado! Pero del enfermo, ¿qué?

—Lo dicho; que cuando pueda se afeite y se pele; que empiece a comer algo, y luego... ¡al campo! Si la familia no piensa como yo —y se puso de pie y requirió el sombrero— que haga lo que quiera.

—Entonces pensará como yo; que «también soy pintor» —dijo Pons, e imitó a su colega en lo de ponerse de pie y requerir el sombrero.

Mi madre intervino:

—Como no es gran gasto, ni gran trabajo, iremos al campo él y yo.

—Eso es, señora —dijo riente Pons—. Con eso se le acorta el camino, para cuando esté curado, largarse al otro campo..., al que me iría yo si fuera cubano.

—¡Qué doctor Pons! ¡Ja, ja! Es el mismo diablo —dijimos todos a coro; hasta Cañizo, que al salir rumbo a la puerta, ya con el bombín encasquetado, agregó—: Cualquiera que le oye a usted, cree que es verdad lo que dice.

—Ajá, muy bien —replicó siempre bromista el doctor Pons.

—Claro, hombre...; y buenos días.

—Abur.

—Abur, doctores. ¡Hasta luego! ¡Adiós!

Y sigue alimentando la tertulia el conjeturar y profetizar acerca de La Intentona, como llaman a la Revolución algunos diarios intransigentes. Después se habla de tío Rafael, que anda por la finca renegando de los autonomistas, en cuyos desplantes no cree desde el día del histórico mitin, y fervorosamente entusiasmado con la intentona de marras. También se habla de Mercedes. Para ella, *el Nene* bandido es tan defendible como *el Nene* tahúr, *souteneur* y timador. El argumento para defenderlo no es nuevo: como Musolino, como Hipólito, como Manuel García, él es bandido por escapar de la justicia que le persigue porque ha defendido su honor y su vida. ¿Lo de la mulata? ¿Lo de Ignacio?... Por algo habrá sido. Ella no cree tanto en la inocencia mía... Además, todo puede ser un error de su patriotismo... Porque no hay quien pueda negarle que él es más cubano que muchos.

A Rosita, que es quien cuenta esto, le dice mi abuelo:

—Ya ven ustedes que, según razones, hoy capitanea una partida de insurrectos...

—Pero ¿para eso tenía que hacer lo que hizo? —inquirió rencorosa mi madre.

—Me pongo en el lugar tuyo, Lolita. Sé que para ti él no puede ser más que un hombre odioso; que no puedes admitir que al lado de sus defectos tiene esa gran virtud: él es muy patriota —contestó Rosita.

—Sí, pero uno solo de sus defectos le coge todo el cuerpo —arguyó intransigente mi madre.

—En fin —cortó mi abuela, patriota de cuerpo entero—: Que triunfe la Revolución, para que *al Nene* le sirva de Jordán. Si cumple como bueno, soy la primera en perdonarle.

Salíamos de Placeres, mi madre y yo, una mañana de claro Sol. Íbamos a la finca de mi abuelo, que era una enorme colonia del ingenio *Floridano*, con espaciosa casa-quinta rodeada de una espesa arboleda de frutales. Ocupábamos los únicos dos coches del pueblo —apalabrados desde la noche anterior— mis abuelos y nosotros dos. De la estación de Placeres iríamos a la de San Andrés, caserío entre el cual y nuestro pueblo estaba la finca. En San Andrés nos esperaría una volanta, porque no era conveniente que yo montase a caballo todavía.

Yo iba triste, porque no pude ver a Susana en el momento de la despedida. Don Justo vino a la estación a traernos el salvoconducto que ya se necesitaba para salir de las poblaciones. Toca prevención el tren. Llega una compañía de soldados que ocupa los coches delanteros. Momentos después se les oye cantar y rasguear la guitarra, Dícese por el andén que los soldados van para Remedios. La inevitable despedida lastimera, y el tren parte lento, angustioso, a tirones, sonando recio y acompasado el escape de la máquina, que eleva en la diáfana claridad de la mañana una manga inmensa de humo negro. Es que al salir de Placeres hay una fuerte subida; desde la cima de ésta se domina el panorama del pueblo.

Lo contemplo con melancolía y pienso; aquella línea gruesa, que como una profunda cicatriz corta el desierto de tejados, es la anchurosa «calle real». Y pasando los framboyanes, por allá abajo, aquel alto azul, es el de la casa nuestra. Al lado está Susana. Si no hubiéramos salido tan temprano de casa, la habría visto. La veo ahora con los ojos de la imaginación.

Ya está el tren en el descenso; corre veloz y ruidoso, presentándonos el cambiante y gratísimo paisaje de las cercanías placereñas; paisaje onduloso, pleno de verdes sembrados, de tintos cuadros de tierra recién arada, de potreros de yerba guinea de un color verde oscuro, de las campos de caña esmeraldinos, que circundan los caseríos y las torres de algunos ingenios esparcidos en la lejanía.

Casitas, bohíos y palmas diseminadas por todos los términos del soberbio cuadro: guardarrayando la ruta del tren, orillando el serpentino cauce de un riachuelo, enhiestas, aisladas y dominadoras en la llanura, mezclándose con los frutales de las fincas, perdiéndose agrupadas en el azul horizonte de los campos interminables.

En San Andrés ha llovido durante la noche, las plantas gotean; la tierra está encharcada, y en unos cerros cercanos se deslíen las últimas nubes blanquísimas.

Por los carriles hondísimos del camino, cubiertos de un rojo fango adherente, se mete la volanta. También por aquí los campos visten de primavera y huelen a primavera. Nos sale a recibir, a medio camino, Rafael, jinete en una dorada y saltarina jaca del país. Nos espera la casa recién encalada, limpísima, y nos espera una mesa cubierta de naranjas y de mangos, los primeros de la estación, y luego la sopa de pollo, los huevos puestos en la mañana, una despensa repleta de viandas y un corral de rollizas, lustrosas y ubripotentes lecheras criollas.

Pasan los días, y mientras al correr de ellos despacho jícaras de espumeante leche cruda, chicharrones de carne, huevos fresquísimos y vasos de un vinito que, cada Navidad, recibe de Canarias mi abuelo, la cicatrización final va lenta, la cojera disminuye despaciosa e invisiblemente, y la Revolución se extiende, como fuego de cañaveral en días de semana santa.

Mi pobre madre no recobra sus libras; por el disgusto que le causa la duda acerca de mi cojera; porque, cada noche, cuando leo en alta voz, declamatoriamente —e ilustro a los oyentes con mi erudición en la materia— los viejos escritos revolucionarios, se inflama el patriotismo de Rafael, que no oculta su decisión de irse a la manigua, en cuanto brote o pase por aquí una partida de insurgentes, y, por último, porque él y yo coincidimos en decir que La Intentona va a ser algo más: el último golpe, que deben y han de dar «los cubanos de vergüenza». Por esta, más que por otras cosas, no vuelve mamá a sus libras.

Cada día va a Placeres un mandadero que lleva leche para la venta y para la casa, y de vez en cuando pollos, huevos, algunas viandas, frutas y pencas de tasajo de puerco. Este mandadero sufre dos registros diarios de las avanzadas de Placeres; uno a la entrada y otro a la salida; pero Rafael, que es muy ingenioso, les ha echado doble fondo a las botijas de lata en que va la leche, y por ese medio recibimos algunas cosas, día a día: parte de mis viejos periódicos, proclamas y folletos de «la de los Diez Años»; diarios de La Habana y Matanzas, cartas de mi abuela —con más noticias que *La Marina*— para mi madre, y memoriales, de letra menuda y apretadita, de Susana para mí.

Se presume lo que dicen estas últimas. Las de mi abuela empero, pueden ser en parte transcritas, porque siguen, en esta época, el hilo de la presente narración.

De una de las cartas de mi abuela, fechada el 29 de marzo de 1895:

Supongo que Susana se lo habrá dicho a Ignacio, y él a ti: el sábado tuvieron allá el disgusto más grande que han tenido desde que pasó lo del Nene —que, por cierto, ya los diarios lo llaman el titulado Comandante Felipe Valdés. Parece ser que don Justo se puso a regañar a Mercedes, y que ésta, que ya tú sabes cómo es, le cantó las verdades del barquero; le dijo que lo que él tenía era un celo atroz, porque, naturalmente, como *el Nene* era más buen mozo y más joven, le había quitado la mulata; que por esa él había venido tan indignado aquella noche y le tenía tanto rencor *al Nene*, haciéndose tan moral. Te digo que esa muchacha tiene el genio muy vivo; es el mismísimo demonio. ¡Qué distinta, la hermana! Tan dulce, tan cariñosa, tan bien comportadita! Bueno, volviendo al disgusto que te cuento: por fin don Justo se ha ido de la casa, y ¿qué te parece?, a vivir con la *Arremangá* o como le digan a la mulata del lío.

Pero, lo peor de todo es que don Serafín ha puesto sus bienes en cabeza de don Justo; para que éste cuide de la familia y se la lleve al extranjero si es preciso. Le teme, parece, a la confiscación. Dicen que él ha cogido el rumbo de El Jíbaro, en donde va a incorporarse a una gran partida. Calcula tú cómo estarán ellas, las pobres: cayéndose muertas. En fin, así son las cosas. Ya nos tocará a nosotras. Ha llegado un momento de prueba, y si es preciso, sufriremos y nos beberemos las lágrimas, y nos destrozaremos el corazón. Dios quiere que esto sea de este modo, y hay que conformarse con su voluntad. Si, como tú temes, se nos va Rafael, y hasta, si cojo y todo, se nos larga Ignacio, pues..., se

acabó. A resignarnos, a hacer todos, hasta nosotras las mujeres, lo que se pueda por Cuba; porque tengamos patria los cubanos que quedemos, y los hijos de los que caigan en la manigua.
Ya te diré lo que resuelva tu padre. Dime cómo va la convalecencia de mi nieto. Besos para él, para mi hijo y para ti.

De otra carta, fechada el 5 de abril de 1895:

¿No te dije que hay que tener resignación en esta hora de prueba? Conforme tú me dices en la tuya, de ayer mañana, llegó Rafael al mediodía, y parece que todo lo tenía bien preparado, porque a mí me dio unas razones muy bien urdiditas para no alarmarme con su venida al pueblo; por la noche salió a dar un paseo en la jaca, y no volvió. Como entró en el pueblo salió de él; es decir, sin que nadie le estorbara para nada. Ya estamos seguros de que salió, porque el mandadero de *las Rubio* lo vio por el mismo camino que llevó don Serafín. Iba con aquel *Pan de Flauta* amigo de Ignacio. Calcula mi estado de ánimo. ¡Que la Virgen del Cobre me lo ampare y me lo devuelva! ¡Y que me lo devuelva en Cuba libre!
Hoy ha estado en casa Rosita. Después de tantas penas que ha pasado, primero con lo del Nene, y luego con el alzamiento de su marido y la mudada de don Justo a casa de la querida, ahora resulta que lo han metido preso por conspirador. La mulata, sabiendo que *el Nene* andaba por Fomento, quiso salir por el camino de Guaracabuya, para irlo a ver y llevarle algunos encargos. La registró la guardia, y le encontraron envueltas en el cuerpo una piezas de ropa y un bulto de quinina y yodoformo. Parece que el olor de éste la denunció. Prendieron a los carreteros; a ella la trajeron amarrada. Al ir a registrarle la casa, encontraron en ella a don Justo, y cargaron con él para el vivac, sin más explicaciones. Rosita cree que no le pase nada, y que al

fin saldrá del calabozo; pero hija, en estos tiempos de persecuciones y abusos, no se puede confiar en nadie ni en nada. No hay otro remedio que aguantar callados. Veremos en qué paran las pobres. Figúrate, como ya te he dicho en otras cartas, los bienes de ellas están en cabeza de él...

En otra de sus cartas, fechada el 9 de abril de 1895, mi abuela le decía a mi madre:

Mucho tengo que contarte hoy. Empiezo por una buena noticia, y es que ya soltaron a don Justo, y que con el miedo que ha cogido desde que lo prendieron, quiere, de todos modos, cumplir con las indicaciones que hizo don Serafín antes de marcharse, o sea, llevarse a la familia para el Norte. Pero Rosita dice que es una precipitación que no conviene; porque, según razones, todavía no hay ninguna partida de importancia en toda la provincia. Don Serafín, *Chucho*, Rafael, *Pan de Flauta* y otros andan escondidos por el rumbo de Cabaiguán, esperando a ver qué hacen Tello Sánchez, José Miguel Gómez, Pancho Carrillo y la otra gente del 68. Dicen que unos Machado andan por allá por una finca que se llama Manajanabo, cerca de Santa Clara, pero creo que son suposiciones nada más; porque dicen que son muy insurrectos que siempre andan en bulla con los españoles de por allí.
Por los periódicos (yo no los creo mucho) se ve que solo en Santiago de Cuba hay alzados. En fin, no sé. De todos modos, creo que hay mucha gente en el monte, una organizándose y otra escondida ahí esperando recursos y oportunidad para hacer acto de presencia. Naturalmente, los diarios ocultan la verdad para no darle importancia al movimiento.
De lo que me preguntas, te diré que creo que puedes estarte por allá, sin peligro alguno todavía. Tu padre habla de irnos a Cár-

denas o Matanzas, hasta ver en qué para esto, y si toma fuerza, piensa que nos vayamos primero nosotros, y luego tú e Ignacio vendrán a reunirse, para irnos todos juntos a Nueva York. Por mi parte, yo no iría a ningún lado. Ya sabes el miedo que tengo de embarcarme, lo mucho que quiero a Cuba, y lo que me dolería dejar aquí, corriendo tantos peligros, a Rafael. Mejor me iría al monte, a un hospital a curar a los cubanos heridos, a correr la misma suerte, que mi hijo y todos los demás; como se hacía en la Guerra Grande, en que las mujeres también nos fuimos al campo. Pero él dice que no traiciona al Partido, y que, de no hacerlo, no puede quedarse en Cuba sufriendo indirectas y hasta persecuciones; prefiere irse al Norte. A mí me dice que allá en el destierro podemos hacer más por Cuba. No estoy muy conforme; pero, ¿qué le vamos a hacer? Sea lo que Dios quiera. Estoy indignada con las cosas que leo cada día. Los autonomistas, salvo los que han sabido cumplir con su dignidad de cubanos, son unos canallas. Muy bien que fueran autonomistas hasta lo de Ibarra y lo de Masó; pero ahora, cuando ven que todo el país está respondiendo, y que los principales jefes van viniendo del extranjero o saliendo de las poblaciones, que sigan del lado de los españoles me parece una cobardía, un egoísmo, una traición, ¡qué sé yo! ¡Estoy dada al demonio! Dios me perdone, pero cuando leo tantos insultos y provocaciones, me sulfuro. Lee el manifiesto de los autonomistas, del día 6 de este mes, firmado por Angulo, Cueto, Carlos Manuel Amézaga y otros, y verás qué indignidad. Allí te lo mando junto con unos comentarios de *La Marina*. Ya verás cuántos insultos, cuántos desahogos: "Conducta criminal y aleve de los vulgares agitadores", "Se debe proceder con energía, para no dejar sin el merecido castigo a los promovedores del indigno atentado". Lee, sobre todo, y si tienes valor para ello, el final del manifiesto. Ahí te lo marco con lápiz. Mejor te lo copio, para indignarme más. Me hace falta:

"El Partido Liberal de 1878, que más afortunado, ha visto cómo se han cumplido y se cumplen aquellas promesas, no romperá su bandera ni cederá el campo a los que vienen a malograr nuestra trabajosa cosecha; a hacernos cejar en la senda del progreso pacífico, a arruinar la tierra y a nublar la perspectiva de nuestro destino con horribles espectros: la miseria, la anarquía y la barbarie".

Vale más que, de una vez, se pongan el rayadillo y cojan el fusil. Pero ¡qué va! Son muy cobardes. Solo sirven para dar gritos y sonsacar a la gente en los mítines, pero a la hora del cuajo, lloran más que unas plañideras. Algún día las pagarán. Puede ser que les llegue la hora de irse para España, ya que tanto la quieren.

Con la soberbia que tengo, se me olvidaba que dice tu padre que, contestando a tu consulta, él cree que, como tendrás que ir con nosotros, sí debes vender las casitas de Matanzas.

Besos para mi nieto y para ti.

En una de las últimas cartas de mi abuela, venía esta noticia:

Por conducto de un amigo he recibido esa carta, de Rafael, que te mando. Ya verás que anda con mucha gente conocida, y que don Serafín es su jefe. Supongo que te parecerá interesante la forma en que tu hermano cuenta cómo, de buenas a primeras, tenemos a Cañizo, el médico que curó a Ignacio, de insurrecto. Lo sorprendieron los cubanos en una finca y fue obligado a incorporarse como médico. Según Rafael, es un majá, y don Serafín tiene que vigilarlo para que no se vaya a presentar. Yo no tendría confianza con un hombre así. ¡Muchacha! ¿Y si se presenta y entrega a los otros? ¿Y si envenena las heridas de la gente? ¿Verdad?

Y así, por los periódicos que nos mandaba mi abuela, y por sus cartas, fuimos enterándonos, mi madre y yo, del auge que tomaba La Intentona o La Alteración del Orden, como indistintamente llamaba a la Revolución la baladrona *Marina*. ¡Qué buenos profetas aquellos autonomistas que escribieron: «El país no responde al movimiento; antes al contrario, lo rechaza con todas las indignaciones del patriotismo y con todas las energías del instinto de conservación.» ¡Lágrimas de júbilo y de dolor brotaron de nuestros ojos al saber el desembarco de los Maceo: de regocijo, porque la llegada de los grandes mulatos nos sonaba a triunfo y a gloria; lágrimas de dolor por la caída heroica del abnegado, del temerario Crombet. Y saltamos de gozo al enterarnos del desembarco de Máximo Gómez, el viejo león, incansable e irreducible en su empeño sublime. Y supimos de Martí, y de su epopéyico caer, doblado por la muerte de su blanco caballo de guerra, en tanto que disparaba su revólver contra un enemigo envalentonado por la superioridad numérica y por la calidad de la presa, en la legendaria escena del 19 de mayo, en el bello cuadro de Dos Ríos; cuadro con figuras homéricas, en medio de una soberbia naturaleza iluminada por un Sol de vida; cuadro inmortalizado por el desplome glorioso, que debió estremecer no solo la tierra que el Gran Libertario fecundó con su sangre generosa, sino toda la América de espíritu latino, desde El Paso, en la patria de Hidalgo, hasta Punta Arenas, en el suelo que liberó San Martín.

¡Flor Crombet y José Martí! ¡Y Domingo Mujica y Serafín Sánchez y Néstor Aranguren y Adolfo del Castillo y Juan Bruno Zayas y Antonio Maceo y tantos otros creyentes —hasta el martirio— en la patria y en la bandera! Fue un bien vuestra muerte en los días de fe y heroísmo. Por vosotros los cubanos que aún tenemos ideales, confiamos en el porvenir. Por hacerse merecedores de nuestro compatriotismo, hay algunos hombres nobles y puros que luchan confiados en el buen destino de la república. Por vosotros, el cubano que después de un cuarto de siglo de destierro viene a Cuba, con un altar levantado en el alma a los supervivientes del 95, al presenciar la realidad, la bochornosa entrega de tanto nombre glorioso en aras de la concupiscencia, no se vuelve en el mismo buque que le trae, huyendo asqueado y escéptico de este lodoso festín de generales y doctores. Si vivierais aún, ¿qué sería de vuestra gloria? No la gloria oficial, la gloria del artículo de fondo —en el que ya nadie cree—, no. ¿Qué sería de la gloria que tiene su culto en el corazón de un pueblo, de todo un pueblo defraudado y vilipendiado, que ya puede poner en su escudo la inscripción dantesca: «Dejad toda esperanza»? ¿Arrastraríais vuestros laureles y vuestra honrosa ejecutoria de libertadores en la vesania del oro y de los más brutales deseos, como tantos otros? O —lo que quiero creer como más probable, lo que es más dulce y, a la vez, más triste— ¿seríais unos «románticos», unos «inadaptados», unos «quijotes», unos «boberas», como Varona, como Sanguily, como aquel grande e incomprendido Estrada Palma, que vino de la evangélica sencillez del Central Valley a la cueva de pulpos y anguilas que medraron con Weyler y con Wood y que, con la república, engordan, pachecalmente engordan, mientras degeneran en la inopia, en la injusticia y en la desvergüenza, los tabaqueros de Martí, y los guajiros de Mal Tiempo y de la Reconcentración?

Ya me sobraban motivos para estar caviloso durante el día y para desvelarme en las noches: las cartas de Susana me anunciaban su próxima salida para Nueva York, en donde, confiada en lo que decíale mi abuela, esperaba verme pronto. Sus cartas venían cada vez más largas, más cariñosas, más suplicantes de que calmase yo mi celo patriótico y desechase la idea de irme a la manigua (ideas que yo le confiara en mis cartas), y más después de la ida de don Serafín y de Rafael, y de la resolución de viaje de las dos familias. ¿Qué sería de mi madre y de ella? Además: si yo no iba a verla a Placeres, por temor a ser detenido y por el inconveniente de la herida, no cerrada aún, ¿cómo pensaba en irme a la Revolución? ¿A qué? ¿A servir de estorbo? Cada carta me hacía proyectar un viaje a Placeres. ¿Permitiría yo que fuese ella al extranjero, ¡tan lejos!, sin despedirnos, sin un fuerte apretón de manos, sin siquiera un beso furtivo, en el que el agua de nuestros ojos se mezclase duplicando su amargura?

¡Un estorbo en la Revolución! Eso también lo decía mi madre. Yo, con mi herida aún supurante, que me obligaba a cojear apoyado en un bastón, iba a ser una carga, en vez de un refuerzo, para los patriotas. Era su argumento último, supremo, decisivo, cuando yo echaba por tierra sus razones de que yo no tenía derecho a dejarla así, viuda y sola; de que ya Rafael salvaba el nombre de la familia con haberse ido al monte; del golpe (hasta eso) que sufriría Susana; de que mis dieciocho años no eran bastante para ir a pelear y, menos aún, para sufrir las jornadas enormes, a pie o en caballos famélicos y maltraídos, la desnudez, la intemperie y el hambre, de la vida abnegadísima de la manigua.

—¡Valientes argumentos! —solía exclamar yo, cuando discutíamos esa cuestión permanente; que era en las noches, después de leer los periódicos, después de leer las cartas patrióticas, espartanas, de mi abuela (aquel duplicado de Caridad Agüero) y de releer mis viejos impresos de la Guerra Grande. ¡Valientes argumentos! ¿No se conformaba, y hasta se sentía orgullosa mi abuela, porque su hijo Rafael estaba en el monte? Todos teníamos que aportar nuestro esfuerzo: los hombres, su valor, su sangre, su vida, si era impuesto del destino; las mujeres, su dolor, su abnegación, sus lágrimas de novias, de hermanas, de esposas y de madres.

No me avergüenza decir que yo, soliviantado por la lectura de mis viejos papeles, por las diatribas y las quijotadas de la prensa intransigente, en una explosión de ideas y sentimientos generosos, hondamente patrióticos, poníame elocuente y conmovedor cada noche, en la mesa del comedor, que alumbraba un quinqué de petróleo, y en torno de la cual, además de mi madre, sentábanse tres negros mozos de la finca, que me oían entusiasmados, fascinados, preparados para rebelarse en la primera oportunidad.

¿Qué me importaba el honor de la familia, salvado por Rafael? Eso no era bastante. Rafael era Rafael, y yo Ignacio García, y con quien tenía que ver era con mi conciencia, con mis ideales, ¡con la patria! Yo tendría edad de adolescente, pero tenía estatura, fortaleza y valor de hombre. Todos los cubanos dignos, buenos como don Serafín y Rafael; malos como *el Nene* y la *Arremangá*, se iban al campo del honor. ¡Hasta Ramira, aquella vieja amiga de la familia, estaba en *Las Recogidas*, en La Habana, porque la sorprendieron repartiendo unas proclamas que Zayas le mandó desde la capital! Y era una mujer: ¿No iba yo a ser; por lo menos, igual a una mujer?

Los ingenuos oyentes, seducidos por el poder de mi palabra, subyugadora por lo cálida y sincera, asentían con afirmativos movimientos de cabeza, pero entonces surgía de los labios de mi madre el argumento aplastante: el del estorbo, y los buenos amigos aquellos, que andando el tiempo engrosaron el contingente invasor con Banderas, con Gómez o con

Maceo, también asentían; y yo, doblado por la realidad, me iba a la cama, resignado, maldiciendo *al Nene*, furioso con mi auditorio de imbéciles, con el destino y ¡hasta con mi madre!

Y siguieron corriendo los días. El alud revolucionario se desbordaba sobre la región central de la isla. Peralejo y el desembarco de Serafín Sánchez; Roloff y Mayía Rodríguez, felizmente coincidieron. Goulet, Masó, José Maceo y otros batían el cobre por las montañas orientales, mientras Maceo y Banderas seguían la carrera del Sol, engrosando su ejército en la gran marcha militar. Luego el cruce de la Trocha. Fracasaba Martínez Campos. Mis abuelos nos esperaban en Matanzas y nos apremiaban para que fuéramos a reunirnos con ellos y marcharnos juntos a la Florida o a Nueva York. *Las Rubio* ya estaban en la humeante ciudad del Hudson: la vieja, desvivida por la suerte que pudiera correr don Serafín, y por los otros grandes sucesos que conmovían a toda la familia; las muchachas, destrozadas de pena, también por lo del padre y por la separación y el porvenir incierto, peligroso, de los novios. ¡Oh, qué cartas tristes las de Susana, los días anteriores al de la partida! ¡Y qué cruel la última! ¿Cuándo se vive más la vida, que en esas emociones grandes, de placer y de dolor, de los amores puros, hondísimos, iniciadores, de los veinte años?

Se nos venía encima la Invasión, y nos fuimos a la extrema vanguardia de ella, pero por ferrocarril, en un tren casi repleto de heridos y enfermos, recogidos en Camajuaní, rumbo a Matanzas; mi madre, enlutada y llorosa, como cuando llegamos a Placeres, y yo explorando ansioso, con los ojos muy abiertos, incansables, la manigua y los cañaverales del camino, en busca de las sombras de rastreantes sublevados, semidesnudos, lodosos y hambrientos, que en un golpe de audacia asaltasen el tren y cargasen conmigo, así herido, cojo, hecho un estorbo.

¡Viaje inolvidable! Dos días de sed, de cisco, de calor, de rudos encontronazos, en aquellos trenes coloniales, llenos de parásitos, chorreantes de mugre, gargajosos y polvorientos, que amenazaban desfondarse y descargar a los viajeros en la vía, como las perreras de un «mixto» interprovincial en las líneas del Norte de España.

De Camajuaní a Santo Domingo, a paso de tortuga, siguiendo a una máquina exploradora con un carro blindado repleto de quintos. De Santo Domingo a Colón, menos precauciones; pero cruces interminables, desesperantes, con largos convoyes de soldados, caballos y municiones de boca y guerra. De Colón a Matanzas, mil paradas para tomar agua, leña y grasa, y luego tres horas en Guanábana, para no entrar en Matanzas hasta la medianoche, a fin de que el público no viese la larga y triste procesión de camillas destinadas al hospital de Santa Isabel.

Con el auge que tomaba la guerra, los negocios estaban paralizados, el capital retraído, la miseria invadía las ciudades, y por ello tardamos más de dos meses en vender las dos casitas de Matanzas, malbaratándolas ruinosamente. Mi tío *Pepe* no nos ayudó en nada; casi no nos hizo caso, y por último llegó a negarnos el saludo. Entusiasmado estaba con la guerra, con la lección que iban a llevar los traidores, a quienes el gobierno seguramente dejaba avanzar para luego coparlos en las provincias occidentales y obligarlos a rendirse o echarse al agua en el Estrecho de Yucatán.

¡Ya vería, ya vería el Chino Viejo ese, que decía que le iba a dar agua al caballo en el río San Juan!

¡Ah, sí! Muy entusiasmado estaba él con eso, con aquel patriotismo, que tan bien se avenía con el privilegiado disfrute de la Colonia factoría para comprar casas, abrir bodegas, amontonar talegos en el Banco Español y gozar de influencia en juzgados, celadurías y cacicazgos. ¡Digo, y entonces, que tenía el negocio de racionar a las tropas, y además su almacén de víveres al por mayor en la calle del Medio! ¡Cómo lo engalanaba él, con palmas y banderas, cada vez que había paso, salida o llegada de batallones por aquella calle principal, enramada, encortinada y embanderada con los colores nacionales!

—¡Viva España, con honra! —gritaba mi tío hasta enronquecer, haciéndole coro a sus patrióticos congéneres: ferreteros, tasajeros y lenceros, cuando entre cohetes, palmadas y vítores y estridentes acordes musicales, pasaban los soldaditos recién venidos; «sardinas gallegas» con uniformes, doblados por el peso del equipo abrumador, temblando de calentura bajo el rayadillo chapucero y resudado, arrastrando las alpargatas rotas y malolientes, y recogiendo, a la par que marchaban, tristes y resignados, como bueyes que van al matadero, el judaico regalo de unas perras o de unas cajillas de cigarros, de aquellos *Pepes* García de la calle del Medio.

¡Pobres, pobres quintos! Atolondrados por un cruel mazazo del destino, venían a la caza del negro Maceo, el coco terrible, no sabían ellos a ciencia cierta por qué ni para qué. Lo mandaba la reina y lo exigían deberes patrióticos que ellos no entendían muy bien, y de los cuales se les hablaba en las arengas y en los papeles. ¡Pobres, pobres galleguitos que venían a caer, ignominiosamente, en la tumba anónima de los combates, a quedar rezagados en los caminos, agonizando del vómito, bajo un Sol de fuego, rabiando de sed y de desesperación, para luego servir de pasto a las tiñosas, o ser enterrados por compañías en la fosa común, en la tierra ingrata de los cementerios desolados, a 1.000 leguas de los suyos! Y todo para mantener el monopolio de una burocracia ladrona, de unos mercaderes sórdidos y desalmados, de la infame política de los Cánovas y comparsa, de un régimen colonial en el que, desde el último carabinero de aduana hasta el capitán general, los funcionarios todos tenían su precio. ¡Podrido lodazal, en el que fue incubada la República de la lotería, el Jai Alai y el simbólico chivo!

Varios días después de saber algunas verdades acerca del encuentro de Mal Tiempo; de enterarnos, por sus familiares matanceros, de que por fin José Inés Oña había logrado incorporarse a los patriotas, y como tantos otros, renegando de los autonomistas; de tener noticias de Carlos Manuel, que estudiaba en la Universidad, con una beca que le dejara el general Calleja, y era un asiduo del Palacio de la Plaza de Armas; cuando aún mi herida manaba pus por los costurones, salimos de Matanzas para Nueva York, a bordo del *Saratoga*, un buque de la *Ward*, que fue a la ciudad del Yumurí a cargar azúcar.

Fue aquel un día histórico. Por allá por el rumbo de Cárdenas, por sobre los picos de Camarioca, alzábase una tromba rojiza, de humo espesísimo, que empurpuraba y oscurecía el Sol y hacía caer sobre las dormidas y azules aguas de la hermosa bahía matancera una lluvia interminable de pavesas. Era que ardían los cañaverales, las casas y las bestias; los hombres, como negras mariposas en la llama de una lámpara, allá por las legendarias llanuras del Coliseo.

Y yo me extrañaba, me expatriaba voluntaria y dolorosamente, como dijéralo el tribuno de la Revolución, «expatriados, sin rumbo, sin porvenir acaso, cansado y adolorido el pecho, de sufrir...; dejando atrás incendios que muerden el cielo con los dientes rojizos de las llamas...». Como clamando justicia.

En días de fe y heroísmos

I

Cuando llegamos al Cabo Hatteras, muy pocos viajeros habían pagado su tributo al mar: nuestra leal María de la O, que hallábase recluida en el camarote desde que salimos de Matanzas; mi madre, que solía acompañarla en el martirio, y dos jóvenes que hacían su viaje de bodas. Para éstos el mareo era ignominiosamente desilusionador; se pasaban el día tendidos cuan largos eran en sendas sillas de extensión, uno al lado del otro, pálidos, ojerosos, despeinados, sueltos los cordones de las botas, arrugados los vestidos y haciendo continuo uso de una escupidera repleta, que manaba un tufo de leche cortada.

El resto del pasaje, cubano casi todo, desde que se consideró amparado por el pabellón de las barras y las estrellas, que dominante ondeaba en el mástil de popa, había venido dando cauce al ansia, largo tiempo comprimida, de comentar en alta voz, libremente, el pro y el contra, las causas y concausas, los peligros y las probabilidades del triunfo de la Revolución libertadora. En la tertulia del salón de fumar, mi abuelo era personaje delantero, y en los corrillos de la cubierta, mi abuela llevaba la voz cantante.

Pero, no era lícito dejar pasar la Corriente del Golfo, el último calorcito del trópico, sin una formalísima y recordable despedida; y así, en el Cabo Hatteras, coco de viajeros débiles, el *Saratoga*, según el gráfico y aguajirado decir de mi abuelo, empezó a corcovear como una yegua mexicana, echándonos a todos los valientes, candidatos al filibusterismo y la manigua heroica, vencidos e inútiles sobre las literas de los camarotes, las sillas de cubierta y los acojinados asientos de los salones. Mi abuela culpaba a la taza de *cocoa* con que se desayunara aquella mañana. Mi abuelo, que decía estar avezado al mar, por haber venido, treinta y cinco años atrás desde las Islas, se escurría a cambiar la peseta por los rincones menos visibles. María de la O, era un cadáver que yacía en el suelo de la cabina, acompañada de mi madre, que a su vez hallábase tirada sobre el sofá, con la pálida cabeza colgante sobre una innoble bacinilla. En un camarote vecino, los dos recién casados manchaban su Luna de miel con la indignidad de unos vómitos ruidosos e incontenibles. Estirado en mi silla de viaje, yo experimentaba todas las ansias, todos los sudores y desmayos que deben sentirse en la postrer agonía.

Al día siguiente, la naturaleza, el destino, lo que más cuadre al lector, quiso que la naciente nostalgia del terruño se nos acentuara martirizadora, deparándonos una densísima niebla que obligó al *Saratoga* a navegar lentamente, con un vigía en cada palo, que gritaban su isócrono y maquinal *all is well*, en tanto que ronca sonaba la sirena en el concierto de pitazos sordos y estridentes, próximos y lejanos, del centenar de vapores envueltos por la espesa nube a la entrada del gran puerto.

Al mediar el día, después de toda aquella mañana de andar a 4 millas por hora, asomó su cara el Sol, un Sol pajizo, cobarde, que parecía resbalar, impotente, sobre la gris, helada y húmeda cortina de la niebla.

Los pasajeros nos agrupábamos en la cubierta, hacia la proa, acodados en la mojada barandilla, presas del frío húmedo y penetrante, bajo el gotear en que se deshacía la nube, escudriñando ansiosos el mar y el cielo que ya se aclaraban, mostrándonos los buques como agrandados y sin contornos, enormes manchones grises en un lienzo de un solo color de plomo derretido.

El *Saratoga* avanzó un tanto más rápido. Sonaron las doce en el reloj de la cámara, y mi abuela, al oír la hora, elevó los ojos al Sol, ya en pleno cenit, pero siempre inútil, y exclamó:

—¡Válgame Dios! ¡Qué Sol! Si fuera el de Cuba, ya le habría hecho un cuento a la niebla...

—Eso nos hacía falta: Sol de Cuba —dijo mi abuelo— y una tacita de café criollo, bien caliente. Porque el «cofi» de esta mañana era agua de borrajas. Frío, con dos cucharadas de leche cruda y un pan que parecía una esponja. Eso, después del mareíto de ayer..., ¡para ponerle el estómago en un hilo a cualquiera!

—¿Y qué me dice usted del engrudo de arroz? —inquirió un viajero de macferlán carmelita, bufanda a cuadros grises y negros, y largos, juanetudos botines de elásticos, color avellana.

—Pues yo, a la verdad —criollamente entrometió un joven alto, bien vestido, de rostro hermoso y saludable, y atlética fortaleza—, nada de los americanos lo encuentro malo. No sé si será simpatía en pago de la que ellos sienten por nosotros, pero lo cierto es que me gusta todo lo de esa gente, y...

Pero, no pudo el joven pasar al campo de la hipérbole admirativa con que nos amenazaba, porque mi abuelo, viejo al fin, le interrumpió escéptico:

—Amiguito, nadie da palos de ciego.

—Perfectamente dicho —agregó sarcástico el del macferlán y los zapatones—. Estos yanquis ven con buenos ojos la insurrección, por aquello de «América para los americanos...» del Norte.

—Se formó —pensé al advertir el tono despectivo y la «pronunciación» de quien así habló, y efectivamente:

—Bueno —replicó presurosa mi abuela—, ¿usted lo que quiere decir es que los americanos se quieren coger la Isla? ¡Que se la cojan! Chinos antes que españoles.

¡Se formó! La superioridad numérica, la vehemencia del hablar cubano y la necesidad de exteriorizar mil rencores largo tiempo reprimidos, nos daban grande ventaja. Por mi parte, yo me sentía caníbal. El asturiano se defendía pretendiendo gritar más que nosotros:

—Ya veremos; ya veremos a los valientes, en cuanto venga Weyler.

Hice ademán de irme antropofágicamente encima del enemigo, enarbolando mi bastón de cojo; pero el piso de la cubierta resbalaba aún y falto de apoyo me fui de bruces, con el estrépito consiguiente. Por fortuna, un oficial de a bordo hizo un ensayo de intervención a distancia:

—*Shut up! Shut up!*

Nos aquietamos y nos callamos.

Felizmente; porque perdíamos ya el emocionante paisaje de la entrada. La tarde era entonces clarísima. Un Sol, que alumbraba sin quemar, ponía reflejos de oro en cuanto abarcaba nuestra vista. El *Saratoga* volvía a deslizarse a toda máquina en frente ya de las costas de New Jersey, sembradas de poblaciones con sus casas altísimas, sus torres y sus plumeros de vapor y humo.

Después apareció por la banda opuesta *Coney Island*, con el blanco ribete de su playa famosa y su hotel en forma de inmenso elefante que parecía pasearse por entre el pintoresco y multicolor caserío. Enfilamos un canal entre dos hileras de boyas de campana que me recordaron un delicioso capítulo de *El hombre que ríe*. Fuera ya del canal, nos cruzamos con algunos vapores; sartas de lanchones encabezados por un remolcador humeante y barcos de vela que cruzaban airosos, ladeados, mostrándonos las cubiertas lavadas, limpísimas, llenas las velas por el norte, que nos cortaba el rostro y nos aguaba los ojos.

El joven admirador incondicional de todo lo «americano», hacía de cicerone desde la cubierta:

—Ese barco es alemán... Pero ¡ya se ve la Estatua de la Libertad! Es aquello que está allí, a la izquierda. Tiene como trescientos pies de alto, y por dentro de aquel brazo estirado hay una escalera de caracol por la que se puede subir a la cabeza, que es un salón con capacidad para ocho o diez personas. Se la regaló Francia a los Estados Unidos, pero puede decirse que es una maravilla americana...

—Sí, por lo grande —le interrumpió el asturiano, que aún rezongaba por allí.

El americanófilo, después de una mirada de superhombría, continuó:

—Ese vapor es inglés. Ya viene el vaporcito de la Sanidad; es aquel de la banderita amarilla. ¡Eh! Miren. ¡El guacamayo! Ése debe ser de la Trasatlántica... La Isla del Gobernador. ¿Aquello que parece una hamaca? El puente de Brooklyn... ¿La casa de paredones grises? Es el periódico *New York Tribune*. Pero el edificio más alto es el del *World*.

—¿El qué? —interrogó mi abuelo.

—*The World*; *El Mundo*. Aquella cúpula dorada. ¡Tiene dieciocho pisos! Sí, éste es el muelle de la Compañía, que está en la calle de Wall...

Al bajar del vapor nos asaltó la obligada turba de los agentes de hoteles; pero, con gran sorpresa nuestra, muchos hablaban en «cubano» y nos ofrecían casas con nombres en español.

—Hotel Habana, caballero. En *Lexington Avenue*, cerca de las fieras del parque.

—Hotel América, señora. Calle 15, un paso de *Broadway*. Lo más céntrico.

—Hotel Bernal. Calle 30, donde vive Gonzalo de Quesada.

—Boarding portorriqueño. 14 entre Séptima y Octava.

Eran los emigrados pobres, registrados todos como voluntarios en la Junta, ansiosos de volar a los campos de Cuba, en aquellas expediciones que por desgracia no menudeaban. Eran los desterrados que no dejaron bienes en Cuba, ni esperaban mensualidades, ni sabían inglés, que temblaban ateridos dentro de los abrigos pobrísimos, que para venir a los muelles en busca de viajeros para los hoteles, chapoteaban la nieve por las avenidas interminables, con los zapatos y los calcetines agujereados por el uso excesivo, que no perdían un mitin; llevaban en las faltriqueras el periódico de Trujillo y folletos con los discursos de Sanguily, y ostentaban orgullosos, en el ojal del agotado sobretodo, la banderita tricolor de sus ensueños.

Nos dejamos llevar por un joven, imberbe y pálido, agente del hotel Habana. Nos indicó la conveniencia de subir por Wall Street hasta la esquina de *Broadway*, en donde tomaríamos el tranvía de *Lexington Avenue*. Los coches de alquiler cobraban muy caro. Los equipajes eran cosa del expreso. El joven iba locuaz, contentísimo, saltarín casi, porque éramos cinco, y la comisión de a peso por cabeza. ¡Como quien no dice nada! ¡Una semana asegurada!

—Ésta es la calle de los banqueros. Por aquí cerca están algunas tabaquerías. Un poco más adelante está *New Street*. Ya la verán. En ella está la junta «de» don Tomás, de Gonzalo, Eduardo Yero y Benjamín Guerra. ¡Uh! Y en el hotel Habana ¡ya verán ustedes qué de patriotas! No hay más que huéspedes cubanos.

Y, dirigiéndose a mí, que iba con él, delante de la comitiva, continuó:

—¡Y unas cubanas..., más lindas! Sobre todo, hay dos hermanas de la provincia de Santa Clara, que dan la hora. Una de ellas hizo de Cuba en un cuadro alegórico que representaron en un mitin del *Chickering Hall*, y estaba divina.

—¿Dos hermanas? —pregunté.

—Sí. Creo que de Placeres..., me parece... Sí, de allí son. Las Rubio.

—¡Mi novia! La más joven es mi novia —respondí estallante de orgullo.

Me miró él de arriba abajo. Se fijó bien en mi bastón y en mi pierna encogida, y me interrogó con la duda más sincera:

—Pero, ¿usted está seguro de que es su novia?

—Ya lo creo que lo estoy. ¡Pues no faltaba más!

Y enseguida extendí la noticia a toda la familia, que se puso muy contenta.

Ya en el tranvía, el joven a quien mareaba yo a fuerza de preguntas, me regaló su banderita de la solapa. Aquel día era la primera vez que yo veía la enseña de Cuba Libre, así, «plásticamente», libremente usada, y la de nuestro acompañante me tenía fascinado; conmovido, deseoso de exhibirla al asombro y la admiración de la gente. ¿No sabía todo el mundo lo valientes que éramos los cubanos? ¿Quién ignoraba lo de Peralejo y Mal Tiempo? ¿Quién no estaba pendiente de cuanto ocurría en Cuba? Pues, que supieran que yo era paisano de tanto libertador heroico. Entonces tal cosa podíase tener a honra y orgullo.

Guajiros nosotros que ni siquiera conocíamos La Habana, que pasábamos, sin gradual transición alguna, de Placeres y Matanzas a la Cosmópolis inmensa, todo nos admiraba y todo arrancaba patrióticos comentarios a mi abuela: la maraña de vehículos y pedestres de aquel trajinoso *Broadway*, que nuestro carro de cable (coche sin caballo, como llamábalo María de la O), iba siguiendo lenta y dificultosamente; los elevados de la Tercera Avenida, que veíamos al pasar por las bocacalles; la altura de los edificios que estaban aún muy lejos de la talla del *Singer* y el *Woolworth*; los jardines y parques limpísimos; los gigantes *policemen*; el masculino correr y trajinar de las mujeres; toda aquella vida tan distinta de la nuestra de aquellos años, hacía exclamar casi invariablemente a mi abuela:

—¡Lo que es la libertad!

Y los demás, que creíamos que obtenido el ideal de la independencia, nada era necesario para la felicidad de los cubanos, asentíamos en coro, con los ojos en el techo del tranvía, y como en un suspiro:

—¡Ah! ¡La libertad!

Nos bajamos en *Lexington*, entre las calles 56 y 57. Allí, formado por tres casas unidas, y que se comunicaban unas con otras, estaba el hotel Habana, alojamiento de los más famosos expedicionarios, centro de conspiraciones, bullente cenáculo de jóvenes patriotas, que organizaban tómbolas, vendían libros y periódicos de la buena causa, colocaban alcancías en los establecimientos públicos, hacían colectas entre los crédulos tabaqueros, y en las veladas recitaban bélicas estrofas, cantaban himnos y tecleaban canciones y marchas mambisas. Allí, en comidas humildes, elevadas a la categoría de banquetes por la cantidad y la calidad de los invitados, por los discursos y las banderas, presidía Caridad Agüero; sacudía su melena de soñador, en sus arranques mirabonianos Gonzalo de Quesada, y hermosas criollas, con el fuego de la manigua en los ojos divinos, recogían cheques de los generosos ricos de la Revolución, y puñados de pesetas de los cocineros, camareras y dependientes, que también eran cubanos, plenos de esperanzas e ilusiones. Allí acudía, y era recibido con homenajes de dios, aquel vejete de alma inmensa, que era representante plenipotenciario de la Revolución, en el extranjero, que manejaba chorros de oro, y no obstante, vestía con señoril dignidad una negra levita sin botones, rociada de manchas, con flecos en las bocamangas y mucho brillo en los faldones. De allí salió para la guerra el malogrado Rafael Cabrera. Allí vivió Julián Betancourt, el compañero predilecto de Rabí. De allí hacía sus escapatorias folletinescas, haciendo rabiar a los esbirros del Consulado Español, aquel abnegado y valeroso filibustero que se llamó Joaquín Castillo Duany.

Sonaba el piano cuando pisamos la escalerilla de entrada. Mi abuela, aquella devota del patriotismo, que sabía de memoria los hechos de todos los Varona, Montejo, Agüero, Agramonte y Betancourt, de su viejo solar camagüeyano, dijo plena de emoción, que puso temblores en su voz y brillo de lágrimas en sus ojos:

—¡El Himno de Bayamo!

Oprimió el botón del timbre el joven agente y cicerone. Entramos. Oyéronse más fuertes y emocionantes las notas del himno, y oyóse característico, inconfundible, el bullicio de la vehemente charla criolla: En las paredes, sobre las mesas, en todas partes, vimos retratos de caudillos, escudos, cintas con los colores de la soñada república.

Quedé mudo, lelo, torpe en los movimientos, con el pecho muy grande y el corazón desbocado por la emoción. ¡El Himno Bayamés! ¡Una bandera cubana, de tela, grandísima! ¡Retratos grandes, encuadrados en ostentosos marcos, de Maceo, de Martí, del Marqués, de Máximo Gómez! No era necesario más para hacerme caer, sufriente de gozo. Cuba y

Susana. La patria y la novia. Los dos grandes amores de la vida.

Y caí en el sofá del vestíbulo. El agente se fue en busca del condueño y encargado del hotel, el villareño Florencio Elola. Vino éste, y mientras trataba con mi abuelo, corrió por toda la casa la noticia de haber llegado vapor de Cuba, y en él una nueva familia que hospedaríase allí. Calló el piano; sintióse el sordo tropel de gente que descendía presurosa por la escalera alfombrada, y en un santiamén se pobló el pasillo de entrada de parleros compatriotas que, con la consiguiente excesiva franqueza; nos dieron una cariñosa bienvenida, nos acosaron a preguntas y nos quitaron los pocos periódicos que traíamos de Cuba.

Las muchachas, contagiadas de la libertad femenina que se respira en el Norte, hablaban, nos miraban y se reían, con un desenfado picaresco y flirteador que me cohibía indignamente. De pronto una rubia lindísima, diabólica en la desenvoltura de sus movimientos y en su escasez de ropas interiores, se fijó en mi recio bastón, y empezó a escudriñarme detenida, piadosa, hirientemente, como si adivinase mi cojera.

El agente del hotel, con todo y lo pobrísimo de su aspecto, era un cubano de cuerpo entero; y así, mientras mi abuelo regateaba con Elola, mi madre preguntaba por las Rubio y mi abuela hacía recuerdos de Camagüey con Caridad Agüero, advirtió la actitud de la rubia y le dijo:

—Este joven es novio de la placereña.

—¿De Susana? ¡Ah! ¡Pues la voy a buscar! —y voló escaleras arriba, enseñándome las piernas hasta muy cerca de las rodillas.

En el comedor nos sirvieron un chocolate. En torno a la mesa sentáronse casi todos los huéspedes de la casa, a seguir con nosotros en el intercambio de noticias, hasta que aparecieron en la puerta la rubia simpatiquísima y la trigueña de mi alma.

Mi madre, mi abuela, mi abuelo, exclaman:

—¡Susana! ¡Muchacha! ¡Hola, buena moza!

Y hasta María de la O, que está azorada porque la han sentado a la mesa; me gana en el turno y besa y abraza a mi novia.

Llega mi momento; pero los dos, encendidas las mejillas, conmovidos profundamente, profundamente avergonzados, nos quedamos inertes, sin decirnos una palabra, y la rubia bienhechora, que parece no poder soportar la ternísima escena, nos dice autoritariamente:

—Vamos, muchachos. Que aquí no estamos en Cuba. Dense un abrazo y un beso.

—Sí, sí, que se abracen. ¡Que se besen! ¡Ja, ja! ¡A la americana!

Dicen todos; exceptuando, desde luego, a mi madre y a mis abuelos, quienes no protestan de la americanada por puro convencionalismo social.

Pero nosotros, ya ni nos miramos siquiera, tal es nuestra turbación.

Entonces la rubia, con inverosímil audacia, nos toma una mano a cada uno y sale a remolque con nosotros, exclamando al hacerlo:

—¡Ah, no! ¡Qué va! Ustedes vienen al salón, y allí, solos, se dan un beso y un abrazo.

—Eso sí; uno solo, ¿eh? —nos dice cuando ya vamos por el pasillo.

Nos deja en medio del «salón social», atónitos, hechos unos bobos..., y estuvimos en un solo abrazo mudo, hasta que la rubia, que desde el pasillo; y por el gran espejo del estrado, contemplaba el idílico cuadro; nos volvió a la realidad con un burlón:

—¡Eh, hijitos! Ya está bueno. Que hay espejos y no soy de palo.

Salimos a reunirnos en el pasillo con la rubia, y en él nos encontramos con Rosita y Mercedes que bajaban a saludarnos.

—¿Qué hay, muchacho? ¿Y los otros? —me dijo Rosita maternalmente.

—Bien. ¿Y ustedes? En el comedor. Están en el comedor.

Y Mercedes, que venía detrás, me dijo, fría y seca:

—Hola, Ignacio, ¿cómo sigues?

—Bien. Voy mejorando poco a poco —le respondí en el propio tono displicente.

Entramos en el comedor. Después del ruidoso saludo, se reanudó la conversación:

—¿Y qué me cuentan de don Justo? ¿En dónde está? —interrogó solícita mi madre.

—Justo —respondió Rosita—, pues..., como todos los emigrados: trabajando. Aquí no valen los títulos ni la buena letra ni el don de gentes, si no se sabe el inglés. Y así como hay abogados fregando platos, y médicos lavando botellas en las boticas, él está de lector en una tabaquería del «dan tan»...

—Del *downtown*, mamá —interrumpió abochornada Mercedes.

—Bueno, yo no sé inglés: de «abajo de la ciudad». Después de todo, no se puede quejar. Gracias que consiguió eso. Porque no se podía seguir sacando sin meter algo.

—Susana y yo cosemos para ciertas familias amigas —agregó Mercedes.

Y siguieron las preguntas y las noticias que todos los de la tertulia se prodigaban mutuamente. Supimos que *el Nene*, en un encuentro en que tomó parte, a las órdenes de Matagás, allá por Cienfuegos, había sido ascendido a teniente coronel; que don Serafín operaba con el grado de coronel por la región de Trinidad; que con don Serafín, y hecho todo un capitán ayudante, andaba Rafael; que Cañizo había pasado la fracasada Trocha de Júcaro a Morón, en busca de refugio, allá por las Sierras de Najasa, en donde estaba de médico de un hospital; que aquel autonomista José Inés Oña, con un grupo de temerarios, tenía en jaque a los españoles, a las mismas puertas de La Habana; que se suponía que Maceo estaba ya entrando en la famosa Vuelta Abajo, y que no obstante esta atroz conflagración de las seis provincias cubanas, Carlos Manuel Amézaga seguía tomando la mañana en Palacio cada día, y diciendo en corrillos y afirmando en la prensa que el país rechazaba la «revuelta», la cual era hija de las maquinaciones de un centenar de aventureros de la más baja estofa.

Susana, la joven rubia y yo, habíamos formado un grupito aparte. Oíamos lo que se hablaba en la charla general y sosteníamos nuestra conversación privadísima:

—Eres muy dichosón —me dijo la rubia, sonriente y campechana, como si fuéramos viejos amigos—. Tienes una novia que te quiere mucho, y que es muy simpática y «muy» lindísima. No se puede salir con ella a la calle ni a ninguna parte, porque hasta estos americanos pazguatos se la quieren comer con los ojos y a las que vamos con ella, ni nos miran a la cara.

—No será tanto —dije galante.

—¿Que no? —preguntó la coquetona.

—Bueno, hablemos de otra cosa —se apresuró a decir Susana, que estaba ruborizada.

—No, no hablemos de otra cosa —insistió la otra—. Sí, chico, aquí hay dos estudiantes que..., bueno, se les cae la baba.

Y agregó con ingenuidad de semivirgen:

—Pero, ella ¡qué va! Aferrada a su cojito.

Saltamos, Susana y yo:

—Él no es cojo siempre. Lo está ahora por una herida.

—Sí, porque me hirieron.

—¡Ah! ¿También vienes de la guerra? ¡Alabado! Una familia de patriotas: el coronel Rubio; el teniente coronel Valdés, alias *el Nene*; el capitán Darna, y tú..., ¿tú qué eras? ¿General?

—No, la herida se la dio...

—La herida me la dio..., uno que se fue para el monte..., el..., el..., mismo.

—Sí, el mismo día que se fue —me terminó la frase Susana.

—¡Valiente patriota!

Susana y yo cambiamos una mirada que podía traducirse por: ¡Que no la vaya a oír Mercedes, mi madre!

—Pues, chico, tú di que te hirieron en la guerra. Eso es lo que priva en esta casa: ser hijo, hermano, marido, viuda o cualquier cosa, de un jefe insurrecto... Por más que, no me acordaba, tú tienes un tío capitán, un casi suegro coronel y un casi cuñado Matagás, digo, que opera con Matagás, y que es un señor teniente coronel.

Por ventura un camarero avisaba que ya estaba listo nuestro alojamiento, y nos fuimos, acompañados de las Rubio, al deshacerse la tertulia, a ver las piezas que nos destinaban. Susana y yo íbamos detrás, diciéndonos el principio del mundo de cosas que teníamos que decirnos.

—Oye —le pregunté a mi novia—, ¿cómo se llama, y quién es, esa rubia tan..., tan alegre?

—¡Caramba! ¿Te ha interesado mucho?

—Hombre, me ha interesado por lo que..., qué sé yo qué es.

—Pues aquí tiene alborotados a todos los hombres. Se llama Teresa Carbó. Es matancera. Tiene aquí sus padres, unos cubanos ricos, y una hermanita, que también es candela, y que ahorita debe venir del colegio. No se sienten ni cubanos ni españoles; por un exceso de preocupación están fuera de Cuba. No hacen más que decir que ellos son imparciales, que lo mismo les da ganen unos que otros. Por supuesto, cuando dicen eso, aquí, entre tantos insurrectos, figúrate lo que son esos «imparciales». Aquí les dicen los «sesudos», y el otro día, al entrar los dos viejos del brazo en el salón, una hija del general Cabrera, que estaba en el piano, tocó la Marcha real.

—Está bueno el mote: ¡los sesudos!

—Sí, pero un tomeguín tiene más sesos que las dos hermanas juntas.

Habíamos llegado a nuestras habitaciones. Un saloncito de recibo, con su infaltable chimenea, y dos cuartos dormitorios. Todo alfombrado, empapelado, envidriado y ¡cerrado! Me lavé, me harté de periódicos revolucionarios, me desquité de la comida de a bordo con la comida criolla del hotel, y me di un atracón de idilio, con Susana, en el «salón social»..., hasta las doce de la noche.

Nuestro departamento estaba en el tercer piso, y en el segundo, exactamente debajo de las de nosotros, hallábanse las habitaciones de la familia Carbó.

La mañana después de nuestra llegada, entre siete y siete y media, descendía yo por la escalera, camino del desayuno y armado de viejos números de *El Porvenir*, que luego me proponía leer en el «salón social». Ya pasaba del segundo piso, cuando oí que se abría la puerta de «las Carbó» y que Teresa me llamaba:

—¡Ignacio!

Levanté y volví la cabeza, y a la luz de una lámpara de gas, que alumbraba aquel tramo de escalera y que, cabalmente, hallábase entre la que me llamaba y yo, la vi, sin peinar, con una vieja blusa, desmangada hasta los hombros, y con las sayas abiertas en campana, encima de mi cabeza, mostrándome el badajo delicioso que formaban, muy juntas, las dos piernas rubenescas, ceñidas por unas medias negras que a causa de mi situación veía yo desaparecer entre los vuelos blanquísimos del pantalón.

—¿Qué?

—Ven, que te voy a presentar a mi hermana.

Subí, mirando descaradamente para adentro de las sayas. Era un prurito que tenía yo entonces, y que he tenido siempre, de ser agresivo con las coquetas agresivas, que lo cogen a uno de títere de sus caprichos. Ella no se movió hasta que tuvo que darme paso para ganar el rellano en que estaba la puerta, a medio abrir, que daba a las habitaciones de la familia.

En ese momento salió la hermanita. Se pasaba la punta de la lengua por el polvo «cuajado» en las comisuras de los labios, y se componía con las dos manos los rizos no descompuestos de la nuca. Era como dos años más joven que Teresa (unos dieciséis), no tan rubia como ésta, «antillanamente» desarrollada, muy bonito el óvalo del rostro, blanco y aterciopelado, en el que contrastaban preciosísimos unos ojazos negros de quemante mirar. Como iba para el colegio, vestía un traje sastre carmelita y tocábase con una boina de terciopelo negro, de cuyo centro caía, inquieta y coquetona, una gruesa borla, del propio color. Todo esto lo vi a la primera ojeada, y con mi facilidad y prontitud para formar un juicio de los seres y las cosas, me dije: ¡Una pintura!

—Mira, Cuca, mi amigo Ignacio García; que es el novio de Susanita —dijo Teresa, agregando enseguida, y dirigiéndose a mí—. Mi hermana Catalina, pero le dirás Cuca, como le decimos todos.

Se entreabieron los labios, húmedo y rojizo estuche de dos sartas de perlas, en una sonrisa de muñeca:

—¡Mucho gusto, chico!

Y una mano chiquitina, suave y tibia, apretó mi diestra, que a su vez hizo presa durísima, como si interpretase mis pensamientos: ¡A fresco no hay quien me gane!

—¿Ibas a desayunarte? —me preguntó la mayor.

—Sí, y después a leer en el salón.

—¡Bravo! También yo pienso ir al salón, a coser, después del desayuno —me dijo la rubia—. Bajen ustedes; juntos si quieren, que en cuanto me peine y arregle, bajo a reunirme con los dos.

Y nos volvió la espalda casi desnuda, porque estaba desabotonada la blusa, y el camisón, además de ser muy bajo, era de los sostenidos por dos tirantes de entredós bordado.

Intenté coger del suculento mollero a Cuca, a la moda americana, para bajar de bracete con ella, pero se me escurrió hábil y previsora escaleras abajo, con lo que demostró que mi resbaladiza acometividad la asustaba, como algo a que ella, ni su hermana, estuvieran acostumbradas. Bajé detrás de ella, y detrás de ella entré en el comedor, que estaba desierto. Tocó ella el timbre, una, dos, tres veces, en demanda del dependiente, y contrario a lo que yo esperaba, se fue a sentar a una mesa, que no era precisamente la que yo ocupara mientras ella hacía sonar el timbre repetidas veces.

Al hacerlo, me dijo:

—No me siento con usted, porque puede venir Susana y no quiero que se desgane.

A lo que repliqué con simulada y mortificante displicencia:

—¡Psch! Como usted quiera.

Pero ¡ah, caramba! La nena se enojó o lo supo fingir muy bien, porque arrugó el ceño y, puso toda su atención en el *cocoa* y en el pan con mantequilla, que acabábale de traer un compatriota dependiente imberbe, ojeroso y color de paja seca.

Se fue éste en busca de mi desayuno. Yo aparentaba leer con gran interés uno de los números de *El Porvenir*, de los que tenía en la mano. Y, por despecho, dispuesta a vencerme, Cuca cruzó las piernas, masculina, americanamente; es decir, forzando la posición para que la de abajo quedara bien al descubierto, y dio en avizorarme con el rabillo del ojo.

Y yo, nada.

Ella suelta un suspiro ruidoso, deja, caer la cucharilla y golpea la mesa con el cuchillo, y yo lee que te lee, hasta que entra el mozo con el desayuno mío, y me entrego al *cocoa* y su complemento, con los cinco sentidos. Entonces empieza ella a mover llamativamente la pierna que tiene en lo alto, con lo que «se pone las botas» el dependiente, que agachado hace que limpia las patas de las mesas vecinas, pero no quita la vista de las piernas de Cuca.

En esto entra regia, hermosa y dominadora, la blonda Teresa.

—¿Cómo no se sentaron juntos? —pregunta.

—Porque..., podíasele indigestar el chocolate a Susana —se apresuró a replicar Cuca.

—Sí, por eso —ratifico archinaturalmente.

—Pues, entonces, chico, me aparto con todos mis honores —dijo la mayor, y se dirigió a la mesa ocupada por su hermanita.

El mozo tiene ahora inmóviles las manos, armadas de un paño, en las patas de una mesa lejana, y los ojos siempre clavados en la mesa debajo de la cual Cuca mece su pierna obsesionante. Por eso el joven no ha notado la entrada de Teresa, quien lo saca de su éxtasis contemplativo, diciéndole con cómica formalidad:

—Oiga, Pa.i.zo,... em... um... a.a... y... me el... yuno.

—¿Qué?

—Que no limpie más y me traiga el café; que vengo con mucho apetito —replica ella en voz alta y dicción clarísima; pero cambiando lo dicho entre dientes la primera vez, que solo Cuca ha oído con claridad, que yo medio he percibido y medio he adivinado, y que ha sido, burlona, intencionadamente.

—Oiga, Pajizo, límpiese la baba y váyase a traerme el desayuno.

Con un esfuerzo, no reí el chiste y mantuve mi dignísima actitud de hombre serio, abismado en la lectura de mi periódico. Salió el mozo. Cuchichearon las dos hermanas y Teresa repentinamente se puso tan seria como su hermana. A poco se completó el grupo de «los sesudos» con la llegada de los «viejos», corpachones, rojizos y papudos.

Al terminar, sin decir una palabra, me fui al salón. Éste, a hora tan temprana, estaba como el comedor: desierto. Me senté en una esquina, cerca de una ventana, y me hundí en la lectura.

Minutos después entró Teresa. Ocupó una silla frontera a la mía, cerca de la otra ventana del salón, y desenvolvió su paquete de costura. Como intentáralo Cuca, la hermana quiso vencer mi resistencia de hombre fuerte, inmune a las excitaciones de la coquetería. Para ello lo primero que hizo fue desarrollar y desplegar ante mi vista, forzadamente entretenida, un pantalón muy blanco, con más encajes que tela; simuló probárselo por encima de la ropa y después se puso a entretejerle los vuelillos con una estrecha cinta rosada.

Pero yo, como el tartamudo del cuento, «allao». Cuando terminó de encintar el pantalón, cruzó las piernas, introdujo una mano por entre las faldas y se quitó una liga rosa, de amplia circunferencia y enorme moña del mismo color, y aparentó tomar la medida para unas nuevas, que traía en el bulto de la costura.

Gozaba yo el espectáculo por los cristales de la ventana, que hacían de espejo, y continuaba más quieto y serio que la Estatua de la Libertad.

Entonces ella extendió, midiéndose con él lo ancho del macizo busto, un camisón con grandes franjas de encajes, que era capaz de desbocarle la imaginación al más inconmovible de los santos; pero como yo seguí tan inexpugnable como los Dardanelos, desesperada acudió a un recurso supremo: el de hablarme.

Sacó entonces una camiseta de señora, de punto crema, y me interrogó:

—*Oiga*, Ignacio, ¿usted se casaría con una mujer que usara esto?

Y me enseñó, sujeta por los hombros, bien extendida, la camiseta, en la cual resaltaban las dos bolsas que, para colocar los pechos, tienen esas piezas interiores de señoras.

—No, porque esa camiseta supone un pantalón también de punto y yo..., ¿mujer con pantalón? ¡Qué va!

—¿Ni con unos como éste? —y me mostró los acabados de encintar, que yo miré con bien fingida sorpresa, como si antes no los hubiera advertido, diciéndole a la vez, y siempre atrevidísimo:

—¡Ah! ¡Con unos así, ya lo creo! Sobre todo si hay con qué rellenarlos bien.

—Pues, mira, digo, mire: Susana... —hizo como que se arrepentía de la frase empezada, y con una sonrisa maliciosa siguió así—, Susana cuando se case tendrá que usarlos así; desde luego, si todavía viven ustedes en este país.

—No, no viviremos... Pero ¿y eso qué es? ¿Camiseta con bolsillos? —pregunté haciéndome el azorado y apuntando con el índice recto a las bolsas de marras.

Aquí se turbó ella, y empezó a batirse en retirada, pero disparándome todo el veneno de su despecho:

—¡Caramba! ¡Qué cosas se le ocurren a usted! Cosas de..., ¿qué sé yo?..., de falto de roce, de trato con señoritas. Americanícese, hijo. ¡Civilícese!

—No se alarme, Teresa, que yo tengo mi alma en mi almario. Y, además, no soy ningún bobo, y si usted no quiere...

Ya iba yo a tirar de la manta, a decir cuatro verdades, llevado del sentimiento de exaltada dignidad que tan bruscos cambios operaba en mi, ser, y que afortunadamente siempre ha sido rasgo individual de mi carácter (de hombre de orden, enemigo de riñas y peloteras, en hombre capaz de desbaratar un mitin sonado; del Ignacio que cien veces pasara por cobarde ante *el Nene*, en hombre suficiente para desafiarme con el guaposo, en una noche oscura, en pleno campo desolado; del novio incapaz de estrechar la mano a su novia delante de la gente, después de cuatro meses de ausencia, en el pequeño burlador de los artificios de aquellas ingenuas cerebrales capaces de darle punto y raya a la *miss* más inocentona y puritana de cualquiera romería campestre, o de cualquier excursión «longbranchesca»), cuando sintióse en la escalera rumor de pasos, y enseguida la voz de Susana que decía:

—Ya lo creo. Es buena hora para desayunarnos.

Dejé a Teresa, encendida de rabia, y me fui al pasillo. Venían a desayunarse todas «las Rubio», y toda mi familia con el apéndice de María de la O.

—Buenos días a todos. ¡Hola, don Justo! —exclamé.

—Hola, muchacho. No te encuentras tan pálido, como dicen todos que estás.

En esta coyuntura, Teresa, risueña, ingeniosa, plena de ira, vengativa, gritó desde el salón:

—¿Cómo va a estar pálido? ¿No ve usted que estaba a solas conmigo, haciéndome el amor?

—¡Qué muchacha! —exclamó Rosita, consentidora y sonriente.

Mi abuelo dijo a media voz:

—Creo que ésta ha cogido la libertad americana con raíces y todo.

—Es muy simpática —dijo Mercedes.

—¡Muy simpática! ¡Graciosísima! —agregó, mordiéndose el labio inferior, don Justo.

—Muy... alegre —metió con cierto retintín mi madre.

—Muy pesada: Me cae como una bala —terminó, con inocultable furor, Susana.

Y como ya llegábamos al comedor, allí los dejé a todos, y en vez de regresar al salón, me fui con mis periódicos al *hall* de entrada, al sofá en que me dejé caer el día anterior, en el momento de la llegada.

Pocos minutos después, Susana se me acercaba. Enseguida que la vi, pensé que no era posible que en tan poco tiempo se hubiera desayunado. Muy seria venía.

Al llegar a mi lado me dijo:

—Oye: te advierto que no estoy dispuesta a un papel flojo con esa cargante de Teresa.

—Adiós, ¿y a qué viene eso?

—Pues, a casi nada. Los dos muy temprano, muy solitos en el salón. Y, según ella, estabas enamorándola. ¡Y eso que acabas de llegar!

—Es que te juro, chica, que...

—Bueno, ahora no puedo quedarme a oírte: Luego hablaremos. Pero no pretendas hacerme boba.

Dio media vuelta dirigiéndose a la escalera, que arrancaba, del pasillo entre el *hall* y el salón. Y, al mirarla advertí un ojo grande y brillante que atisbaba por la rendija que formaban el marco de la puerta del salón y la orilla de la bandera cortina. Era Teresa, que incurría en la chocante inurbanidad de acecharnos.

Aquella noche el «salón social» presentaba, detalles de más o de menos, el mismo cuadro que la noche anterior y, presumiblemente, que todas las posteriores: un sofá de cojines, rodeado de sillas no menos acojinadas según la moda de los países fríos, eran centro de una tertulia de cinco muchachones y ellas dos, Teresa y Cuca, con sus blusas de mangas y escotes operescos, sus faldas cortísimas, sus piernas cruzadas a lo yanqui y sus «ingenuidades» y «descuidos» de sonsacadoras innatas. Frente a este estadio de *flirt*, tecleaba en el piano, para que únicamente lo oyera el joven melenudo y empolvado que románticamente doblaba las hojas de la música, una primaveral y hermosa señora, cuyo marido, cincuentón y bisojo, en una esquina, debajo de una luz y sobre un tablero cuadriculado, se empeñaba en darle mate a un joven y bien plantado farmacéutico que no soltaba nunca su severa y correcta levita negra, y que, enamorado de un modo frenético de Mercedes, aguantábale la lata al viejo ajedrecista para no mezclarse con muchachas, y así, puro y honesto, esperar a mi «cuñada» cada noche, invariable e inútilmente. Inútilmente, porque ella, muy orgullosa y muy nostálgica de su teniente coronel, le guardaba toda suerte de consideraciones; y por ello, y porque su padre estaba corriendo los peligros de la guerra, no bajaba nunca a la velada ni iba a ninguna reunión o fiesta, ni casi ocupábase del apropiado arreglo de su linda persona. La mamá de Teresa y Cuca oía el palique de la señora de la casa, y de otras señoras que por no tener esposo ni hijo en la Revolución, tenían humor para formar corro, oír el piano y cuidar a las niñas, propias o ajenas: Dos señoritas quinceñas, que estudiaban por el *Ollendorf* («¿Tiene usted la camisa de mi padre? No, pero tengo la albarda del burro de su hijo»), y, en la esquina de una de las ventanas, en un mimbroso *vis a vis*, Susana y yo, contrario a lo que estábamos acostumbrados en Cuba, nos enojábamos y reconciliábamos tres o cuatro veces por semana, a causa de las barrabasadas de Teresa, cada día más coqueta, más encaprichada conmigo; con un capricho de esos que, con frecuencia, se tornan en un raro amor, y que era la natural consecuencia de la desdeñosa invulnerabilidad de mi carácter intorcible ante los artificios, que embobecían y arrastraban a cuantos hombres caían en el radio de influencia de la muy perversa.

    Y fueron discurriendo los días. La igualdad ante el destino, la pluralidad de dolores y esperanzas, y, más que otra cosa, el poder de la campechanería criolla, pronto nos convirtió en íntimos de todos los huéspedes de la casa. En grupos hojeábamos revistas y periódicos revolucionarios y diarios de La

Habana. Las cartas familiares, que podían traer noticias de la Revolución o de los afectos ausentes, circulaban de mano en mano sin reservas de ninguna clase. Todos allí formábamos parte de comisiones de auxilio y laborantismo, y todos manteníamos ardiente, día y noche, en la mesa y en el salón, la azulada llama del ideal querido, mientras afuera la blanca mortaja de la nieve, el cielo gris y el filo del helado viento invernal, nos hacían más dolorosa la nostalgia de la patria.

Y más pasa al transcurrir de los días: mi cojera ya casi no lo es. A las tres semanas de New York, el bastón, inseparable compañero desde el día en que *el Nene* se fue al campo rebelde, había quedado definitivamente inútil allá por detrás de un armario de mi cuarto, y por tal razón ya me ilusionaba yo con la idea de ser admitido prontamente para una escapada en el *Dauntless* o en el *Three Friends*, los dos vaporcitos históricos de las temerarias expediciones. Con el huésped que más intimé fue con el farmacéutico que se bebía los vientos por Mercedes; porque, no obstante su académico empaque, tenía él muchos puntos de contacto conmigo; tenía una biblioteca en la cabeza; soñaba con ser expedicionario, y, aunque no presumía de guapo, era muy enérgico para no dejarse tomar el pelo por los compatriotas pendencieros y mujeriegos que tanto abundaban en la colonia cubana de New York, y con los cuales, al igual que yo, él hacía muy pocas migas. Mi abuela y mi madre escribían largas cartas para mandárselas a Rafael por conducto de la Junta, y cuando no hacían eso, hablaban interminables horas con *las Rubio* acerca de don Serafín, del Nene, de la invasión, del tema inevitable de tantos ilusos, generosos y sublimes: la independencia de Cuba. Mi abuelo, en sociedad con un mulato emigrado desde la Guerra Grande, y que juraba no volver nunca a Cuba española, puso un estaquillo y un «chinchalito» a la salida del puente de Brooklyn, por la parte de New York. Yo aprendía, hambrientamente, el inglés, para el cual tenía pasmosa facilidad. Cuando no había nieve, y una ilusión de Sol nos entusiasmaba, salíamos del hotel, siempre cerrado, siempre apestoso a gas del carbón de piedra que consumían las viejas y anticuadas chimeneas de aquellos tiempos, y nos íbamos al vecino *Central Park*, Susana, mi madre y yo, a ver las fieras del Jardín Zoológico, y a gozar, mi cubana y yo, de unos inolvidables y virgilianos idilios a la sombra cariñosa y protectora de los ojos de mi madre.

II

Al finalizar abril, mi herida era ya una cicatriz perfecta y definitiva, mi cojera un recuerdo, y mis colores, peso y estatura, los más subidos que tuviera hasta entonces.

Natural que me pareciera llegada la hora de presentarme en *56 New Street*, a reclamar mi puesto en un grupo expedicionario, y una mañana de alto y límpido cielo azul, de Sol verdadero, de aroma en los jardines y de intensos y múltiples matices del verde en los parques, una mañana de esa encantadora primavera que tienen los países en los cuales las cuatro estaciones del año se presentan extremosas; una mañana en que, por lo dicho, no era preciso salir a la calle con cien libras de lana, goma, y pieles; mañana placereña, en fin, me encaramé en el Elevado de la Tercera Avenida y fui a inscribirme en el registro de los candidatos a «filibusteros». Se sobrentiende que, para ocultarle a mi gente lo verdadero, necesité un pretexto, y que ninguno me pareció mejor que el que presenté a mi madre: un paseo por el cercano *Central Park*, que —y es casi redundante decirlo— hallábase ya en plena resurrección primaveral.

Muy entusiasmado iba yo con la idea de que el grave paso que daba aquella mañana me permitiría estrechar la mano de don Tomás, el ídolo de los emigrados revolucionarios, creído de que con él y sus grandes colaboradores tendría yo que entenderme para mi empresa. Por ello sufrí una decepción cuando unos compatriotas que encontré en un cafecito que había a la entrada, en el *basement* del 56, me dijeron que, para esa cosa «secundaria» de inscribirse uno como expedicionario, bastaba con ver a un médico viejito, que era el encargado del registro.

—¿Usted hace poco que esta aquí, no? —inquirió mi último informante, un cetrino y depauperado tabaquero cesante, que acabábame de aceptar una convidada a café con leche, o mejor: leche con café, porque en aquel «cafecito» la mezcla era a la criolla, con media docena de *coffee rolls*.

—Sí, poco.

—¿Y usted es del campo?

—¿Del campo? No. De Matanzas —mentí por no decir que era de Placeres.

—Bueno, eso es, de Matanzas, del campo. ¿Sabe? Quiero decir que no es de La Habana, y por eso desconoce lo que son las grandes ciudades, los grandes hombres, los grandes asuntos, los...

No se le ocurrió ninguna otra cosa grande. Entretanto, yo lo miraba entre medio corrido y medio amoscado de vergüenza; pero él, sin advertirlo, seguía con la velocidad adquirida:

—Los pobres no vemos a don Tomás, ni a Yero, ni a don Benjamín, nada más que en los *meetings* (pronunciación deslumbradora) o cuando salen y entran a la hora de oficina; porque ellos tienen muchas cosas en la cabeza, y solo tratan de lo gordo con los generales, con banqueros, con personajes americanos, y para esa insignificancia de apuntarse uno para ir a la guerra tienen ahí a un médico viejito, de La Habana.

—¿De modo que usted cree que eso es una insignificancia?

—Claro. En la manigua sobran hombres, que precisamente lo que necesitan es rifles y parque. Así es que... gente, solo para conducirlas, descargarlas y defenderlas en caso de necesidad. Con cuarenta o cincuenta hombres en cada expedición, pues... listo. ¡Y como que habemos apuntados creo que mil, figúrese! Y, después de echarme una ojeada, para ver el efecto que me causaba la noticia, continuó con su verbosidad tropical, irrestañable:

—Luego, no quieren más que hombres fuertes, que en caso de apuro puedan correr con media docena de fusiles en la espalda, y aquí ¿emigrados fuertes? Nada más que los que tienen algo; porque los que no sabemos inglés, ni tenemos parientes ricos, pues ya tú ves: ando ahora, que tenemos bastante calor, con este traje de invierno, que parece una frazada, sudando la calentura; y fíjate en los zapatones, y hoy no tengo esperanza de tomar otro alimento que ese que has visto, con algún otro que pesque allá a las dos, que es la hora en que esto se llena de cubanos. Colocarse uno en hoteles y casas de huéspedes, cubanos, es muy difícil. Hay veinte aspirantes para cada puesto de fregador de platos, con 3 pesos a la semana, y la mar de exigencias y patochadas de algunos paisanos ricos, que siempre están hablando del pueblo, de patriotismo, de democracia, y a los compatriotas pobres nos sacan el quilo cuanto pueden. Por eso yo no salgo de aquí casi, dándole la cantaleta a los generales y a cuantos se van para Cuba para que me lleven a rifarme el cuerpo a la manigua..., a ver si con la libertad cambian las cosas. Porque yo me acuerdo bien de lo que dijo Martí, ¿no sabes qué?

—Hombre..., tantas cosas dijo, que a la verdad...

—Pues dijo que la Revolución no habrá terminado mientras haya una injusticia que combatir.

E iba a continuar, y ya recomenzaba: «Por eso tenemos que ir todos, y no sé por qué no fletan un barco grande, para que quepamos todos. A ver si acabamos con los privilegios y los abusos y...», cuando uno de los que había hablado antes conmigo, y que ahora leía el *Yara* de Cayo Hueso, en una mesita del café, me dijo:

—Mire, joven, ese viejito que va ahí, es el que usted tiene que ver.

Volví la cara y vi un vejete, imberbe a punta de navaja, derechito y airoso, que despachaba escalones y más escalones, con brío y rapidez de gente moza.

Me puse de pie, di las gracias al lector del *Yara*, estreché la mano de mi compañero de mesa, poniendo antes en la palma de la mía mi único duro de aquellos momentos, y le dije a guisa de despedida:

—Coja eso para que coma hoy, y ojalá que nos toque ir juntos a Cuba.

Enseguida, desentendiéndome de las efusivas gracias del joven emigrado, seguí detrás del viejo. En el segundo piso, separada del resto de las dependencias de la Delegación, estaba la oficina de los asuntos «secundarios» e «insignificantes».

Como no había nadie más esperando, el viejo me hizo entrar, y después de un interrogatorio de confesonario, aunque afable, sincero campechanote; interrogatorio para saber cuál era mi pueblo; quién mi padre, dónde estaba mi familia entonces, dónde yo vivía, y catorce «etcéteras» más, me preguntó mi nombre completo, lo anotó al final de una nómina inmensa, que ocupaba la mitad de las páginas de un enorme libro de escritorio, y me dijo «insignificantemente»:

—Bueno, ya está. Ha cumplido usted con la patria.

—Sí, pero ese cumplimiento no me satisface. No me basta con apuntarme; quiero ir a Cuba.

—Bien, e irá usted cuando le llegue el turno.

—¡Huy! Eso va para largo.

—¿Y qué quiere usted que le hagamos? En primer lugar tenemos que andar con pies de plomo con los que se vienen a inscribir; porque la gente del Consulado Español nos persigue mucho, para meternos esbirros y traidores en las expediciones, y para denunciarlas en el momento de la salida...

—Oiga usted, que yo soy muy, pero *muyyyy* cubano y muy patriota.

—No, si no dudo de *ti*; bien se te ve que eres cubano, y aquí a ninguno que se ve que es cubano se le ofende con dudas ni con nada.

—Pero...

—Oye, oye, es que somos conspiradores, y por eso a nadie se le da seguridad de embarque, ni fecha, ni lugar de salida. Pero, ¡hombre!, si tú mismo eres un conspirador. ¿Tú no haces por ahí lo que puedes por Cuba?

—Claro.

—¡Ya ves! —continuó pasteleador el viejo—. Además, en la Revolución lo que más se necesita son armas y municiones. Para llevarlas y defenderlas se necesitan pocos hombres, y preferimos para eso a los veteranos de la Guerra Grande, que conocen la manigua y saben organizar y mandar gente. También son útiles los hombres hechos y derechos, fuertes, acostumbrados al campo, y médicos, enfermeros, profesionales, en fin. Para manejar el machete y el fusil, no falta gente en Cuba.

—¿Profesionales? —interrogué con un entusiasmo inexplicable.

—Sí. ¿Lo eres tú?

—No; pero... iba yo a decir: «Pudiera serlo».

—Porque si lo fueras, y con ese cuerpo y esa juventud, podría ser que te embarcaras pronto... Aunque, ya irás, ya irás; que aún queda mucho hueso por roer.

Y poniéndome una mano en el hombro, insinuando que era la hora de despedirnos, el vejete, que manaba simpatía por todos los poros, me dijo:

—No se aflija usted, hombre..., a esperar e ir haciendo lo que se pueda por acá.

—Bueno, de todos modos, muchas gracias. Servidor de usted —y le alargué la diestra.

—Adiós, pollo.

En la escalera me crucé con dos señores muy empaquetados, que hablaban en «cubano». El «cafecito» estaba ya más concurrido. A través de la puerta de cristales, el joven tabaquero me vio bajar y salió a mi encuentro:

—¿Ya estás apuntado, no? Ahora a esperar el día de San Blando. ¡Sí que tiene gracia! ¡Suplicar para que lo lleven a uno a la guerra!

—Para eso somos cubanos. Para soportar todas las penas y sacrificios que se necesite.

Cortado por mi réplica, salió del paso dándome la mano, y diciéndome:

—Bueno, le repito las gracias. Fernando Valdés Domínguez, servidor.

—¡Caramba! Casi se llama usted Fermín Valdés Domínguez.

—Pues, mire, ni pariente.

—Pero siempre es un apellido de empuje. Vaya, adiós.

—Hasta otro día.

Y me encaminé por las torcidas calles del *Downtown* rumbo a la más cercana estación del Elevado.

Serpenteó el tren por la pina, humosa y maloliente *Pearl Street*, en busca del menos tortuoso *Bowery* y de la recta Tercera Avenida. Las ventanas de las casas, que habían permanecido cerradas durante el invierno, tenían levantados los cristales y abiertas de par en par las hojas, como si sus habitantes halláranse con sed de Sol y aire. En los pisos que estaban al nivel del Elevado, veíase cuanto ocurría en el interior de ellos, tal como ocurre en la generalidad de nuestras casas cubanas. Por las aceras, debajo de nosotros, hormigueaba una humanidad optimista, diligente, animada por el soplo primaveral. En cada estación del itinerario, entraba y salía mucho elemento femenino, con vestidos transparentes, cortos de cuello, falda y mangas, que, en mayoría trastornadora, dejaban al descubierto escotes apetitosos, antebrazos blanquísimos y asomo de carnudas pantorrillas.

En la calle *Canal*, el vagón en que yo iba, que era uno de los delanteros, quedó sin un asiento vacío, por la avalancha de pasajeros que allí subió al tren. Me tocó en suerte, para vecina en el asiento, una real muchachona, con traje y sombrero rosados, judía o cubana por lo garbosa, por el color blanco mate y por los ojazos negros, taladrantes y voluptuosos. A los dos minutos de tan deliciosa vecindad, empecé a ojear, por ráfagas, como al descuido, el enhiesto, casi desnudo y bien curvado busto, y con ese contacto fluídico, el roce de la tela de su manga con la de mi saco y el influjo del cálido ambiente abrileño, pronto sentí la necesidad de esponjarme en el asiento, en busca de mayor contacto y de un roce con algo más sólido que aquella manga ligerísima.

Por goce de coqueta, o por debilidades de la arcilla humana, o por una mezcla de las dos cosas a la vez, la muchacha se dejaba, y ya iba yo bien pegadito, electrizado y electrizante, en un erótico delirio de opio, dispuesto a pasar de largo por el hotel Habana y seguir con la muchacha hasta el término de su viaje, solo por la apretura (¡veinte años, qué caramba!) cuando el conductor, un napolitano uniformado que iba en la plataforma soltó uno de sus maquinales avisos, en inglés deteriorado y tronador:

—¡*Teri fóar estrit!*

Siéntese, enseguida, el roce del freno en las ruedas del tren. La muchacha (¡mala señal!) se arregla el sombrero, empuña el pañuelito y el imprescindible *pocket book* y se pone de pie, de espaldas y delante de mí, para dar paso a otros que se bajan en esta estación, y para acabar de embobarme mostrándome el espléndido reverso de la medalla. Luego se aleja despiadada en dirección de la plataforma, y se pierde en el abejeo del trafagoso andén.

Saco la cabeza por la ventanilla, pero el esfuerzo es inútil, porque no puedo ver más a la hermosa desconocida.

Ya me resigno melancólico al lado de una característica nariz judaica, cuando —¡oh sorpresa, no del todo inoportuna!— veo delante de mí a Teresa Carbó. Risueña, blanquísima, aniñada por una elegante pamela de grandes lazos crema y vestida con ligero y floreado vestido de colores claros. ¡Está lindísima!

—Chico, como vas en este carro, que es de los primeros, te vi cuando pasaste por el andén, con la cabeza fuera de la ventanilla. ¿A quién buscabas? Yo cogí este carro para ir juntos. Digo, si quieres.

—¡Que si quiero! Mira, siéntate.

Y me pongo de pie, porque aunque al narizotas y a mí nos separaba como una cuarta de asiento, es una ofensa suponer que las espléndidas caderas de Teresa puedan caber allí.

—Sí, yo me siento —y aprovechando la ventaja de que hablamos en español, agrega—: empujo luego a este gigante coloradote que está a mi lado, y te hago un lugarcito.

Efectivamente, la cuarta que me separaba del judío, se convierte en unas doce pulgadas de asiento, y ante las vehementes instancias de ella, acabo por aceptar «ya que ella se empeña», y me embuto entre la escualidez angulosa del sórdido judío y la rotunda opulencia de la cubana, fresca y perfumada.

¡Y eso en los momentos en que me deja con la miel en los labios la muchachona del sombrero y el vestido rosa! ¡Qué momento! ¡Era preciso ser un moralista, o cualquier otro bicho raro, para resistir impávido, por consideraciones a la novia o por concesiones al amor propio, aquella tentadora confabulación de circunstancias propiciadoras!

—¿De dónde vienes? —me pregunta ella, iluminando su rostro con una sonrisa plena de prestigio.

—De la Delegación, ¿y tú?

—Del hotel Bernal, que tú sabes que está en la calle 30. Vine a coger el Elevado en la 34, para llegar a la hora de almuerzo al hotel nuestro.

Gozando con el contacto, y acomodándome lo mejor posible para sentirlo desde el hombro hasta la rodilla, me quedo sin decir nada. Por lo que ella, volviéndose hacia mí, hasta ponerme la dureza de un pecho sobre mi brazo, me pregunta, con nueva sonrisa de una más intensa fascinación:

—¿Por qué yo te caigo tan antipática, eh?

—¿Tú? ¿Y quién te ha dicho tal cosa?

—¡Huy, chico! Eso no se tiene que decir. Eso se ve.

—Pues, te equivocas medio a medio. Me caes muy simpática, y..., ¿quieres, que te lo diga ahora? Me gustas mucho.

Y no miento: «ahora» me gusta mucho. ¡Este muslo! ¡Esta caderaza! ¡Este brazote! ¡Y cómo me oprimen, mi madre! ¿A quién no le «gustarían»? Como que yo lanzaría la idea de pasar de largo por el hotel. Pudiera ser que lo aceptase. Pero, no, no se lo propongo. Porque ¿quién me dice a mí que lo que ella quiere no es cobrármela, hacerse luego la ofendida y darme una lección? Por más que todo su semblante refleja emoción, sinceridad. Puede ser que a fuerza de jugar con fuego, se haya quemado, y su perversidad se haya convertido en amor ante mi actitud, roqueña y dignísima, de muchacho formal, inmune a ofensivos artificios coqueteriles.

—¡*Fori sequen!* ¡*Chenche for di gran céntral dipo!* —vocifera, en su inglés macarrónico, el conductor de nuestro carro.

Se siente otra vez el roce del freno en las ruedas, en una parada violenta que lanza mi cuerpo rudamente sobre el de mi compañera. Se ponen de pie los que han de bajar en aquella estación, y al fin Teresa deja su mutismo y me saca del mío, con un suspiro y esta exclamación disparada casi en secreto:

—¡Y todavía niegas tú que te caigo muy pesada!

—¿Y cómo no quieres que niegue lo que no es cierto?

—Pero, si ni por galantería me dices una palabra. Te has quedado mudo.

Audaz la miro en los ojos, con no fingido entusiasmo, y le digo mimoso:

—¿Y tú, ingrata? ¿Qué me reclamas, cuando tú también vienes hecha una estatua?

—¿Yo?

—Sí.

Y nuestros ojos mutuamente se contemplan, con fijeza hipnótica, y nuestros cuerpos permanecen juntos; no obstante que el tren ha partido esta vez con poco pasaje, por lo que ha cesado todo motivo de apretadura. Hablamos en voz baja, como dos novios, bebiéndonos el aliento, con una desaprensión que divierte a los flemáticos viajeros, menos a los que se atracan de periódicos sandios y *magazines* tartarinescos.

Lo cuento mal, porque no hablábamos. Hablaba ella, en tanto que yo me dedicaba a oír..., y a pegarme. Pudiera ser que a mí ella no me cayera bien, por la fama que tenía la familia, de indiferente con la Revolución. Pero eso, allá sus padres, que tenían intereses en Cuba y por miedo a represalias de los españoles querían permanecer visiblemente neutrales. Ni ella ni Cuca pensaban de ese modo; aunque se las viera que, por broma, por buscarles la boca a los del hotel, algunas veces tiraban sus pullitas antipatrióticas. Pero ¿acaso no era ella cubana? ¿Por qué causa iba a sentir simpatías, si no era por la de Cuba? La prueba era que ahora venía del hotel Bernal de entrevistarse con una muchacha Govín, amiga suya, para tratar de una comisión que les diera Caridad Agüero, de vender unas papeletas de rifa para ayudar a los gastos de un mitin y velada que se iba a dar en el *Carnegie Hall*, para celebrar el triunfo de la invasión y leer y comentar el decreto en que don Valeriano Weyler y Nicolau, marqués de Tenerife y otros andariveles, ordenaba la famosa Reconcentración, y...

—¡*Fori éit!* —gritó el vozarrón.

...Y, si no era por eso del patriotismo, ¿por qué era entonces? Porque ella no era tan loca como lo parecía. Si lo fuese, haría cosas de veras censurables; porque ya había visto yo la libertad de que disfrutaban ellas. Además, sus padres miraban por los ojos de sus dos hijas: con que...

—¡*Fifti zóoird!*

...Conque, por eso no podría ser. Sobre todo que ella... Y se pone a punto de hacerme una irreflexiva y comprometedora declaración en toda regla; tales son la lealtad y el entusiasmo con que se expresa. Pero se contiene y espera a que yo hable, como si quisiera empujarme a que sea yo el de la declaración, para gozarla, o para darse el placer de la venganza con la «parada» cuya posibilidad me acordaba inevitablemente. Por ello, me limito a decir, siempre apretando mi cuerpo contra el suyo y mirándola voluptuoso a los ojos, que ella tiene adormilados, empequeñecidos de pasión:

—Nada de lo que dices es así.
—¡Cómo no, chico!
—Que no.
—Que sí.
—¡Eso era lo que yo necesitaba: el sí! Me has dicho que sí, que me quieres —y me rebullo en el asiento, haciéndome muy alegre, para latiguear sus nervios con un más recio estrujar de nuestros cuerpos. Por supuesto el resto del pasaje, el resto del mundo, nos tiene sin cuidado.

—No te he dicho tal cosa.
—Que sí.
—Que no.
—Bueno, ¿para qué necesitas que yo te diga que te quiero? Vamos a ver.

Los momentos son preciosos, porque estamos llegando a la 59, término de nuestro viaje. La plaza ofrece facilidades, y yo, influido por el maleficio de la carne, tercer enemigo del alma, sin saber lo que hago, arrecio el sitio con un arranque de audacia:

—Porque yo te amo y..., te deseo.
—¡Si te hubieras quedado en el «te amo», chico!

Sin ser un comediante, ni mucho menos, en aquel minuto ruego, explico, prometo, desbarro, gesticulando con patética, con cubanísima vehemencia. A ella le tiemblan los labios resecos y anhelantes. Está pendiente de los míos, y me mira cada vez más obsedida y obsesionante. No nos acordamos para nada de los otros viajeros, bíblicos y puritanos, que deben estar asombrados, escandalizados, a punto de acudir al conductor para que nos llame al orden..., moral y social. Pero el conductor, por fortuna...

—¡*Fifti nain!*

Se le va a ella un suspiro, y esta exclamación muy significativa:

—¡Qué corto me ha parecido el viaje!

—¿Vamos a seguir hasta donde vaya el tren? —arriesgo atrevidísimamente.

—¡No, chico! ¡Qué va! Es muy tarde.

Nos ponemos en fila con el pasaje que se baja en la 59. Pasamos por el andén como dos recién casados, o como dos novios yanquis; es decir, muy juntos y asido yo al redondo brazo de ella. Entonces notamos que algunos pasajeros y pasajeras, asomados a las ventanillas del carro en que veníamos, nos miran maliciosos y sonrientes, mientras el tren va reanudando la marcha.

Bajamos, y sin desprenderme un segundo del brazo delicioso, tomamos por la Tercera Avenida. Hablamos de procurar vernos en una de las comisiones de Caridad Agüero. Doblamos por la 57, y al desembocar, siempre del bracete a la americana, nos encontramos a boca de jarro con Susana, Cuca, mi amigo el farmacéutico y mi madre, que aprovechan el espléndido día para darse un atracón de claridad y de aire libre, sentados en la escalinata del hotel, en espera de la hora del almuerzo.

Todos nos hemos visto a la vez. Siento una oleada de calor que me sube al rostro, me brota por las mejillas y me enturbia la vista. Yerto se me cae el brazo que colgaba del de Teresa, y ésta, que no ha dicho una sola palabra, que a su vez se ha inmutado, no sin advertir el mal efecto que me causa la sorpresa turbadora exclama en voz baja, con acento de dolor y rabia, como en una confesión que se le escapa sincerísima:

—¡Ella puede más que yo!

Y altiva, desdeñosa, se aleja delante de mí. La sigo con mi turbación progresiva, sintiendo que se me doblan las piernas delatándome y acusándome visible e inevitablemente. Ella pasa de largo por la escalera; suelta una especie de «Jum», que el grupo interpreta por un «Buenos días», y entra en el hotel. La sigue Cuca, y cuando yo, a media escalinata, levanto la cara palidísima y saludo, mi madre y el farmacéutico saludan abiertamente, mientras Susana apenas entreabre los labios y, a su vez, rezonga otro «Jum», por demás elocuente.

—Entendí que ibas al parque cuando saliste —me dijo inquisitiva mi madre.

—Fui un rato al parque, y luego decidí bajar a pie por la Quinta Avenida hasta la calle 14.

Aquí mi amigo, conciliador, bondadoso, dice:

—Es claro. Y al venir en el Elevado te encontraste con Teresa, quien seguramente subió en la 34. Porque dijo al salir, me parece, que iba al hotel Bernal.

—¡Ajá! Exactamente —replico yo farfullando la necesaria explicación—. Yo subía para almorzar, y subí al Elevado, y como ella también subía para el hotel, y subió en el mismo carro y...

—Y vinieron los dos subidos —termina el farmacéutico, haciendo un chiste malo a costa mía.

Mi madre fuerza una sonrisa. Todos instintivamente exploramos el rostro de Susana, quien permanece muy seria, y cuando advierte nuestra curiosidad, nuestro deseo de hacerla salir de su mutismo, ruborizada; los ojos empañados por un amago de llanto, pero muy erguida, dignísima, se pone de pie, empuja la puerta y desaparece por el *hall* de entrada, sin decir una palabra.

—Ya tienen ustedes berrinche para algunos días —dice mi amigo, dirigiéndose a mí y refiriéndose al enojo de Susana.

—A ella le sobra razón —salta mi madre—. No solo para un berrinche; hasta para no mirarle más la cara a éste.

—No sé por qué. Lo que me ha pasado no tiene nada de particular y le puede suceder a cualquiera. Viene uno en el tren, sube una joven compatriota, amiga, que es compañera de hotel; no hay asiento desocupado y, naturalmente, se le cede el que uno tiene; se entabla conversación, y luego, como es costumbre aquí, y como no tiene nada de malo, la acompaña uno por la calle. ¿Ha pasado algo más?

—¡Hombre, pero siquiera al llegar a la esquina debieron zafarse del brazo!

—¿Y por qué? Ella y tú lo que tienen es que todavía no se han dado cuenta de que ya no estamos en un pueblo de campo cubano. ¿Qué tiene lo del brazo?

—No, nada. Para ti..., y para ella, sobre todo, no tiene nada.

—Y que ella es terrible —para echar un capote, como dicen en España, entremete el farmacéutico.

—Sí —se apresura a decir mi madre—, pero éste ya tiene edad para pensar con su cabeza. Ya tiene veinte años; ya no es ningún niño, y todo lo que hace lo hace porque quiere. Pero, bueno, que se las arregle ahora, como pueda, con Susana; que si lo deja plantado, bien plantado estará.

Oportunísimo suena en el interior del hotel el timbre que llama al almuerzo (oportunísimo, porque mi madre está enfurruñada y yo estoy ofendido, irritado, o creo que lo estoy, o quiero estarlo), y mi amigo, siempre conciliador, salta, con acento burlón:

—¡El almuerzo! ¡Santa palabra!
Entonces mi madre me dice:
—Bueno, vamos a lavarnos las manos para bajar a la mesa.
Y entramos los tres. Mi madre, muy en carácter, delante. Detrás mi amigo, silbando aquello de «Me gustan todas, me gustan todas...», y de último yo, refunfuñando mi descargo:
—Tanta cosa por una bobería. La casualidad de que hoy salieron al *porch*. ¡Me caso! Quieren que uno sea bobo, un santo, o no sé qué. Lo más que se le puede pedir a uno es que guarde consideraciones, y yo se las guardo. No salgo nunca de noche, no le doy vueltas a ninguna de las muchachas que están en el hotel, y si ha ocurrido lo de hoy, ha sido por..., eso, por casualidad. Ahora, que uno tiene veinte años y, reservado —mi madre ya llega y entra en nuestras habitaciones, y yo, retardado, dialogo con mi amigo—, reservado, por ahí, como uno necesita algo más que la novia, si lo encuentra, pues... ¡Psch!, lo debe aprovechar. ¿No?
—Claro. ¡Y nosotros! Que...
 «Nos gustan todas,
 nos gustan todas...»
—¡Eso es! Pero...
—No, chico, pero:
 «Pero esa rubia;
 te gusta más;
 pero esa rubia...».
—¡La rubia! ¡Vamos, hombre!
Media hora antes, cuando venía yo encajonado entre el judío y ella, incendiándome con el roce de su cuerpo hermoso y el mirar penetrante de sus ojos dominadores, era natural que el deseo me dominase y que no pensara yo en nadie ni en nada; pero después, perdida aquella influencia perturbadora, di en sacar cuentas mentales, y en mi conciencia y en

mis sentimientos empezó a operarse una reacción, tanto de hostilidad a Teresa, como de deseo, de necesidad invencible de reafirmarle mi amor a Susana, con todas las naturales protestas, explicaciones y súplicas a que ya me impulsaba, enamorado, mi corazón de veinte años.

Por lo pronto, en el comedor, buscaría sus ojos con los míos tristones y pedidores, y si su semblante y su actitud eran propicios, aventuraría el ruego de una plática extraordinaria, después del almuerzo, en el salón social.

Pero... ¡Chasco! En el comedor estaban «los sesudos», sin Teresa, y «las Rubio», sin Susana. Pudiera ser que, por haber subido últimas, viniesen más tarde. Empecé a tomar la sopa, pero como no venían, es decir, como no venía la que yo ardientemente deseaba que viniese, las cucharadas de sopa dieron en atragantárseme como si fueran enormes bocados de ñame. Seguí desesperándome en la espera, y los huevos fritos, apenas desflorados en las yemas, quedaron en el plato. Y como mi brete mental, mi nerviosidad y mi inocultable impaciencia iban en crescendo a medida que disminuían las probabilidades de ver a Susana en el comedor; pedí permiso para levantarme de la mesa, y me fui a mi cuarto.

Ya en éste, comencé a dar paseos de una parte a otra, con pasos largos y maquinales, las manos en la espalda y la cabeza doblada sobre el pecho. En tropel acudieron a mi mente las ideas más enloquecedoras. Representáronseme todas las escenas de mis relaciones con Susana; los deliciosos días placereños. Me declaré a mí mismo, repetidas veces, la afirmación de que yo no podría vivir sin el amor de ella. Sentí las crueles agonías de la desesperación y del dolor. Me reproché amargamente, enfurecido conmigo mismo, la maldita debilidad que me llevó a embullarme con Teresa, hasta llegar a la irreflexión, a la ceguera de desembocar por la esquina del hotel, del brazo de la coqueta, de la perversa, de la desalmada titiritera de hombres muñecos, de idiotas. Sí. ¡De idiotas como yo! Lo más lógico era bajar a su cuarto y matarla. De lo contrario, lo único que me quedaba era estrellarme los sesos contra el asfalto de la avenida, tirándome de cabeza desde aquella ventana del tercer piso.

Así de tarumba estaba yo, cuando sentí los pasos de mi gente cerca de la puerta. Procuré afirmar el imperio de mi voluntad sobre el atenazar de mi corazón y la demencia de mi espíritu, para disimular la angustia que me torturaba furiosamente.

Entró mi gente. Respondí con monosílabos a las naturales preguntas de mi madre acerca de mi desgano y de mi repentino encierro en el cuarto, y me puse a escribir una carta para Susana; carta muy larga, de una o dos docenas de pliegos; carta vehementísima, que era como un desahogo, como una válvula de escape al dolor de mi pecho y al desenfrenado trajín de mi cerebro enloquecido.

Y así quedó ella. Contenía todos los estilos, desde el ñoño hasta el epopéyico, abundaba en las contradicciones más absurdas, tales como jurar en una página que no había faltado en nada, y pedir perdón a la siguiente por la «enorme falta cometida». Estallidos de dolor, recuerdos ternísimos, vehementes recriminaciones, súplicas, promesas, juramentos, besos, apretones y lágrimas. Todo informe, confuso, atropellado, como el diario escrito en la celda de un manicomio, por un grafómano de remate.

Pero, así y todo, aquella carta fue como un bálsamo para mi pena. Cuando, después de ponerla en su sobre y escribir en éste «Para Susana», la metí por debajo de la puerta de las Rubio, aplacóse el tumulto de mis pensamientos y sentimientos, y empecé a reflexionar; serena y cuerdamente.

A pesar del cambio operado en mi ánimo, no era raro que continuara yo caviloso; lo bastante para no intentar permanecer junto a «los viejos» en aquellos momentos. De modo que cogí el sombrero y tomé el rumbo del *Central Park*, en donde proponíame buscar un banco apartado de los sitios concurridos, sombreado por un árbol protector, para saborear sosegado y solitario mi feliz optimismo.

Anduve por *Lexington Avenue*, en aquellos años poco transitada, hasta la 59, bulliciosa, realmente neoyorquina, con un tráfico vertiginoso de coches, tranvías, ómnibus y carromatos, y aceras mareantes por el hormiguero humano que se movía empujándose, codeándose, haciendo sonar los recios zapatones con rumor de muchedumbre en desbandada. Hice por acercarme a la orilla, cerca de los escaparates de las tiendas, y como no había almorzado, me sentía bien y la vida tiene sus exigencias, lo que más solicitaba mi atención eran los puestos de frutas, con sus rojas naranjas de California, los aterciopelados melocotones, las manzanas, redondas y brillantes, las cajitas de *berries* en policroma formación y las tintas ruedas de sandía helada. Compré naranjas y manzanas, y más adelante una cajita de hermosos higos pasas y un cartuchito de maní tostado. Cuando llegué al parque habían desaparecido los comestibles, y entonces sentí mayor felicidad; casi toda la felicidad que ansiaba, que necesitaba imprescindiblemente mi espíritu. Llegué a un banco sabiamente colocado al amparo de un árbol frondoso, lejos de las arterias asfaltadas de aquel remedo del *Bois* parisino, y me quedé en aquel sitio, muy solo; ya que por él no pasaba nadie, excepción hecha de algunas parejitas de puritanos yanquis, que, muy amartelados, muy de bracete, a veces cogidas de la cintura, cruzaban de vez en vez, hacia la tolerancia de las frondas vecinas o la alcahuetería de los túneles y viaductos, escondidos bajo la amplitud de las grandes avenidas del paseo.

Allí, en la calma y fragancia de aquel oasis imponderablemente delicioso de la férrea Babel, estuve nostálgico y ensimismado, una, dos, muchas horas, hasta la del baño y la cena, en que volví al hotel con la esperanza, mejor, con la seguridad, inarrancable de mi alma, de que Susana, convencida y conmovida por mi carta vendría aquel anochecer al comedor, y en la noche al salón, a oírme protestar, sincerarme y esforzarme en convencerla de mi lealtad, de la firmeza de mi cariño. Sí, porque ella también tendría que ansiarlo como yo lo ansiaba. No era posible que ella estuviera conforme, decidida a no hacer nada para impedir que se viniese al suelo, a impulsos de la perversión ajena, toda la felicidad nuestra. No había para qué hacer otra cosa que recordar el pasado de nuestros amores; los juramentos hechos en los instantes más solemnes, hechos con el corazón, con toda la sinceridad de la juventud. ¡Qué va! Un «chivo» pasajero, podría ser. Pero ¿terminar aquel amor tan grande, así, repentina y definitivamente? De ningún modo. Imposible.

Tres cuartos de hora después, todo el frágil castillo de mi optimismo se vino abajo al soplo de la realidad más desconsoladora... Habían vuelto al comedor «los sesudos», sin Teresa, «las Rubio», sin Susana. Y ya eso era bastante para que mi raciocinio se extraviara otra vez en un enredo de terribles conjeturas. ¿De modo que era posible? Pues, nada. Sería baldío todo empeño de comer aquella tarde y todo esfuerzo para quedarme en la mesa, inquieto, suspiroso, frente a las ojeadas inquisitivas de mi madre y mis abuelos. Como seguramente habríanlo hecho Teresa y Susana, pretexté el en tales casos obligado y expeditivo dolor de cabeza, y fui a mi cuarto pasando por las cerradas puertas de «las Rubio», y bajé del cuarto repasando por las tales puertas, al *hall* de entrada, y de éste fui al salón, y estuve así, yendo y viniendo, monologando por los rincones, ofreciendo con mi excéntrico proceder amplia tela para que tuviera por donde cortar la maledicencia de los compañeros de hotel, hasta que se formaron los nocturnos corrillos de costumbre en el salón, al cual tampoco bajaron aquella noche las dos mujeres que eran centro y eje de mis turbulentas cavilaciones.

Otra vez el sombrero y ¡a la calle! No como en el mediodía, feliz y confiado, sino presa de la duda, abatido, sollozante casi. Me repetí una y cien veces obstinado en no desasirme de la querida ilusión, aquello de que era imposible aquella súbita muerte de mis relaciones con Susana. Imposible que así terminara un amor que, cien y mil veces, con palabras trémulas, sinceras, de un arranque hondísimo, nos habíamos jurado y rejurado que sería eterno. No podría ser de ese modo. No, no y no. Sería un enojo precario; mas ¿concluir todo aquel mundo de afectos y de ideal, así, tan fácil, tan sencillamente? Que se me acabara la vida mejor.

Anduve a la ventura, mucho, muchísimo. Fui a dar, primero, a la Segunda Avenida, sucia, maloliente y trafagosa. Anduve más, y fui a parar a Harlem, barriada de negros, italianos y judíos, que se extiende desde la Tercera Avenida, hasta el Río del Este, y desde las Ochenta y tantas a las Ciento treinta y pico. El tiempo volaba, sin que de ello tuviera yo la menor noción. En aquel barrio de gente trabajadora y madrugadora, las calles estaban desiertas; silenciosas y mal alumbradas. Mis pasos retumbaban en las aceras, haciendo eco en las tortuosidades de los inmensos *tenements*, babélico refugio, cada uno de ellos, de un chinchero humano, promiscuado y miserable. Un policía, que como inmenso fantasma brotó de la oscuridad de un pórtico, me hizo estremecer de sorpresa y miedo... y al sacudimiento aquel del bestial instinto de conservación, penetró en mi ánimo una como ráfaga de lucidez. No debía yo seguir haciendo el curda o el orate. Ello era tonto y peligroso. Se prestaba, además, a una tremenda duda de parte de Susana y de cualquier oficioso abogado de su causa. Una duda gravísima: ¿no me habría yo ido de picos pardos en una noche tan impropia y memorable como aquélla?

Subí al Elevado en la calle 125. El reloj de la estación tenía las dos manecillas en las doce. El tren iba casi vacío y las paradas eran cortas. A las doce y media entraba yo en mi cuarto. Mis abuelos dormían, pero mi madre velaba con un libro en la mano. Al verme, me dijo que me esperaba; mas, sus frases cariñosas, analgésicas, plenas de consejos, la delataron. Después, tranquila porque ya me tenía en casa, se fue a dormir, dejándome frente a mi lecho; el lecho ingratísimo en que iba yo a pasar medianoche de insomnio, de delirios, de pesadillas, de lágrimas y sollozos. Me quedé dormido cuando empezaban a pasar con más frecuencia los tranvías madrugadores, y los carros de leche correteaban estrepitosos por el asfalto de las calles vecinas.

Dormido tarde, presumible es que no me levantara temprano. Por eso no llegué al comedor pasada la hora del desayuno. Al sentarme a la mesa y volver el plato hallé debajo un sobre escrito que decía: «Señor Ignacio García». ¡Hum! Mala, mala espina me daba aquel «Señor».

A ver... ¡Sopla! ¡Nada más que medio pliego! ¡Y yo, que hice un memorial!

Usted —¡Malo!—, después de lo que hizo ayer, no debió ocuparse de mí para nada. De su carta no le creo ni un monosílabo. En primer lugar, porque su conducta no tiene defensa posible,

y en segundo término, porque no sé si ha sido usted o Teresa, o los dos en combinación; pero lo cierto es que, junto con su carta, encontré la que di a su mamá esta mañana. ¡Ande! Pretenda todavía pasar por santo. En Cuba, dos, y en Nueva York, quién sabe cuántas. Lo que siento es que usted se haya burlado de mí como lo ha hecho; pero sabré ser digna de mi desgracia; sabré beberme las lágrimas. Sabré consumirme de pena ante el derrumbe de mis ilusiones y esperanzas, pero la burla se acabará, se ha terminado desde hoy, porque he jurado que no volveré con usted nunca más en la vida.
Susana Rubio.

Y, debajo de esta explosión, reveladora de un estado de ánimo semejante al mío de aquellos momentos, la consabida posdata de toda epístola de mujer:

A doña Lola le entregaré lo que tengo de usted. Lo mío puede devolvérmelo por conducto de mi madre. Esto es si quiere: si no, haga con todo lo que mejor le plazca.
Vale.

—¡Burlarme yo! ¡Dos mujeres! A ver, a ver, ¿cómo dice aquella parte?...

no sé si ha sido usted o Teresa, o los dos en combinación; pero lo cierto es que, junto con su carta, encontré la que di a su mamá esta mañana. ¡Ande! Pretenda todavía pasar por santo. En Cuba, dos, y en Nueva York, quién sabe cuántas.

¿Qué quería decir aquello? Intocado quedó el desayuno. En cuatro zancadas llegué a la escalera, y en otras tantas las salvé hasta llegar al piso nuestro. Mis abuelos, nostálgicos del verde de los campos, de aire libre, de Sol cálido y brillante, andaban por el *Central Park*. Mi madre zurcía medias, a la primaveral claridad que se colaba por la ventana de la calle.

—¿Qué carta es esa que te ha dado Susana?

—Esta.

Y sacó, de un montón de medias que tenía sobre las piernas, un sobre con menuda y redondita letra de mujer y un sello con la efigie del niño don Alfonso.

—¿Carta de Cuba? —me pregunté en voz alta.

—Sí, de Ramira: Por cierto que es una carta muy rara —dijo mi madre.

Para mí no tenía de raro, más que cierto vigor y cierta buena redacción de los cuales no creía capaz a la solterona.

A fuerza de quererlo y procurarlo, he conseguido saber tu dirección en ésa. Y ahora, con ella a la vista, te escribo para un montón de cosas: para saber cómo van tu cicatriz, tu cojera, tus estudios, tu vida toda, sin excluir tu gran amor. Ese amor a prueba de todos los obstáculos; amor que no se entibia nunca, ni por celos, ni por chismes, ni por disgustos familiares como el que surgió, o debió surgir, con la brutal agresión de que te hizo víctima *el Nene*; amor inmenso, envidiable. ¡Oh! Sobre todo muy envidiable. Amor único, semejante a uno que yo sé, que no tiene otro porvenir que la piedad o la burla, ni más esperanza que la resignación, ni más recompensa que el sacrificio, para no destruir la felicidad que el ser amado encuentra en los brazos rivales, favorecidos en la lotería de la vida por los fatalismos de la ciega fortuna.

Entre las muchas cosas que tengo que decirte, se halla una que quiero tener la ilusión de que ha de interesarte, aunque sea por tu buen corazón: mi vida en la cárcel de mujeres de La Habana, donde, como no ignoras, estuve recluida injustamente (*este injustamente era para la censura postal*) por conspiradora, y mi salida de tan odioso lugar.

Aquí Ramira me contaba con vivísimos colores los días tristes de su cautiverio en *Las Recogidas*; cómo, no obstante su condición de presa política, la mezclaron con las mujeres de más baja estofa; el maltrato que recibió siempre de sus carceleros; los empeños, súplicas, y humillaciones que tuvieron que poner en juego sus hermanas para sacarla de allí, y lo quebrantada que había quedado su salud, de suyo endeble, después de la ruda prueba. Venían luego los naturales recuerdos de familia, y debajo de la firma la indispensable posdata:

> No dejes de hacerme un par de letras. Mira que siempre tengo ante mi vista la terrible visión de aquel minuto trágico en que, tinto en sangre, caíste en mis brazos, al golpe brutal, alevoso de aquel bandido. Ya sabes que me conformo con mi suerte, y que soy incapaz de empañar tu felicidad en los más mínimo:
> Vale.

—Esta carta traía en el sobre, bien clara, mi dirección. ¿Quién la cogió, la abrió, la leyó y la introdujo por debajo de la puerta de *las Rubio*?

—¿Y yo qué sé? Si no ha sido Susana, presumo que habrá sido esa loca muchacha.

—¿Quién?

—¿Quién va a ser? Teresa.

—Bueno ¿y qué es lo que tiene de malo esta carta?

—Yo, por cierto, no te he dicho, que tiene nada de malo. A quien se lo debe haber parecido es a Susana.

—¿Y por qué?

—No, por nada. Una carta de una querida —porque eso es lo que parece— no es nada. Otra casualidad; otra insignificancia como la de haber venido con la coqueta esa de bracete, solos, por la calle, hasta la esquina del hotel.

—A ti lo que te ocurre es que no te quieres acabar de dar cuenta de que yo siempre no voy a ser el niño cosido a las faldas de la madre. Y es hora de que pienses de que ya soy un hombre; que ya tengo veinte años, y que no presumo de bobo, y mucho menos de santo, como se lo cree Susana. Yo soy como la generalidad, y hay ciertos casos en los cuales no puede uno hacer un papel ridículo. ¡Eso es!

El tema del diálogo se tornaba resbaladizo, y mi madre, hábil, se desentendió de él:

—Bueno..., allá tú y ella. Ahora bien, como quiera que tu comportamiento a todos nos perjudica, es preciso que veas lo que haces. La familia Carbó no nos saluda desde ayer en la mañana. Las Rubio están de lo más seriotas. Teresa, por ahí, escondida. Susana no sale del cuarto. Y así no podemos seguir, y menos en un hotel como éste, lleno de gente que anda a caza de faltas ajenas para justificar las que cada uno tiene. ¡Pues no es menudo el lío que se ha formado! ¡Y el que se puede formar todavía! No se puede seguir así, te lo repito. ¡Vamos! ¡Pues no faltaba más!

—Bueno, vamos a hacer una cosa. Pero tiene que ser enseguida.

—¿Qué cosa?

—Me voy a Filadelfia a estudiar la carrera de dentista. Es cuestión de un par de años, y como yo tengo mucho estudiado, es seguro que obtengo el título.

—No, a Filadelfia no. Ya sabes que es un lugar de muy triste recuerdo para nosotros. A Filadelfia iremos cualquier día, a ver si encontramos el lugar en que está enterrado tu padre.

—Bueno, pues a donde estudió mi amigo Ledesma, el farmacéutico, a Baltimore.

—Eso está muy lejos.

—¡Qué va! Solo cinco horas de tren.

—Hay que consultárselo a papá.

—Pero, ¿tú quieres?

—Yo sí, aunque nos separemos. ¡Con tal de que este lío se acabe! Pero, eso sí: no vayas a seguir con tus locuras.

—¡No, chica ¡Qué locuras, ni locuras! Ahora mismo le voy a preguntar a Ledesma cómo se va a Baltimore, el nombre del colegio, cuánto se paga, y, enseguida, a escribirle a Susana para que vea que no quiero quedarme, que me alejo de Teresa; para probarle que...

—Espérate, espérate. Hay que ver, primero, lo que dicen tus abuelos.

—¿Qué van a decir? Que sí. Figúrate que es un viaje que lo arregla todo, a costa de muy pocos gastos y dificultades. Pongo cinco horas de tren entre la Carbó y yo. Por eso, no es fácil mi ruptura con Susana; ruptura de otro modo inminente, y que yo no podría soportar. Le explicaré lo de Ramira, que es asunto de una importancia muy inferior a la que ustedes le atribuyen. La escribiré cien cartas, y, lejos ya de New York, me será fácil convencerla. La paz será otra vez con todos ustedes los de las tres familias. Yo aprendo inglés más rápidamente, y adquiero una carrera. Hay la ventaja de que los gastos extraordinarios son insignificantes. Casi con lo que vivo aquí puedo vivir allá, aprendiendo al mismo tiempo. Algunos dólares para el viaje, y ¡listo!

Tenía yo otra razón decisiva, que me andaba por allá adentro del cuerpo, pero no podía, soltársela a mi madre. La razón que me vino rápida a la mente el día que hablé con el viejito doctor de la Delegación Cubana: hacerme un profesional, para en caso de que la guerra durara mucho todavía poderme ir a ella sin esperar a que me llegara el turno de la lista interminable de cubanos pobres, anónimos, abrasados por una fiebre patriótica no superada en los siglos por ningún pueblo de la tierra.

III

En Baltimore, la santa y vieja ciudad de los cien templos, estaba yo muy enterado de cuanto sucedía en el seno de mi familia, en el hotel Habana, que seguía siendo la residencia de aquella y de «las Rubio», en la patriótica colonia cubana de Nueva York, y entre los deudos, amigos y conocidos que estaban en la Revolución.

Mis corresponsales eran Susana, mi madre, Ledesma y (¡oh complicaciones de la vida!) Ramira y Teresa.

Susana, después de la prueba de lealtad y buenas intenciones que le di con mi salida de la «ciudad imperial», no pudo resistir más que tres cartas mías sin volver de su acuerdo de romper conmigo definitivamente, y a partir de entonces nuestras relaciones volvieron a toda la intensidad de sus mejores días, y nuestras cartas, en que nos dábamos cuenta el uno al otro de los triviales acontecimientos de nuestras vidas, diluyendo las ideas en cuartillas y más cuartillas; cartas en que conjugábamos, en todos los tiempos, incansablemente, el famoso y clásico verbo, se cruzaban días tras días, por todas las semanas y todos los meses.

Mi madre tenía a su cargo las informaciones acerca de la gente de nuestro afecto, o simplemente de nuestro conocimiento, que andaba por Cuba, unos batiendo a los españoles en la manigua, y otros tomando copas con los españoles en la Plaza de Armas, y oyendo desde allí el *Tambor de granaderos*, la fatídica marcha, compañera invariable de los patriotas que iban a rendir sus vidas en el Foso de los Laureles. También tenía ella a su cargo la recogida y el despacho, a mi dirección, de todos los diarios, folletos y *magazines* revolucionarios que cayeran en sus manos; así como era la encargada de hacerme las crónicas de los *meetings* en que millares de cubanos, todos las cubanos de la colonia —inflamados por el torrente oratorio de Bravo Correoso, por la lógica tribunicia de Betancourt Manduley, el verbo conciso y sentencioso de Varona, las impetuosas arremetidas de Quesada, las filigranas declamatorias de Zumeta, el prócer venezolano, y los «resúmenes» castelerinos del máximo Sanguily— vaciaban sus bolsillos en las bandejas de cuestación, olvidándose, en su místico delirio, de reservar los 5 centavos indispensables para el tranvía de regreso a sus hogares.

Ledesma, tozudo en su empeño de vencer la resistencia de Mercedes, a fuerza de perseverancia, de dedicación constante; Ledesma, fiel a la amistad, me escribía dos o tres veces cada mes, dándome noticias del hotel Habana y contándome todos los chismes que alimentaban el mentidero de los moralistas de la casa.

Ramira, como no recibió respuesta a su primera carta, me escribió una segunda que, por suerte, pasó de las manos del cartero a las de mi madre, sin correr, por ello, el riesgo de ser vista y secuestrada por cualquiera de las dos rivales, la trigueña o la rubia. Mi madre me la remitió enseguida, recomendándome que la contestara inmediatamente, para decirle a la solterona que no siguiera escribiéndome, y para así romper con ella definitivamente. No lo hice así, por piedad, por temor a una explosión de despecho que pudiera traer quién sabía qué males mayores, y por no recuerdo qué otras consideraciones. Lo que hice fue darle la dirección del *Maryland School of Medicine and Dentistry*, para que me escribiera directamente, e intenté ir enfriándola cada vez más con lo helado, inconstante y lacónico de mi correspondencia. Pero ella no se daba por aludida, y venían pliegos y más pliegos, unas veces plenos de conformidad con su vejez y su fealdad, y otros en que, olvidada de sus desgracias, me disparaba enormes parrafadas con un colmo de mimos y arrumacos de vieja encelada, de recuerdos soliviantadores, de bestiales arranques libidinosos y, lo más terrible y amenazador, de amenazas encubiertas que me ponían la carne de hereje. Recuerdo que una vez me mandó, en una carta, un recorte de un anuncio de medias, sacado de un *magazine* que váyase a ver por qué milagro fue a parar a Placeres. El anuncio traía el grabado de una pierna modelo de piernas. En el margen, escrito con lápiz, decía: «¿Te acuerdas? Pues te esperan. ¡Y ay de ti si las desprecias!». Eran bromitas, pero bromitas con mucha miga.

Teresa, después de mi salida de Nueva York, valiéndose del ascendiente que ella, con toda conciencia, ejercía sobre sus padres, logró que la familia cambiara de residencia del hotel Habana a un *flat* de la calle 116. Lo mismo que desde el hotel, Teresa no, dejó de escribirme ni una sola semana, unas veces muy seriota, otras en términos amistosos, casi fraternales, otras con todas las arterías e «ingenuidades» de aquel flirteo, tentador y escurridizo, en que ella era maestra insuperable, y otras con los arrebatos pasionales, ciegos, furiosos, irreflexivos de ciertas mujeres cuando las hiere la indiferencia o el menosprecio del hombre en quien han puesto los ojos. Yo, movido por ese puntillo de amor propio mal entendido que obliga a un hombre a resbalarse con todas las mujeres que se dejan o que se ofrecen, so pena de pasar por un mentecato, y llevado también por la atracción lujuriosa que la rubia seguía ejerciendo sobre mí, a despecho de la distancia, del tiempo, los disgustos y las amenazas contra mi felicidad, y ello porque no fue oportunamente saciado el deseo que ella despertara en mí aquella mañana del Elevado, deseo que seguía latente en el cordaje de mis nervios, en las células de mi médula y de mi cerebro; movido por esas consideraciones y otras más, yo le contestaba a Teresa lacónica y fríamente unas veces, extensa y ardientemente, otras.

Y así se iba enredando la madeja: de un modo fácil, riesgoso e inevitable.

Por lo dicho, en el año y medio que llevaba yo en Baltimore supe todos los grandes acontecimientos de aquellos años de 1896 y 1897. El gran crimen de la Reconcentración, y su inutilidad, semejante a la del famoso ejército de 250.000 hombres para acabar con el movimiento libertador. El fracaso de las trochas militares que seccionaban la Isla en sus puntos más estratégicos. El feliz arribo de las expediciones a las playas de Cuba Libre. El entusiasmo de las emigraciones cada vez que llegaban a Jamaica, a las Bermudas o a Nassau, los barquitos de vela que traían a temerarios filibusteros, como Roloff, Lacret, Julián Betancourt y otros. La folletinesca escapatoria de Evangelina Cossío, de *Las Recogidas* de La Habana, en brazos de un repórter del *Journal*. La toma de Las Tunas por los patriotas. La epopeya de Pinar del Río, en que Maceo burlábase de Arolas y de su línea de zanjas, fortines y alambradas, que atravesaban el istmo de Mariel a Majana, y de los cuarenta batallones que le perseguían por las montañas, vegueríos y palmares del occidente isleño, aislado y estrechísimo. La caída del héroe de cien combates en la fatal escaramuza que dio la gloria, insospechada e inmerecida, al soldado Cirujeda. Y antes y después de esa caída del Inmortal, las no menos gloriosas y conmovedoras de Serafín Sánchez y José Maceo, Juan Bruno Zayas y Néstor Aranguren, Castillo, Leoncio Vidal, Cazallas y cien caudillos más, místicos sublimes de un ideal generoso y grande, aunque no haya cristalizado, ni cristalice nunca, en toda la amplitud de su generosidad y su grandeza.

A cada gran noticia, entusiasmadora o dolorosa, era mayor mi ahínco para estudiar y obtener el título de dentista, que prontamente daríame el más codiciado de expedicionario a las órdenes de Emilio Núñez o de Joaquín Castillo Duany.

Lo que supe en ese tiempo, por cartas y por tres viajes cortísimos a Nueva York (¡oh paseos por *Coney Island*, *Long Branch* y *Fort George*, con Susana, Rosita y mi madre!) de los familiares y conocidos que andaban en la guerra y de los que vivían en el hotel Habana, fue que don Serafín operaba, como general de brigada, con las fuerzas de Pancho Carrillo, el irreducible de todos los levantamientos, chicos y grandes; que Rafael estaba por la Reforma, de coronel, a las órdenes inmediatas del Generalísimo; que *Pan de Flauta*, era uno de los oficiales de la escolta del Gobierno revolucionario, allá por Los Chincheros, en la región camagüeyana; que Cañizo, zafándole el cuerpo a las provincias peligrosas y buscando ciertas complacencias, se había corrido para Santiago de Cuba y era teniente coronel médico en el Estado Mayor de Calixto García; que *el Nene* había venido en la Invasión, y por su arrojo en el Rubí y en Candelaria era ya todo un general de brigada; que Carlos Manuel Amézaga seguía oyendo cada mañana, desde los balcones de Palacio, el *Tambor de granaderos*, que sonaba triste y escalofriante, allá enfrente, en las alturas de La Cabaña; que, acá en Nueva York, Mercedes seguía guardando todo género de consideraciones *al*

Nene; que el farmacéutico y otros admiradores en vano la galanteaban y hasta la enamoraban, porque ella continuaba indesteñible para su general; que mi abuelo ganaba dinero con su estanco y su «chinchal». Finalmente, que Teresa, no obstante que a veces se le imponía su carácter alegre y sonsacador, y en tales ocasiones alborotaba a la muchachería masculina de la colonia, desde que yo abandoné Nueva York había cambiado mucho, y por algunas confidencias espontáneas con sus íntimas, por ciertas frases escapadas ante amigos y conocidos, y por un muy significativo empeño que tenía últimamente de que sus padres decidieran mudarse a un lugar cercano a Baltimore, como Wilmington, o la Capital Federal, todo el mundo sospechaba que la inquieta y lindísima rubia estaba encaprichada conmigo.

El asfalto de la anchurosa *Pennsylvania Avenue* resplandece bajo el Sol ardoroso de los primeros días otoñales. Es domingo, día de Biblia y periodicones, y en las calles, aceras y edificios hay una quietud conventual, tan impropia de una gran ciudad como Washington; que solo es comparable al silencio y la desolación dominicales de la religiosa Baltimore. En la mañana he visitado la casa de Lincoln, la Colección Smithsoniana, el paseo que corre a lo largo del Potomac, y he rondado por los jardines de la Casa Blanca, afanado en verle la nariz de águila al honorable William McKinley. Después heme almorzado 35 centavos, que es mucho almorzar en este país en este año de 1897, y ahora voy a ver el Capitolio, que recorta la blanca maravilla de su grandiosa arquitectura, allá lejos en los comienzos de la anchurosa avenida.

En una esquina en que algunos paseantes endomingados, con sombreros de paja y ligerísimos trajes veraniegos, cambian de tranvías, me encuentro improvisamente con Teresa y

Cuca, que vienen con trajes propios de la estación y sendas pamelas encintadas de rosado. Cuca trae pendiente de un hombro, por una larga correa, una cámara fotográfica de regular tamaño. Por las cartas de Teresa sabía yo que ellas estaban en Washington; pero, con todo, me quedo aturdido un instante; tan aturdido como ellas, que se han puesto rojas como dos manzanas rojas, y que, al fin, tendiéndome ambas manos, exclaman:

—¡Chico!

—¿Tú en Washington?

—Sí, ya lo ven ustedes. Desde hace un mes he comenzado a salir de Baltimore todos los domingos, para hacer excursiones a los lugares cercanos, a los cuales pueda irse en una o dos horas y con poco dinero. Hoy le tocó a Washington. Qué linda ciudad, ¿eh?

—Preciosa —responde Cuca.

—¿Y a dónde vas ahora? —inquiere Teresa.

—A ver el Capitolio.

—¡Qué bueno! —exclama contentísima la mayor de las hermanas— por ahí vamos nosotras, a buscar al enamorado de Cuca, un americanito muy simpático, que nos está esperando para ir a unas cataratas preciosas que hay como a dos horas de aquí, al otro lado del río, en... ¿Cómo se llama? —pregúntale a Cuca.

—*Great Falls*.

—¡Eso es! *Great Falls*. Están en el estado de Virginia. Hay unas ruinas de una casa y un molino que fueron de Jorge Washington.

—Divino, chico —dice Cuca—. Una especie de *Coney Island* chiquito. Hay rueda *ferry*, columpios, carruseles, restoranes y unos rinconcitos —esto lo acompaña con un beso en la punta de los dedos apiñados—..., unos rinconcitos ideales.

Y como yo no digo nada, y tengo cara de sorprendido, de idiota, ante aquella ingenua facilidad con que las dos hermanas lo dicen todo, Teresa me saca de Babia con esta exclamación, rubricada con una risa propia de quienes de nada se asustan:

—¿Qué quieres, chico? Así se vive *American Style*. ¿Vienes con nosotras?

—No —contesto maquinalmente, torpemente, porque la invitación es tentadora.

—Por dinero no lo hagas —agrega audacísima—. Te daremos el que traemos.

—No, no. ¡Qué va! Eso no lo acepto yo —digo, no sin pena por aquella hipocresía a que me veo obligado, cuando en realidad ardo en deseos de ir a *Great Falls* y al fin del mundo si es preciso, y, de veras, lo que traigo arriba no se puede estirar hasta cubrir los gastos de una aventura novelesca de esta índole.

Entretanto yo lo pienso, y Cuca insiste en que sí debo ir, Teresa abre su *pocket book*, saca de él una bolita de billetes, y de sopetón me la introduce en el bolsillo superior del saco.

—Que no, chica, que no. De ningún modo.

—Que sí, hombre, que sí. ¿Que tiene eso? *American Style*.

—No.

—Sí, no seas terco. Te lo pido yo —insistió Teresa, mirándome a los ojos, como madre joven y mimosa que no sabe regañar a los hijos—. Mejor dicho, te lo mando. De todos modos, nosotras íbamos a gastar ese dinero. Cógelo aunque sea como un préstamo. Me lo devuelves por un giro postal. De sobra sabemos que no contabas con esto, por lo que no venías preparado. Quédate con ese dinero, me lo devuelves, y listo.

—Es claro, chico —afirmó risueña Cuca—. Estilo americano. No seas..., de Placeres.

—Bueno, como préstamo, acepto.

Y tomo del brazo a la rubia gentil, fragante y llamativa; echamos a caminar avenida abajo, rumbo al Capitolio, en cuyos jardines bellísimos se han citado Cuca y su «americano».

Este que, según me dicen las dos hermanas, es hijo de un representante por Arizona, es un muchachón de atlética contextura, alto y trigueño. Nos espera en un banco frontero al Capitolio. Me maravillo ante el soberbio edificio y la belleza de los alrededores, en tanto que el pretendiente de Cuca se adelanta a encontrarnos.

—*How are you all?*

—*First rate, Jim. How is yourself?* —responde Cuca.

Se adelanta Teresa y hace la presentación:

—*Mr. Duncan, shake hands with our old friend, Mr. Gárcia.*

—*Very glad to meet you, sir.*

En la esquina más próxima, tomamos un tranvía. *Jim* se pega a Cuca, los dos en un asiento, y en el próximo, detrás de ellos, yo me incrusto en Teresa. Ninguno de los cuatro parecemos recordar que es domingo, día de Biblia, sermones, *sunday papers* y otras adormideras.

Mientras llegamos al cambio de carros que se halla a la entrada del puente sobre el Potomac, vamos hablando de las bellezas de la ciudad capitolina, levantada entre verduras de césped, jardines y arboledas. Adentrados en los campos de Virginia, entretanto que el tren vuela por prados, caseríos, maizales y carreteras, hablamos insincera, forzadamente, del calor, de las costumbres del país y de la nostalgia del paisaje de Cuba, ante aquellos campos que empiezan a amarillear a los primeros amagos del estío. Hablamos luego del enamoramiento de Cuca, del día aquel de la apretura en el Elevado de Nueva York, y cuando ya nos resbalamos por ese plano inclinado de los amores, anhelos y añoranzas, y yo me empiezo a dar cuenta de las transparencias del vestido de Teresa, y los ojos hablan ya más que los labios, y el contacto de caderas y muslos establece una corriente de mil voltios, suena el silbato del tranvía y el conductor truena:

—*Great Falls! Last stop!*

Al cesar el ruido del carro, se oye la algarabía de pregones, silbidos y músicas, de los tenduchos, tiovivos, casetas y demás atractivos de aquel sitio de pueril esparcimiento, todo ello dominado por el fragor de la catarata que da nombre al lugar.

Esa catarata, el molino histórico y el arbolado de la vieja finca, que fue del hombre que nunca dijo una mentira, son los alicientes que han dado pretexto para hacer del paraje un sitio de diversiones.

Al descender del andén de la minúscula estación, hecha de listoncillos blancos y azules y medio cubierta por una tupida enredadera próxima a la muerte precaria del invierno, se entra de rondón en el remedo de *Coney Island* a que se refería Cuca cuando me ponderaba las bellezas del paseo. Dos o tres casetas de tiro al blanco que mantienen un fuego graneado de escopetas y rifles.

Pintarrajeados *carrusels*, unos movidos por fuerza de sangre y otros por humeantes maquinitas, tan bulliciosas como los orquestrones que dan vueltas con coches y caballitos. *Pim..., pam..., pum* de muñecos y de negros enharinados, grotescos, que provocan a fuerza de gritos y muecas los prejuicios raciales de sus hermanos los cristianos blancos. Una ruidosa y emocionante montaña rusa, la caseta de una adivinadora egipcia, legítima del *Bowery*. Bazares japoneses con sus loterías ingeniosas de juegos de té, cajitas de doble fondo, muñecos de trapo y porcelana. Gritería ensordecedora de los chiquillos que piran en los tiovivos; de las *misses* histéricas en los violentos descensos de la montaña rusa; de los vendedores que, a voz en cuello, hacen el pregón de su mercancía. Payasos que aturden con sus chillidos; gritones fotógrafos de daguerrotipos; fotutos, cornetas y tamboriles. Un ruido infernal que, cuando se está dentro de él, anula el estrépito de la catarata.

Con pueril entusiasmo «americano» entramos en todas las casetas y tenduchos. Jugamos en las loterías japonesas. Nos hacemos fotografías, los cuatro bien juntos, en un cuerno de una inmensa Luna rodeada de estrellitas. Subimos a un *carrousel* todo pintura y espejos. Cuca y *Jim* montan en un caballo, él detrás, bien sujeto de los hombros de su compañera. Tan inocentemente como ellos lo hacemos Teresa y yo; solo que el mayor volumen de mi compañera me hace acuñarme entre ella y el saliente posterior de la montura de palo. Luego, en la montaña rusa, al descolgarse el carrito por el primer descenso, Teresa da un grito de accidentada, y en busca de asidero, me clava su mano derecha, como una garra, en el arranque del muslo izquierdo, haciéndome sentir un dolor agudo semejante al que experimentan algunos al montar descuidadamente a caballo.

—¡Ay! —grito, haciéndole dúo a Teresa y ella, cascabeleando una risa franca; trémula y roja por la emoción, me pregunta:

—¿Te asustaste también, no?

—No, fue que me dolió el apretón.

—¡Chico! ¿Te duele el apretón de una mujer?

—Según y conforme. Calcula que...

Y no puedo continuar, porque hemos llegado al término de la bajada, y tenemos que abandonar el carrito. El aperitivo, aunque «americanamente» pueril e ingenuo, creo que ha sido bastante para entusiasmar y poner en peligro de descarrilamiento al más santo de los santos. Me parece que ni *Jim* se escapa del pecado mortal. ¡Un domingo! ¡Oh, manos de los evangélicos Peregrinos y de las *first families of Virginia*!

Conservando la división por parejas, y nuevamente cogidos del brazo, nos alejamos de aquel bullicio de romería para internarnos por las frondas complacientes que orillan el río. Al llegar a un pozo grande, de forma rectangular, con paredes de cantería musgosa, rodeado de algunos paredones derruidos, Cuca, señalándolo, exclama:

—Mira, Ignacio, las ruinas del molino.

—¡Ah! Son éstos... —digo desganadamente. Porque nada me dice a la mente ni al corazón el famoso lugar en aquellos momentos nada propicios a evocaciones y filosofías.

Seguimos de largo hasta que aparece entre el follaje de un grupo de frutales el restorán de campestre hechura, virgiliano y convidador.

Ya delante de una mesita de blanco mantel y flamante vidriería, que está en un amplio, fresco y luminoso corredor, entre otras mesitas con sendas parejas almibaradas, propone Cuca, y acepta Teresa, que *Jim* sea el encargado de ordenar el menú.

Protesto:

—No, hombre, ¿cómo el babieca este va hacer el menú? Para que empiece a pedir insipideces americanas:

—Oye, babieca serás tú —dice Cuca, regañándome de mentiritas.

—Entonces que lo haga Ignacio —opina Teresa.
—Que no, que lo haga *Jim* —reclama Cuca.
—Bueno, pues que a ti te lo haga *Jim*. A mí me lo hace Ignacio.
—*Shut up! Shut up! Talk English!* —interrumpe *Jim* llamándonos a la buena educación.
—*You are right* —digo en apoyo de *Jim*.
—*Go ahead, Jim. Is up to you to write out the order* —le dice Cuca.

Detrás de ella sonríe, mostrando su blanquísima dentadura, el negro sirviente, que contrasta el ébano de su humanidad con la blancura de su ropa y de su delantal de cuerpo entero. Espera el término de la discusión bilingüe, con pose de gran mundólogo.

Por obra y gracia de *Jim* y del cocinero, tomamos sopa de pollo fresco (en los Estados Unidos no está de más el adjetivo) a la Washington; croquetas de *idem*, con el inevitable puré de papas, a la Molino; sendos *small steaks*, que no caben en los platos, a la *Great Falls*; ensalada de berros a la Virginia; vino blanco del Potomac y cafés a la americana, que es lo mismo que decir a la borraja. Y lo tomamos todo muda, voraz, juvenil y campestremente.

Y enseguida, de bracete otra vez (ya en el comienzo del atardecer), a los columpios sabiamente colgados en la semioscuridad de la arboleda tupidísima y celestinesca. Teresa y Cuca se encaraman en sendos columpios, estiran las piernas, las ponen rígidas, para que *Jim* y yo, colocados de frente a ellas, podamos impulsarlas haciendo fuerza en las suelas de sus zapatos pequeñines. Por más que ellas, al sentarse, hicieron ademán de recogerse y apretarse las faldas entre las corvas y las tablillas de los columpios, cuando éstos vienen hacia donde estamos nosotros, el aire infla las faldas de las hermanas, y les vemos hasta los encajes de los pantalones. Con lo que nos acomete, al «americano» y a mí, un como vértigo de pendulearlas temeraria, estúpidamente.

—*Stop, stop, Jim* —aúlla Cuca.

—No más. No más, chico. Por tu madre —me implora Teresa.

El «americano» —«americano» al fin— afloja. Pero yo sigo furioso, hasta que la rubia, muy aturdida, mareada seguramente, se suelta de una de las cuerdas, el columpio voltejea, y yo, arrepentido, aprovechador, corro a recibirla en mis brazos cuando ella hace ademán de tirarse a tierra.

De ahí nos vamos en busca de unos bancos rústicos, que según Cuca están muy bien guarecidos entre los peñascales ribereños, y hasta entonces no vemos la gran catarata. Cuca enristra su cámara, y la fotografía. Después hace lo mismo con una ocupadísima pareja que tiene su idilio en una de las peñas, de espaldas a nosotros. Teresa y yo la contemplamos, apoyándose ella fuertemente en mi brazo. En aquel momento tengo una idea perturbadora. ¿Y si la fotografía que nos hicimos juntos va a parar a las manos de Susana?

—¿Por qué te has quedado tan pensativo?

—Por lo precioso que está el paisaje este.

—¡Caramba! ¡Cómo te distrae el paisaje en estos momentos! —me dice ella en mimoso reproche, afirmándose más en mi brazo y mirándome arrobadora.

—Desde luego, lo encuentro más lindo, más poético, porque estás a mi lado.

—Adulón.

—Lindísima. Vamos, que ahí vienen ésos. Vamos.

Y salimos andando por entre las peñas. Y como los zapaticos altos se tuercen entre las piedras, y hay que dar saltos y trepar por los peñascos, ella se apoya en mis hombros o se sujeta fuertemente de mi brazo. En un paso difícil tengo que sostenerla con ambos brazos por la cintura, y en el momento culminante de la operación siento un golpe seco, que, preocupado como estaba yo con el retrato de la Luna, me suena como debe sonarle al que va a ser fusilado por la espalda el tric trac de los rifles. Me vuelvo, y efectivamente: Cuca se ríe felicísima, porque nos ha sacado una instantánea, en tanto que *Jim*, con los dientes afuera, en una explosión de risa, exclama:

—*Real sport, boys!*

Seguimos. Pronto tropezamos con un rústico e incitante banquillo escondido entre dos peñas. A él vamos Teresa y yo, despacio, despacito, muy juntos. Ella descolgada de mi brazo, cada vez más pegada a mí, ondulante y restregona como gata encelada. Cuca y *Jim* pasan de largo, y nosotros caemos en el banco.

—¿Y ahora qué hacemos aquí? —inquiere ella con los labios resecos y los ojos, adormilados y húmedos clavados en los míos.

—Lo que tú quieras, mi vida. ¿Te parece poco estar así, tan solitos?

—¿Yo soy tu vida?

—¿Yo no soy la tuya?

—Como quieras.

—¡Teresa!

—¡Ignacio!

Muy «americanamente», a las diez de la noche, los dos *gentlemen* nos despedimos de las dos damas en la esquina más próxima a su casa. Cuando ya las dos van como a diez o doce pasos de nosotros, Cuca se vuelve y me dice, riente y burlona:

—Oye, cuando estén los retratos le mandaré, digo, te mandaré uno. ¡Ja, ja, ja!

Y las dos echan a correr, como dos colegialas que han cometido una travesura.

Van tan sanas y salvas, para los efectos de la *moralina*, como cuando salieron del hogar a las doce del día. Pero ¿y sus ojos, y sus manos, y sus labios, y sus nervios?...

IV

El 16 de febrero de 1898, fue en New York un horrible día de deshielo y de furioso viento frío que cortaba el rostro y atravesaba el abrigo, el traje y la espesa lana de la ropa interior. Pasaban los tranvías cerraditos, goteantes, con los cristales tan empañados que no se veía el pasaje. Rodaban los carruajes y carromatos, con sus conductores enfundados, hasta solo dejar descubiertos los ojos y la nariz, y con los caballos enormes, que soltaban grandes chorros de vapor de las narizotas resoplantes, trotando corto para evitar inminentes resbalones. Por las aceras y bocacalles corrían los transeúntes, embutidos en gruesos abrigotes, las manos en los bolsillos, los cuerpos enarcados para embestir la ventolera, con las gorras y los sombreros encasquetados hasta cubrir las orejas, y chapoteando la nieve, a medio derretir, con recios zapatones de goma.

Pero no obstaba la crudeza del tiempo para que la gente se congregara, preguntona e inquieta, a la entrada de las oficinas públicas y frente a los pizarrones de los grandes periódicos, ni para que los arrapiezos voceadores de extras dejaran de vender millares y millares de sus hojas, con enormes y alarmantes titulares, entre el público ávido de nuevos detalles que ampliaran la noticia, inesperada y estupenda, que corría por el país desde la medianoche anterior: la voladura del crucero *Maine*, en la bahía de La Habana.

En el hotel, la natural sensación producida por la fenomenal noticia, complicábase con la nerviosidad de los huéspedes, hijos todos, como va dicho, de la más grande isla del Trópico. La casa ebullía desde el sótano y la cocina hasta el «salón social» y el último piso. Corrillos en que se fantaseaba y discutía bulliciosamente, hablando todos a la vez. Grupos en los que lectores bilingües traducían en alta voz las informaciones de los diarios. Telefonemas a la Delegación. Entra y sale de personajes. Diálogos entre la gente joven, por este estilo:

—Ahora sí que los gallegos van a saber lo que es bueno.

—¡Qué va! Los «americanos». Figúrate que enseguida viene la escuadra con el *Pelayo* a la cabeza, y toma Nueva York.

—Sí. ¡Ja, ja!, y los carromatos de la Trasatlántica, escoltados por el *Furor*, el *Terror*, el... *Horror*, y desembarcan en la Florida cien mil alpargatas al mando de «Patilla e mono», y... ¡Hasta Washington!

—¡Huy, qué miedo!

—¿Y ahora qué hará el doctor Amézaga?

—¿El marqués de Amézaga? Pues defender heroicamente la raza y la religión..., desde Madrid; en las columnas de la prensa y en la tribuna de *El Ateneo*. Porque él ¿convivir democráticamente con «el hampa afrocubana»? ¡Vamos, hombre!

Y diálogos de la gente seria, por este corte:

—Con lo impresionado que está este pueblo con los horrores de la Reconcentración, y ahora con esta salvajada, no hay quien evite la guerra.

—Perfectamente, pero lo que tenemos que preguntarnos los cubanos es esto: ¿nos conviene que los americanos se metan en la guerra? ¿Nos reconocerán el derecho a ser independientes?

—Claro que sí. ¿No estamos de acuerdo en que, a la larga, ellos y solo ellos han de hacer el Canal de Panamá?

—¿Y qué?

—Que no puede ser su política la de amedrentar a los países latinoamericanos. Además, el Gobierno tendrá que proceder de acuerdo con el espíritu de su pueblo, que es muy amante de la libertad y que simpatiza con la causa de Cuba.

—¡Bah, bah! ¡Pamplinas! El pueblo, aquí como en todos los países, hará lo que quiera el Gobierno. Lo mismo hoy con McKinley, que ayer lo hizo con Washington, Madison y Jefferson, y mañana lo hará con otros. ¡El pueblo!

Y a mí, Ignacio García, ¿qué efecto me causó la noticia del hundimiento del *Maine*? Para expresarlo, es indispensable la narración previa de lo ocurrido en mi vida, a partir de la jocunda escapada a *Great Falls* con aquellas dos hermanas perturbadoras, luciféricas, semivírgenes: Cuca y Teresa Carbó.

Cuca, que no podía sufrir que su hermana tuviera una rival triunfadora, azuzó el despecho de Teresa, despecho que era una complicación de su enamoramiento impetuoso, estúpido, obsesionante, y entre las dos realizaron la diabólica idea de mandarle a Susana el ferrotipo de la Luna y la instantánea aquella en que aparecía yo sosteniendo a la rubia por la cintura en un mal paso, a orillas del Potomac, la tarde memorable. Es de presumir el efecto que la perversa acción causara en el ánimo de Susana, enamorada con toda la hondura e impetuosidad de una criolla de tierra adentro. Lo primero que pensó, cuando pudo pensar, fue lo que hizo: por inútil, indigno y rebajante, no escribirme una sola letra, ni darle a nadie la más leve noticia de lo ocurrido. ¿Qué más prueba de que su desgracia era irremediable, que aquellas dos fotografías? Sí, eso: no habríame de escribir ni una letra. Con más razón que la vez anterior, sabría beberse las lágrimas, consumirse de pena, pero acabaría para siempre con aquella burla infame. Esto pasó cuando en aquel expendio de sabiduría, de Baltimore, nos preparábamos, profesores y alumnos, para los exámenes de grado; es decir, en un momento trascendente y peligroso para mi porvenir. Pasé, si cabe, mayores angustias y torturas morales que aquellas de Nueva York, cuando mi primera ruptura con Susana. Primero creí que estaba enferma, pero esa creencia me duró lo que dura, al calor de la chimenea, la nieve adherida a un abrigo. Enseguida creí ver claro en aquella anomalía. Por allí andaban enredadas Cuca y Teresa. Y, probablemente, los malditos retratos. Quise escribir a Susana, y no supe cómo empezar ni a qué embuste o excusa acudir para defenderme de lo que no tenía defensa posible. Recurrí a mi madre, y entretanto continué escribiéndole a mi novia, sin dejar traslucir mis sospechas, y sí mostrándome alarmadísimo por el silencio de ella. ¿Qué le pasaba? ¿Por qué no escribía? Mi madre me sacó de dudas. Rosita la había puesto al tanto de lo ocurrido, y la «vieja» me echaba una tremenda rociada, después de decirme que Susana, secundada por Mercedes, luchaba con sus padres para hacerles cambiar de residencia, por haberse acentuado nuevamente la frialdad de relaciones que se hacía visible entre las dos familias desde que *el Nene* me hirió en el famoso mitin autonomista. Abominé de Teresa, escribí cartas, anduve hecho un loco, hasta el punto de que en un tris estuve que abandonara los exámenes. Ya casi al terminar éstos, me enteré por mi madre del traslado de «las Rubio» a un *flat* allá por Brooklyn, nadie sabía en qué calle y número. Con supremos esfuerzos terminé los exámenes y obtuve mi título de doctor en Cirugía Dental, y volé a Nueva York al otro día de ser diplomado. Con gran trabajo logré que mi madre se resignara con mi intorcible designio de irme a Cuba en una expedición; bien lejos de la tal Teresa, ángel negro de mi desgracia. Porque pensaba, quería pensar que ella tenía toda, absolutamente toda la culpa de lo sucedido. Y allí estaba yo, en el hotel Habana, tratando de romper el aislamiento y el mutismo de Susana, para que supiera, ella mi ilevantable decisión de irme a Cuba tan pronto como la Delegación me llamase a prestar mis servicios «profesionales» en la Revolución. Esto es, a un lugar inalcanzable para Teresa. ¿No era una buena prueba? Bueno, que se enterara de mis propósitos, y que me prometiera esperar, fidelísima, hasta la noticia de mi muerte en la manigua, o hasta mi regreso de ella, para, en este último supuesto, casarme enseguida. Si no era de ese modo, si al dolor de separarme de mi madre adolorida, tenía que agregar la cruel indiferencia de ella, me iría dispuesto a lanzarme rectilíneo sobre las bayonetas del enemigo, a desafiar las balas con el pecho descubierto, a correr al suicidio, con la temeridad de un atacado de locura persecutoria.

    Esto se lo decía, por medio de largas cartas, una vez que supe la calle y el número del *flat*; pero algunas cartas me fueron devueltas sin abrir —o abiertas al vapor de un puchero hirviente y vueltas a cerrar—, y las que no me fueron retornadas no merecieron la merced de la más fría y lacónica respuesta. Exactamente igual que hacía yo con las cartas de Teresa, que seguían viniendo, y de las cuales una que abrí haciendo rodar un lápiz por la juntura del sobre, contenía esta negra amenaza: «Aunque me devuelvas las cartas sin abrir, y aunque hagas lo que hagas, no podrás olvidarme. Porque no: Porque no es posible después de la tarde sabrosita de *Great Falls*, y porque te voy a demostrar que valgo más que tu guajirita sosa, y porque..., pronto regresaremos a Nueva York, y ¡ya verás! ¡Prepárate!». Por otra parte, en la Delegación seguían haciéndose de rogar para llevarlo a uno al matadero, como decía aquel tabaquero desesperado que conocí en el «cafecito» de *New Street* número 56.

En estas tribulaciones estaba yo cuando fui sacudido por la nueva de aquella catástrofe, hija de la casualidad o de perversos designios —averígüelo Vargas— que tan decisivo papel desempeñó en nuestra pugna con España. Las opiniones andaban encontradas en cuanto a los resultados de una guerra entre esa nación y los Estados Unidos, en aquellos momentos, en cuanto a los cubanos se refería; pero en lo que todos estaban de acuerdo era en que esa guerra parecía inminente.

¡A la guerra! ¡Ahora sí me iría a la guerra! Y por más que en el *Maine* habían perdido la vida dos centenares y medio de hombres, no podía yo evitar que un júbilo imprudente me juguetease por todo el cuerpo.

Aquella tarde fui con Julián Betancourt a la Delegación. Este compatriota había venido del Estado Mayor de Rabí, a curarse una gravísima enfermedad contraída en la manigua, y, ya curado, esperaba la oportunidad de expedición. En mis últimos meses del hotel Habana, había yo intimado con él, porque caíale simpático el afán, la locura que tenía yo por irme a la Revolución. Cuando tuve cierta confianza con él, me le pegué de tal manera que no le dejaba ni a Sol ni a sombra.

—Usted, mi teniente coronel —le decía yo—, no se va para Cuba sin mí. Aunque tenga que velar a la puerta de su cuarto y seguirle por todas partes como un esbirro del Consulado Español.

—¡Sí, sí! ¡Ja, ja! Cualquier día me esfumo y lo dejo a usted con dos palmos de narices.

A lo que yo replicaba bromista:

—Y yo le digo a Bejerano —Bejerano era el cónsul de España en Nueva York— que usted se ha desaparecido.

Aquella tarde, después de la noticia del *Maine*, me dijo él al verme:

—Vamos, se salvó usted en el último tren. Ahora puede olvidarse de mí y de Bejerano.

—Pues no me despreocupo, doctor; a donde usted vaya, voy yo. Y como usted ahora debe ir a la Delegación, me rabiato.

Y ya he dicho que fuimos. Pero nada nuevo nos dijeron allí. Las opiniones eran, más o menos, las del hotel Habana, aunque reforzadas con la autoridad de los que estaban en los «secretos de Estado». Betancourt, que estuvo como una hora encerrado con don Tomás y Eduardo Yero, al salir me dijo:

—Vamos al hotel, en la seguridad de que los acontecimientos se precipitarán y que cada día tendremos noticias emocionantes.

Y así fue; por momentos crecía la agitación en el pueblo «americano»; agitación que era impulsada por los impulsadores oficiales de la hegemonía en cierne de los Estados Unidos en el mundo colombino, y por los que tenían los ojos puestos en el istmo centroamericano. Eran grandes marejadas patrióticas en el pueblo, infladas puritanamente por los sucesores de aquel que fue «el primero en los bancos, el primero en la guerra, el primero en la paz, y el primero en el corazón de sus conciudadanos».

Pronto salió la comisión norteamericana que fue a La Habana a investigar la causa de la explosión que acabó con el *Maine*. El cónsul Lee, afortunadamente para nosotros, atiza el fuego desde la capital colonial. En aquellos días empezaba el cinematógrafo, y las películas de la Reconcentración con sus guajiros esqueléticos, casi desnudos, muriéndose de hambre en plazas, calles y portales, levantaban piadosos murmullos de *Oh Lord!, Shame! Poor things!* en las exhibiciones públicas. Vino por remate la Resolución Conjunta, que, al declarar la guerra, nos declaraba, ¡ay!, libres e independientes. No era óbice, empero, esa multiplicación de los acontecimientos, ni que elevárase al cubo la fiebre patriótica de los «americanos», ni que la ansiedad de los cubanos tornárase insobrellevable, para que Susana siguiera granítica en su terco aislamiento. Mi madre estaba cada vez más triste, más escondida por los rincones, en los cuales sorprendíale yo a cada rato con un grupo fotográfico, en el que aparecíamos mi padre y yo, mojado por la lluvia de lágrimas silenciosas que anegaban sus ojos.

Un día nos llamaron de la Delegación a todos los que estábamos inscritos en el registro de expedicionarios. El hotel Habana se quedaría sin más hombres que los viejos y los inútiles. Fuimos por partidas. El cocinero con sus ayudantes y los mozos del servicio; un coro de estudiantes, animosos y parlanchines, y un grupo formado por Ledesma, un joven Luis Córdova, yo, y al frente de todos, nuestro francote y simpático teniente coronel Julián Betancourt.

Cuando los últimos llegamos a la Delegación, ésta se hallaba invadida por grupos que hablaban y gesticulaban en el cafecito, en los elevadores, en los pasillos, en las oficinas y en el sube y baja de las escaleras. Eran los presuntos revolucionarios, que acudían presurosos a reclamar sus puestos en las expediciones.

En uno de los grupos tropecé con mi amigo el tabaquero lamentoso, quien al verme exclamó:

—¡Cuando yo le digo a usted que hay que suplicar para que lo lleven a uno a que lo maten!

—¿Todavía?

—Ahora resulta que como vamos en combinación con los americanos, éstos quieren que nos examinemos con el médico, y así, el que no ande bien del corazón o de los pulmones, que no vaya. Porque no sirve ni para que lo maten. ¡Y cójame ese trompo en la uña!

Esto me lo dijo mi amigo con amarga ironía y con la desesperanza retratada en el rostro; porque desde principio de invierno tenía una tos sospechosa, que a cada acceso le ponía en el pecho traqueteos y silbidos de acordeón en desuso.

Esta consternación, producida por el examen facultativo, ponía una máscara de desaliento entre tanto emigrado friolento y desnutrido que allí esperaba su turno para ser reconocido. ¡Oh, simplistas idealismos populares!, y yo, a pesar de mis veinte años, con 6 arrobas de peso, llegué a contagiarme con aquel temor general, hasta el punto de tener temblores. ¿Mis pulmones estarían sanos? ¡Claro que sí, hombre! Pero ¿y el corazón? Y miedoso me ponía la mano sobre la tetilla izquierda, queriendo comprobar que los latidos eran acompasados y de buen golpe.

En este suplicio moral estaba yo, esperando a que por allá dentro vocearan mi nombre, cuando salió de la oficina del examen un muchacho delgado, pálido, melenudo y ojeroso, que lloraba a lágrima viva e irrumpía en clamores lastimeros y rebeldes:

—Pues si no me llevan, me doy un tiro. ¡Cuba, mi Cuba!

Y sentóse en la alfombrilla del rellano, las piernas encogidas, la cara entre las manos, sollozando su:

—¡Cuba, mi Cubita del alma!

Sus amigos daban explicaciones en secreto:

—Es que padece de ataques, y por eso no lo quieren llevar.

A fuerza de ruegos, de frases consoladoras, de paternales apelaciones al amor propio, los amigos lograron llevárselo escaleras abajo, pero se alejaba gritando con loca obstinación:

—Si no me llevan me mato.

A mí se me escapaba el corazón por la boca. Si aquello duraba un cuarto de hora más, me enfermaría de veras. Pero, no. Dijo el que iba gritando los nombres:

—Doctor José Antonio Ledesma.

—¡Va!

¡Ya! Detrás de Ledesma me tocaba a mí; porque nuestros nombres estaban juntos en la lista. El corazón cada vez bataneábame con más furia.

—Doctor Ignacio García.

—¡Va!

El doctor Anciano era el del examen. Al verme me dijo:

—¿Cómo está usted, colega?

—No llego a médico; me he quedado en dentista, doctor —repliqué forzando una imposible sonrisa de serenidad y buen humor.

—Bueno, colegas en el doctorado.

Y dobló la cabeza, me puso una mano en la espalda y otra en el pecho. Contuve la respiración, en mi inevitable temor de que pudiérasme notar cualquier daño imaginario en ellos. El corazón me seguía recio ¡pum!, ¡pum!, y me continuaban los temblores y helado sudor me mojaba la frente.

—¿Qué le pasa a usted? —me preguntó el colega—. Está usted excitadísimo.

—Doctor, es que tengo un miedo horrible a que usted me rechace. Ha sido el efecto que me ha causado ese pobre muchacho de los ataques. No lo puedo evitar.

—Pues, lo siento mucho, pero así no puedo reconocerlo. Siéntese ahí —y me indicó una silla—. Procure serenarse. ¡Vamos, hombre! Parece mentira. ¡Un muchachón tan fuerte! —y dirigiéndose al que gritaba los nombres—: Otro.

Entró el otro, y uno más, y un tercero. El colega parecía haberme olvidado. Mas yo sabía que el número de expedicionarios sería limitado, y salté:

—Doctor, que se olvida usted de mí.

—¡Vaya!, venga a ver si está más sereno.

—¡Qué va!

Mi estado nervioso era el mismo. El anciano me dijo:

—Pues, a la verdad, sigue usted lo mismo, y así no puedo reconocerle y... mi deber como médico...

—Pero, doctor, ¿será posible? ¿Para qué necesita usted auscultarme? ¿No le basta con verme? Creo que tengo aspecto de hombre fuerte.

—¡Valiente fortaleza! ¡Si tiembla usted como un azogado! ¡Vaya, vaya! —y después de un instante de consulta consigo mismo, agregó siempre bonachón y sonriente—: Bien, váyase usted, pollo, pero cuando dispare el primer tiro, acuérdese de mí.

Salí. Me esperaba Ledesma. Al verme preguntó:

—¿Bien?

—Bien.

—Pues esperemos a Betancourt.

Betancourt estaba en una esquina del pasillo, hablando en voz baja con un hombre cuarentón, trigueño, pálido, de barba cerrada, en punta, y que, además de la barba, tenía, como rasgo propicio a la caricatura, una nariz de pico de águila. Ledesma y yo nos acercamos un poco, y pudimos oír que el hombre de la barba y la nariz caracterizadoras le decía a Betancourt:

—Bueno, teniente coronel, a las cinco tienen que estar en el *ferry* de la calle 34. *¿Me entiende?* Así es que es preciso andar listos. *¿Mamende?* Allí estará el general Alfonso, quien lleva instrucciones para arreglarlo todo. *¿Mamendi?* Conque, adiós, doctor.

—Adiós, general.

Se estrecharon las manos, civilmente, criollamente, y el general descendió por la escalera, mientras el teniente coronel se nos acercaba:

—Son las dos menos cuarto, a las cinco tenemos que estar en el *ferry* de la calle 34. ¡Andando, pues!

Cuando, de sopetón, le di la noticia de mi partida aquella misma tarde a mi madre, ella, por su íntimo anhelo de que no fuera tan repentina la partida, me respondió:

—Pero ¿esta tarde, muchacho? ¿A las cinco? No puede ser. ¡Imposible! ¿Cómo vas a tener tiempo de prepararlo todo? ¡Imposible! No puede ser.

—¿Cómo no? Todo ese equipaje de 2 arrobas, que tú me has preparado, y que tendré yo que tirar en la primera marcha de 5 leguas, está listo y requetelisto al lado de la maleta: Ve metiéndolo, dejando lo que no quepa, mientras yo escribo una carta.

Vinieron abuelo y abuela, y, también alarmados con la brusca noticia, pusiéronse a dar una mano a mi madre en el arreglo del equipaje. Mi madre daba demasiadas vueltas para el trabajo que hacía, y continuaba repitiendo maquinalmente: «No puede ser», «No hay tiempo para, arreglarlo todo», «Imposible». Mis abuelos tenían los ojos agudos, estaban nerviosos, y con los labios temblequeantes, hablaban y hablaban, esforzándose por evitar que estallase la aflicción de mi madre en llanto doloroso. Por su parte, mi madre hacía esfuerzos por no afligir a los viejos. Los tres trabajaban más de lo necesario, aspaventosamente. Alisaban la ropa con las manos, antes de meterla en la maleta; lustraban mis fuertes botas de manigua; probaban la fortaleza de los botones, tirando con fuerza de ellos; hacían bolas de calcetines; ponían hilo, botones y media docena de agujas ensartadas, en una vieja cajita de papelillos, y hablaban, seguían hablando para darse ánimo uno a otro.

—Imposible. No puede ser —machacaba mi madre.

—Sí, hija, se puede ir. ¿Va a ser el único que se quede? Ya lo sabíamos. Esto tenía que suceder —consoladora decía mi abuela.

—Hay que ser espartanos —afirmaba mi abuelo.

—¡Qué espartanos! —protestaba mi abuela—. Hay que ser cubanos.

Con esta charla angustiosa, de entierro, y con la propia emoción que me galvanizaba los dedos y cuajaba las ideas en mi cerebro, no sé cómo pude hacer cuatro líneas para Susana:

Mi novia del alma:

Esta tarde, a las cinco, parto para la guerra, donde comprenderás que no me puede acompañar Teresa Carbó, ni nada más que el recuerdo de mi madre, tuyo y de mis abuelos. A la crueldad de la despedida de mi madre, se junta martirizadora la de no tenerte a mi lado; la de no poder darte un fuerte beso, en que nuestras lágrimas, tibias y puras, mezclaran su amargor, como resellando nuestro amor, que fue inmenso, sin medida, insustituible, y que yo ahora, al dejarte atrás, para jugarme la vida en los azares de la manigua, quiero ardientemente que vuelva a serlo.

Comprende mi estado de ánimo. Para esta prueba rudísima necesito ser fortalecido con afectos y ternuras, por lo que te ruego que no dejes de escribirme aunque sean dos líneas, que sirvan de bálsamo a mi corazón; mi corazón que te adora, que no puede alentar mucho tiempo sin tu amor, que está bien arrepentido de cuanto mal puede haber hecho, y que implora tu perdón.

Sé que vamos para la Florida, pero ignoro a qué población, y por cuánto tiempo. Si éste no es muy corto, te escribiré para que sepas la dirección y me contestes, siendo buena. ¿Lo harás?

Con recuerdos para Rosita, Mercedes y don Justo, y un fuerte apretón de manos para ti, queda esperando su sentencia de muerte tu

Ignacio

Coloqué la carta en un sobre, que escribí y sellé enseguida. Me la puse en el bolsillo interior de la americana, para echarla a mi paso por un buzón, y entré en el grupo de los preparativos, de los comentarios deprimentes y de las ingenuas y santas recomendaciones.

—En los bolsillos de la guerrera van los pañuelos.

—Entre las polainas te he puesto la navaja y la brocha.

—Y el botiquincito, con el yodo, quinina, percloruro y vendajes, envuelto con un algodón en una cajita dentro de la capa.

—¿Y el revólver, dónde lo llevas?

—Puesto.

—¿Y si te lo quita la policía?

—¡Qué va! Para eso soy un cubano que va para la guerra.

—No te separes de Betancourt.

—Y no hagas locuras.

—Y escríbenos cada vez que puedas.

—¿No le han dicho que le han puesto en la petaca el retrato de su amor? —preguntó mi abuelo.

—Mi amor es mi madre —respondí.

—Y Susana —dijo mi madre expresando un hondo deseo.
—Y Cuba —metió mi abuela.
—¡Caray! ¡Cuántos amores! ¡Y cómo se disputan la supremacía! A mí me parece que el de la Patria, el más cruel y exigente es una ilusión, casi un absurdo.

Esto dijo mi abuelo, que sabía mucho; no porque hubiera leído a los filósofos, sino porque era abuelo.

Hasta que llegó el instante de la despedida.

Una despedida que, cuando han pasado veinte años, tengo aún grabada en la memoria, con plasticidad, nitidez y precisión insuperables. Una angustiosa despedida, sin explosiones de sollozos y lamentos, sin arranques melodramáticos. Una despedida de frases cortas, ahogadas por la vesania del dolor; de abrazos largos y fuertes. Un sufrir mudo, de esos que en una hora de mortal agonía nos desgarran el alma, y nos convierten en héroes de la vida.

Con la maleta en la mano, el sombrero en la otra y dos lágrimas tercas, rebeldes, incontenibles, salí del cuarto; entretanto mi madre, que se tragaba las suyas, me daba la última recomendación de su alma sencilla y crédula:

—No pierdas la medallita de la Caridad del Cobre...

V

A las veinte horas de haber salido de Nueva York, llegamos a Richmond, la ciudad capital del estado de Virginia. Éramos unos ciento veinte hombres, que fuimos hasta allí encerrados en tres furgones de equipaje, a los cuales nadie se había llegado a preguntar si necesitábamos alguna cosa más que el tanque de agua, con su jarro atado a una cadenita, y el *water closet* enclavado en una esquina al lado de la puertecita de entrada.

¿De comer? Lo que llevábamos algunos pocos: huevos duros, algún emparedado de jamón, bombones y otras chucherías por el estilo, que fraternal y patrióticamente fueron repartidas entre todos, para que todos y ninguno quedáramos conformes. Cuando las reclamaciones del estómago se acentuaron, alguien inició una protesta, que fue ahogada al nacer por una voz anónima que dijo:

—Caballeros, si eso vamos a hacer ahora ¿qué dejamos para cuando estemos en la manigua y llevemos tres días sin comer?

A esta voz acusadora se unió otra catilinaria:

—Muy bien dicho. Los que vamos aquí, no vamos a una parranda. A la manigua se va a pasar trabajos y privaciones. En la guerra grande hubo gente que, después de diez días de alimentarse con pitos de calabaza y semillas de mamoncillos, secas, tuvo que apelar al cuero de los taburetes de una prefectura. ¿Y vamos a ser tan pequeños que no podamos pasar un día sin comer? ¿Vamos a tener menos vergüenza cubana que ellos? ¡Que no se diga, señores!

—¡Ris, ras, ris! —sonó una oportuna e hilarante trompetilla.

Y como el tren tableteaba ruidosamente, mientras volaba entre dos estaciones, púdose romper la consigna de no hablar alto ni hacer bulla dentro del vagón, y estalló alegre y característico el incomparable choteo cubano:

—Si don Tomás te oye, no te deja venir, muchacho. Tú haces falta pa los mítins.

—¡Métele, Bravo Correoso.

—¡Que lo tiren del tren!

—¡Que lo linchen!

—¡No, no, que no coma hasta que no llegue a Tampa!

—¡Eso es! En Tampa le daremos un taburete. Mientras tanto, que se coma el cuero de los zapatos.

Después de esto ¿quién era el guapo que declaraba su hambre? Había que hacer, no de tripas corazón, sino llenar las últimas con la energía del inquieto y calumniado órgano.

Pero, en Richmond, grandes sándwiches de a libra, botellas de cerveza y triángulos de insípidos *pies,* saciaron nuestra voracidad de náufragos. Además, allí nos tocó cambio de tren, y mientras se hacían las maniobras correspondientes, estiramos las piernas por el andén y dimos satisfacción a la curiosidad de los virginianos que andaban por allí, asombrados, boquiabiertos, con aquella cosa insólita: un lote de hombres blancos, que viajaban encerrados en unos furgones como unos negros y, esto era lo realmente inaudito, que no hablaban inglés.

En el nuevo tren tuvimos la ventaja de viajar en unos incómodos coches de pobre, que, después del encierro en los vagones de equipaje, nos parecieron *pullmans* de millonarios: asientos, aire, opción al paisaje y facilidad de comprar —los que teníamos con qué— frutas y bebidas, en las rápidas paradas que hacía el convoy.

La mañana siguiente el tren devoró cientos y cientos de millas, sin hacer una parada, por los interminables y desolados pinares de la Carolina del Sur. Los que teníamos algún dinero, que éramos los menos, y los que llevaban los bolsillos planchados, que eran los más, no pudimos comprar nada para silenciar el estómago, en aquel correr sin intermitencias...

Allá como a las doce y media, un largo pitazo, seguido de un fuerte roce de frenos en las ruedas, nos alegró con el anuncio de una parada. La velocidad fue disminuyendo progresivamente, hasta que nos detuvimos en un lugarejo de una docena de casas diseminadas al azar en una extensión para un pueblo presentable. La casa más importante era la estación; después, la consabida tienda mixta, que a unos 100 metros de nosotros nos sonsacaba, diríase que nos insultaba, con sus entrepaños, policromos y brillantes por las ringleras de latas de salmón, de sardinas, de calamares; sus torres de vasitos de jaleas y confituras y sus pirámides de cajas de galleticas y bizcochos.

Algunos bajamos al andén a inquirir la duración de la parada. Alguien averiguó que esperábamos otro tren. Corrió la noticia por los coches, y en diez segundos quedó invadido el andén por cien habladores; es decir, por casi todos los expedicionarios. Muchos traíamos los *revolvers* a la cintura, corridos hacia el ombligo, al descubierto. De pronto un habanero dio la voz de «A la bodega», y allá se fue el tropel, con gran asombro de los guajiros carolinos, que cerraban estrepitosamente puertas y ventanas, y con inenarrable susto del tendero quien, por no haber oído de la guerra con España, probablemente supuso que aquello era una invasión de españoles.

—*Ey, mister: fai cen de jalea.*
—*Say, mister, have you change for ten dollars?*
—*Guan can of salmon.*
—*Comíar, ser.*

El míster al principio intentó vender; pero luego, aturdido, reclamado a voces de un lado y de otro, viendo que el alud lo invadía todo; que algunos echábanse latas, quesos, dulces, espárragos, todo revuelto, en sombrero, bolsillos y faldas de las camisas; que otros comían a dos manos en un cubo de jalea de fresa, poniéndose caras de pieles rojas endomingados; que otros arramblaban con pencas de tocino, trozos de mortadella y ensartas de butifarras, acabó por recoger lo que cada cual, poniéndole precio a lo que se llevaba, iba dejando sobre el mostrador; mientras medio loco preguntaba el pobre hombre:

—*What is the matter? What is the matter?*

—La «mater» es que tienes que dar algo pa la guerra, compadre.

—En su vida ha visto éste tanta marchantería en la tienda.

—¿Y cómo se llama esto, eh?

—¿Este pueblo? Rompetelalma.

—Sí, hombre. Aquí dio el diablo las tres voces. Mientras se hablaba, se comía, se cargaba, se aplastaba nueces a taconazos y por todos los medios se contribuía a mantener un escándalo de valla de gallos.

De pronto: «Fuiii, fuiii...»

—¡Se va el tren!

—Corre, Juan.

—¿Siete cabezas? Corre, que te quedas.

—*Gur bai, míster.*

Luis Córdova y yo fuimos los últimos en tomar el tren, y lo tomamos gracias al miedo de quedarnos en calidad de víctimas del *bodeguero* y sus convecinos medio parientes de los *cow boys*, que, como se sabe, sueltos y sin bozal, son un peligro, porque ya el tren iba rápido cuando lo alcanzamos y cogimos con arrestos y habilidad de ferrocarrileros. Pero, por ser los últimos, los que en más peligro estuvimos de perder el tren fuimos blanco del furor del jefe, quien nos condenó a ir en la plataforma, hasta Tampa, como centinelas para evitar nuevas bajadas de expedicionarios en las estaciones que nos quedaban por tocar.

A las siete de la noche, cuando la máquina soltó un alegre y larguísimo silbido, porque allá en la oscuridad, frente a nosotros, brillaban las luces de la ciudad bilingüe, Córdova y yo teníamos encima una tonelada de tierra y cisco: en la espalda, en los zapatos, en los bolsillos, en las orejas, en los ojos, en las uñas, en la saliva.

En Tampa nos esperaba poco público, por cierta reserva que era preciso guardar acerca de nuestros movimientos. Por grupo nos llevaron a *West Tampa*, al *Céspedes Hall*, un enorme caserón de madera, de dos pisos, con cuatro torres macizas que le daban el aspecto de una mesa de billar patas arriba. Era el alojamiento dispuesto para los expedicionarios pobres, porque nosotros, los doctores y los generales, iríamos a parar a las casas de los compatriotas pudientes.

Allí nos esperaba una gran mesa en forma de T, en la cual nos sirvieron un espléndido banquete (hablo en filibustero). Sopa de fideos, biftec con patatas, arroz blanco, ensalada de lechuga, agua con hielo, café carretero, y a cajilla de cigarros por barba.

Después de comer, beber y fumar, me sentí optimista, generoso, fraternal, y lancé en el grupo de los médicos y estudiantes jóvenes una idea, propia de un revolucionario consciente, de corazón, capaz de interpretar a conciencia los ideales de Martí. Pregunté:

—¿Cuánto tiempo vamos a estar aquí?

—¡Cualquiera lo sabe!

—Bueno, pues sea el tiempo que sea, no me voy de aquí para ningún alojamiento preferido. Me quedo con los compañeros.

—Pues, yo no —replicó una espátula con gafas, haciéndose el portavoz de los demás—. En esto no hay compañerismo. El que es jefe, es jefe.

—Bueno, allá usted que es jefe.

—No, todavía no lo soy, pero usted y yo lo seremos. Para eso somos profesionales. Digo, por lo menos yo no soy ningún plebe.

—Pues, mire, me quedo; porque en estas cosas la plebe es más noble; se mueve por un sentimentalismo puro, y no por quién sabe qué intenciones que llevan muchos de los ilustrados.

—¿Y por quién dice usted eso?

—¿Yo? Pues..., por nadie.

Di media vuelta, y me fui con Luis Córdova, mi tabaquero y los otros. A poco se nos reunió un grupo de expedicionarios tampeños. A uno de ellos pregunté por la oficina de telégrafos. Se prestó a servirme de guía, y a los pocos minutos redactaba yo estos dos telegramas:

Dolores Darna.
686 *Lexington Avenue*, New York.
Legué a Tampa sin novedad, escríbeme a 40 *Main* Street, *West Tampa*, Florida.
Ignacio

Susana Rubio.
558 Second Street, Brooklyn, New York.
Si eres buena escribe a 40 *Main* Street, *West Tampa*. Florida.
Ignacio.

Al regresar al *Céspedes Hall*, me encontré con un grupo encabezado por Valdés Domínguez, el tabaquero, que venía a felicitarme por lo que yo había dicho en el grupo de gente «bien», que ya se comentaba por toda la casa. Este grupo de simpatizadores, según Valdés Domínguez, me había preparado un lecho, con dos bancos de madera, en un cuartico solo que había al fondo del edificio. Di las gracias; rogué que no se hablara más del incidente de marras para evitar discordias e indisciplinas perniciosas, y me fui al cuarto acompañado de Córdova, a quien cedí el improvisado lecho en vista de que él no tenía hamaca. Colgué la mía todo lo bien que pude, que fue poco, de uno de los barrotes de la única ventana del cuarto y una bisagra de la puertecita de entrada. En los salones y en las otras piezas del caserón dormían mis compañeros de aventuras. Los que la tenían, en hamaca; los que no llegaban a tal lujo, suavizaban los palos de unas sillas colocadas a modo de tarima, o domaban las tablas del suelo y de algunas mesas, todos con los bultos de ropa sirviéndoles de almohadas.

A la una y media de la noche, cuando yo dormía como lo que era: un trinquete de veinte años, un tropel de voces y fuertes pisadas hizo que me despertara sobresaltado.

Alguien, que tenía una voluminosa voz de barítono, gritaba:

—¡Arriba! ¡Arriba!, que hay que marchar enseguida.

—¿He oído que hay que marchar? —pregunté, no queriendo dar crédito a lo que oía.

—¡Vamos, muchachos! ¡Arriba!

Pues, sí: a marchar. No había duda. Al fin me pasaba lo que yo temía con toda mi alma. Me iba a la guerra llevándome una duda terrible con respecto a las intenciones de Susana, y dejándola en una cruel desesperación, llorando la que podría ser pérdida definitiva de su amor, que era su felicidad y su vida; porque, a partir de aquella hora, el destino pondría entre los dos una inmensa barrera de agua, de tiempo y de azares peligrosísimos...

—Aquí, en este cuarto ¿hay alguno? ¡Arriba!

Córdova dormía clericalmente.

—¡Eh, Córdova! ¡Arriba! Que nos vamos.

Con toda rapidez teníamos que aviarnos, porque a las tres vendría a buscarnos el tren encargado de conducirnos a *Port Tampa*, que era el lugar de embarque para Cuba, aquella misma mañana.

Se nos hizo poner en fila, y se nos dijo que formábamos un batallón que llamaríase «Oscar Primelles» con dos compañías por lo pronto. Nuestro jefe, en el mar, sería el general Joaquín Castillo Duany, y después del desembarco asumiría el mando el general Lacret, quien regresaba de la comisión que trajo al Norte, meses antes. Después se nos leyó una nómina en la que aparecía la distribución de todos y los nombramientos de jefes y oficiales con que fuimos favorecidos los diplomados y los deudos y compadres de generales y doctores. Mi título me valió el cargo de teniente de Sanidad Militar. Luis Córdova fue nombrado sargento de una escuadra de camilleros, en la cual figuraba, como soldado raso, el tabaquero Valdés Domínguez.

A las tres menos cuarto, con puntualidad inglesa, sentimos que se acercaba el tren, todo lo silenciosamente que se lo permitían los montones de lodo y arena de las bocacalles. Sin pitazos, ni toques de campana, ni fuertes golpes de chimenea, subrepticia, filibusteramente, así llegó el convoy hasta aparearse al *Céspedes Hall*, por la calle *Main*.

Rápida, militarmente, todos subimos al tren, acomodándonos lo mejor posible y haciendo un esfuerzo heroico por aparecer lo menos cubanos posible; es decir, callados.

En la mañana, como a eso de las diez, nos despedían desde el muelle escasos grupos de hombres y mujeres. El barco era uno que todavía da tumbos por estos mares: el *Florida*. El cargamento incluía diez mil rifles *Springfield* —largos como espingardas, pesados como trabucos, y con unas balas espléndidas para estrellar huesos de elefantes—; doscientos mil tiros «surtidos»; dos cañones minúsculos; un lote de cajas de dinamita; mulos, machetes, medicinas y no sé cuántas «etcéteras» más. Expedicionarios: unos doscientos, decenas de más o de menos.

Nota que conviene recordar: en el muelle, un gavroche, repartidor del *Cuba*, después de mucho preguntar dio conmigo y me entregó una cajita que había venido por correo, con mi nombre, a la dirección de aquel histórico vocero revolucionario. La cajita contenía una escarapela mambisa de seda, en cuyo reverso leíase bordada en plata, esta dedicatoria:

Para Ignacio.
Recuerdo de Teresa.

Las primeras horas que pasamos a bordo, transcurrieron con una deliciosa tranquilidad de viaje de placer o de negocios totalmente pacíficos. Mientras no nos acercáramos mucho a los costas cubanas, al alcance de los barquitos españoles, podíamos filibustear tan seguros de nuestra invulnerabilidad como estaban, semanas después, Dewey y su gente, de la suya, cuando destruyeron la caricatura de escuadra enemiga en Cavite. Solo una nota fuerte descomponía la placidez del ambiente, poniéndonos en la realidad con súbitas correntadas de pavor: el centinela que, arma al brazo, paseábase a proa, sobre un lote de cajas que en letras rojas exhibían esta leyenda inquietante: *Dynamite*.

El *Florida* con la proa al oeste, sereno y humeante, cortaba las aguas, lisas como las de un lago, que espejeaban el añil puro del cielo, muy cerca de las costas floridanas, precioso anticipo de las de Cuba; por el esmeralda de los campos, tocado aquí y allá por la nota blanca de una casita, y realzado a trechos por los brochazos maravillosos de los bambúes, cocoteros y platanales.

Aquel día, por presentaciones personales, o simplemente de vista, fuimos conociéndonos todos los que íbamos a bordo: el general Manuel Alfonso; Julito Sanguily; el andarín Carvajal. En un camarote, con el general Lacret, recluido a causa de un constipado, el general Julio Sanguily.

La comida de aquella tarde fue la comida tipo de todo el viaje. De comandante para arriba, comida caliente, en el comedor, junto con el capitán y los oficiales de a bordo, en las mesas de aquéllos. De capitán para abajo, nos repartían, para cada cuatro hombres, una lata de azucaradas judías a la Boston, una lata de salchichas y de *jamón del diablo*, una lata de tomates de guisar, una lata de leche condensada y un paquete de *hard tack*, galletas insípidas y zapatudas, semejantes en la forma a las de soda. Éstas servían de plato y cuchara, a los que no teníamos ninguna de las dos cosas.

Navegó el barco aquella noche con todas sus luces, y en el saloncito de primera, se cantaron, acompañados al piano, *Los frijoles*, *La mulata callejera* y puntos guajiros de este corte ultrapatriótico:

> ¿Quién dice que a la castaña,
> se le puede llamar fruta?
> Tan solo un hijo de p...
> que haya nacido en España.

Al otro día, como a las dos de la tarde, el *Florida* hacía círculos frente a un faro, que se alzaba sobre un caserío, allá en las lejanías de 6 o 7 millas. Era el Cayo, heroico y legendario. Hacia él enderezábanse los gemelos de los que estaban en el puente: el capitán, el general Castillo Duany, el piloto.

Después de voltejear, como un tiovivo, más de dos horas, se vio a simple vista un bote blanquísimo, que proa a nosotros jugueteaba sobre las olas. Cuando esta embarcación estaba cerca, vimos detrás, y no muy lejos de ella, dos botecitos más. ¿Autoridades americanas? ¿Expedicionarios procedentes del Cayo? Eso lo sabrían los jefes, quienes asimismo sabrían para qué habíamos venido a dar vueltas por allí, al alcance visual de los vigías del faro.

Poco a poco nos fuimos enterando por cuenta nuestra. En el bote delantero, manchas claras y oscuras, que luego fueron gente uniformada de blanco y señores vestidos de negro, y después oficiales de aduana y revolucionarios de nombres sonados; uno de ellos, el tenaz, el fervoroso, el intachable Esteban Borrero Echeverría. En los botes de atrás, manchas policromas, que luego fueron trajes y sombreros femeninos, y después unas cubanas, lindas, alegres, habladoras, simpáticas. Los señores del bote grande traían noticias e instrucciones, y se fueron directamente a las alturas de los jefes. Las muchachas venían a saludarnos, a poner un toque de alentador compatriotismo en nuestra heroica empresa, y, por la rigurosa disciplina expedicionaria, recibieron órdenes de permanecer en los botes, al costado del vapor. Nos traían regalos: cajas de guayaba, pomos de dulce en almíbar, cajitas de sándwiches, latería, frutas frescas, periódicos, escarapelas, pañuelos, flores. Los mismos expedicionarios, apiñados en aquella banda del barco, subíamos los regalos por medio de cordeles y sogas. Iban y venían saludos, sonrisas y exclamaciones de júbilo. La jugosa vena del choteo cubano manaba pródiga, rica en los giros, gracias y decires gráficos y chistosos del charlar criollo. Y —cosa digna de anotarse— en todo aquel noble comulgar de sentimientos e ideales quedó fuera de circulación el fraseo galante, inevitable en toda charla entre cubanas y cubanos. Eran frases cortas, diálogos plenos de sinceridad, de simpatía, de afectuosos recuerdos y adioses. Como de viejos amigos íntimos, de hermano a hermana, de madre a hijo.

Bajaron los que estaban en el puente. Hubo abrazos y apretones de manos entre los conocidos. Alguien empezó a teclear el Himno Bayamés en el piano del salón, y en aquel ambiente de sublimes entusiasmos, de corazones en místico arrebato, uno de los ciudadanos del Cayo, de pie sobre una silla de cubierta, agitando la pajilla en lo alto, dio un estentóreo «¡Viva Cuba libre» que, a voz en cuello, fue coreado por hombres y mujeres, por yanquis y cubanos, por los que se quedaban y los que nos íbamos.

Minutos después el *Florida* dejaba una estela de remolinos y espumarajos, y uno como abanico de largas olas, en cuyas combas enormes parecían zozobrar los tres barquitos, que con aleteos de gorras, pañuelos y banderitas tricolores, nos daban un amoroso adiós.

Era una deliciosa tarde de los trópicos, alegre y templada. Había un cielo de añil, un cielo altísimo, y un océano de zafir, un océano aplanado y silente. Había oro en el rielar de las aguas; oro en los metales de puertas y pasamanos, oro que cegaba en los bruñidos tablones de la cubierta, y espolvoreo de oro era, allá detrás del barco, la franja reflejo del disco de oro fundido que esparcía aquella lujuriosa explosión de oro.

Este Sol a espaldas nuestras nos probaba, a los estudiosos observadores, que era falsa la especie, echada a rodar por los jefes, de que habríamos de desembarcar, temerariamente, al rayar el día, en playas vecinas de Cárdenas; falsa especie que obedecía a la táctica de ocultar a los expedicionarios subalternos los movimientos del buque.

Al anochecer, después de desdeñar los fríos y desabridos comestibles de a bordo, y regalarnos con lo que nos obsequiaron las muchachas del Cayo; cuando el Sol, siempre a popa, moría en una brillante paletada de colores, empezaron las precauciones de la noche, que nos impusieron de la creciente proximidad del peligro. Grupos a proa y a popa, que aseguraban, atándolos con calabrotes, cadenas y tornillos, dos relucientes cañoncitos de montaña. Tres marineros que ponían, en torno de la cubierta, una enorme lona gris. Oficiales que hacían circular la orden terminante de no fumar, hacer luz ni hablar alto después de oscurecer. Un centinela que escudriñaba el mar desde la alta gavia del trinquete.

En el camarote de Betancourt, que era el del doctor Vega Lamar, de Córdova y mío, cubanamente desobedecíamos la consigna de oscuridad, con una linterna a media luz, envuelta en un periódico y metida debajo de una litera.

Córdova y yo dábamos vomitivos a ver si Betancourt nos sacaba de dudas:

—No sé cómo vamos a desembarcar en la mañana, si no nos han repartido las armas.

—Mentira, muchacho.

—¡Claro, que es mentira! ¡Vamos para Cárdenas, y navegamos al este!

A lo que Betancour daba unas respuestas por este tenor:

—¡Discreción, caballeros, discreción!

Hasta que nos acostamos y quedamos en silencio, en un silencio que solo era roto por el jadeo de las máquinas y el isócrono *All is well!* del marino que escudriñaba las sombras desde la gavia del trinquete.

Allá como a las once, comencé a notar una claridad sospechosa que se colaba por el redondo ventanillo del camarote. Me incorporé, saqué la cabeza por el aro frío y salitroso, y vi, a proa, un cuarto de Luna que asomábase, peligrosa, por la orilla de un nubarrón, cercano al horizonte. Seguíamos rumbo al este.

Me dormí.

Tres días después, allá como a las nueve de una mañana clarísima, cuando ya sabíamos los expedicionarios todo el código de timbrazos entre el puente y las máquinas, sentimos un toque de parada.

Inmediatamente salieron a cubierta todos los que no estaban en ella. Ávidos de saber lo que ocurría, nos congregábamos tan pronto en una banda como en la otra. Después de preguntar al aire, advertimos que se entablaba un diálogo entre el capitán, que estaba en el puente, y el vigía de la gavia. Abrimos vorazmente los oídos, y pescamos esto:

—*Where is she?*

—*At port side* —replicó el vigía, que empuñaba un catalejo.

—*Where about?*

—*Right there, sir* —y apuntaba con el índice a un punto invisible en el horizonte.

—*All right! I see her* —replicó el capitán, que enfocaba su anteojo hacia el sitio indicado.

De pronto el *Florida* empezó a describir círculos, como lo había hecho frente al Cayo. Seguían las preguntas al aire y los comentarios al viento:

—Debe ser un buque español.

—En ese caso, huiríamos, en vez de dar vueltas.

—Debe ser la expedición del general Emilio Núñez, que viene a juntarse con nosotros.

—Lo que va a ser es que nos van achicharrar, sin siquiera tener el desquite de morir matando.

—¡Que nos den las armas! —se atrevió a gritar uno.

—¡Humo! ¡Se ve humo! —vociferó otro.

Una manchita gris, en la remota línea del horizonte, nos indicó la presencia de un vapor. Se aproximaba éste, y la gente subalterna, al ver la tranquilidad de los jefes, se fue tranquilizando. Pronto delineóse la forma de un remolcador, que avanzaba cortando triunfalmente las aguas. Cuando estuvo más cerca, el *Florida* dejó de dar vueltas. El remolcador tenía a popa, con grandes letras blancas, este nombre histórico: *Osceola*. De un puente a otro hubo un diálogo a bocina, que duró un cuarto de hora. Se fue el remolcador, y nosotros volvimos a dar vueltas. Y allí nos quedamos dando vueltas tres días interminables.

La tercera noche que llevábamos de noria, de voltear y voltear y voltear en el radio de una milla cuadrada, sentimos un timbrazo de parada, y enseguida el de marcha, y en el instante el de aumentar la velocidad. Aumentó el acezar de las máquinas. Sentimos, sobre cubierta, un sordo diálogo en inglés. Todo el que pudo sacar la cabeza por una ventana o rendija lo hizo, y asombrados vimos a popa unos como azulosos relámpagos que, por aquel rumbo, dominaban la pálida luz de la Luna.

¡Un reflector! ¡Aquello era un reflector!

Seguimos navegando a toda máquina, sin que pareciera que disminuíamos la distancia entre los circulares ramalazos de luz y nosotros. Los ángulos que a cada rato hacía la estela, y la posición de la Luna, tan pronto a babor como a estribor, demostraban que hacíamos zigzags. La luz relampagueante, como si nos buscara o nos persiguiera, estuvo a nuestra vista hasta ya cerca de la madrugada, en que pareció cambiar de rumbo. Y fue disminuyendo hasta desaparecer totalmente.

Estuvimos, empero, haciendo zigzags toda la mañana, hasta que el timbre ordenó disminución de velocidad, y volvimos de nuevo a trazar círculos en menos de una milla cuadrada.

Por la tarde volvió el *Osceola*; hablaron los capitanes de puente a puente; se oyó claro un efusivo *Farewell*, y partieron los dos buques con rumbos totalmente opuestos.

Y así, a las cuatro de la tarde del quinto día de nuestra salida de la Florida, nuestro barco navegaba rápido, con el Sol a estribor.

Eran las cuatro de la tarde del día posterior al de nuestro último encuentro con el *Osceola*, cuando se nos congregó a todos en la cubierta del vapor, para el reparto de las armas. Los de la primera compañía alcanzamos rifles *Winchester*, ciento cincuenta tiros en sus cananas correspondientes, y machetines *Collins*, ligeros y flamantes. Los de la segunda cargaron con los tardíos y pesados *Springfield*. He usado el plural «alcanzamos», porque allí todos, jefes y oficiales, doctores y generales, además de los sendos revólveres, recibimos sendos rifles, para hacer más eficiente la defensa en la hora que se aproximaba, suprema y peligrosa, del desembarco.

Minutos después del reparto, la cubierta era un afanoso taller de limpiar armas. Los que sabían manejarlas, daban explicaciones a los ignorantes. Había fuerte olor a grasa de ballena, un rayar escalofriante de esmeril y belicosos tric tracs de gatillos y cerrojos.

De pronto: ¡Pum!

Una detonación, que nos parece un cañonazo, nos hace saltar y correr hacia la popa, de donde parten rotundos ternos y alaridos penetrantes. Somos tantos y tanto nos embarazan los rifles, pistolas y machetes, que los de atrás nos quedamos sin ver lo que ocurre, apelotonados, nerviosos, ávidos de ver algo en que adivinamos la tragedia.

—Paso, abran paso, caballeros; que va un herido.

Abrimos calle, y vemos que dos hombres traen colgando, de hombros y pies, a otro que chorrea sangre abundante.

Enseguida corre la voz:

—Es que limpiando el fusil se le escapó un tiro.

Es un muchacho flaco, mal vestido, que se muerde los labios sin sangre, contrae el amarillento rostro imberbe y pone los ojos en blanco, con una mueca de dolor y desesperación, a tiempo que clama, en quejidos que taladran el alma:

—¡Mi madre! ¡Mi mamaíta! ¡Se muere tu hijo!

Sí, se muere. Porque la chamusquina de la pólvora ha hecho una rueda enorme, mezcla de tizne y sangre en el lado izquierdo del pecho, un poco más abajo de la clavícula y rumbo a la aorta. El balazo tremendo del anticuado y bárbaro *Springfield* tiene que haber hecho una horrible tronera en la endeble armazón de tuberculoso. La hemorragia deja un espeso reguero rojo, y los lamentos del desdichado van siendo cada vez más débiles, hasta que cesan totalmente, cuando una mesa de cocina, colocada en el fumadero, queda convertida en mesa de operaciones.

Trabajan los médicos y practicantes. Como somos muchos, no todos podemos prestar nuestros ahora inútiles servicios profesionales, y yo, afortunadamente, quedo entre los que no tenemos otra cosa que hacer, que lamentar el triste suceso. Afortunadamente digo, porque tengo en los oídos, oprimiéndome el corazón y nublándome los ojos, aquel lamento angustioso:

—«¡Mi madre! ¡Mi mamaíta! ¡Se muere tu hijo!»

Súbita corre una interrogación. ¿Quién es ese muchacho? Nadie lo sabe. No tiene parientes ni amigos ni siquiera conocidos, en todo el barco. Habrá que pasar lista para saber el nombre, y borrarlo de la nómina de «la segunda», como será borrado, quien lo llevaba, del misterioso libro de la vida.

Con aquel grito de agonía pegado en los oídos; de pie en la esquina del barandal de cubierta, allá por la popa, del lado de estribor, contemplo el Sol, que baja al ocaso, derramando luz y vida sobre los seres y las cosas. En tanto que, con el último aliento de nuestra primera baja, se hiela también la flor de una ilusión: el poema de gloria, ideales y esperanzas, que aquel mártir anónimo, agonizante sobre una mesa de cocina, en el salón de fumar, venía a cantarle a Cuba, el amor de sus amores.

Y, muy a pesar mío, recuerdo a mi madre y pienso en Susana.

¡Así es la guerra! Sobre el comedor estaba el salón de fumar. En éste, aún sobre la mesa, en una atmósfera de ácido fénico, yerto, exangüe, enfundado en una sábana, yacía el cadáver del compañero infortunado. Debajo, con los oficiales de a bordo, como todas las tardes, comieron, habladores e indiferentes, los que ya sabían de la guerra; coroneles y generales, de corazón endurecido por la costumbre, para quienes un hombre que moría no era más que una «baja», una resta insignificante, uno de tantos accidentes habituales y de escasa importancia en la lucha. En la cubierta, por lo contrario, holgaba el apetito. A envenenar peces fueron las latas, mediadas de tomates, salchichas y frijoles. Se formaron corrillos en los que se hablaba en voz baja, por tácito acuerdo nadie se fue a dormir en aquella noche de velorio y del desembarco.

¡Así es la guerra! Allá como a las diez, corrió por todas partes la noticia de que unos martillazos, sordos, agoreros, que oíanse por las entrañas del barco, significaban la hechura de una caja de muerto. En ésta, cuando se divisara la costa, sería echado al mar el cadáver del expedicionario. ¿Qué se ganaba con enterrarle? Una vez muerto, lo mismo daba agua que tierra. No estaban los jefes para empeñarse en que el mártir sin nombre fuera a dormir el sueño eterno en la patria por la cual dio la vida; en un sitio en que la «mamaíta» del alma pudiera un día encontrar la tumba de su hijo, y doblar en ella la rodilla, y rezarle su dolor. Esos sentimentalismos eran improcedentes cuando sobraban trabajos y estorbos, en la hora riesgosa y decisiva del desembarco y el alijo. ¿Y si teníamos que combatir desesperadamente, con riesgo del precioso cargamento, con nuevas y copiosas muertes?

Allá como a las once, vimos, remota, pequeñita, a flor de agua, la luz de un faro, que levantó en mi mente un mundo de imágenes y recuerdos.

Allá como a las doce, unas sombras salieron del fumadero, llevando en lo alto un bulto largo y oscuro, que se balanceaba imponente. Se dirigieron hacia la popa. Después se percibió un lento y sordo arrastrar de cadenas, el chirrido de un montón, y un grito de «¡A una!», seguido de un golpe siniestro en la haz de las aguas.

Una hora después, divisábase a proa, como límite del mar, una franja larga y estrecha. Seguimos andando media hora más en línea recta, hasta que empezaban a delinearse los perfiles de la costa. Sonó entonces un timbrazo de parada por allá por las máquinas, y siguió el barco a impulsos de la velocidad adquirida. Era el momento de la expectación y del peligro. Había un silencio de muerte, roto únicamente por el secreteo conventual con que los jefes del barco y los de la expedición cambiaban impresiones y circulaban sus órdenes. Rodó la noticia de que iba a ser echado un bote, con diez hombres, para ir a explorar el puerto.

Era una misión arriesgadísima, de un heroísmo suicida, esa de la exploración del puerto, que después supimos que era el de Banes. Tratábase de ir hacia la entrada de un estrecho brazo, bogar a su largo y ver si no había en ella ningún cañonero enemigo ni ninguna fuerza de tierra, acampada o destacada por los alrededores. Si no los había, haríanse señales con unas luces de bengala. Si los había, haríanse otras señales, si a tanto podía llegarse, y abandonando el bote salvaríase el que pudiera. Se dijo que irían, armados hasta los dientes, diez hombres que se ofrecieran voluntariamente. Nos ofrecimos todos, pero la versión era falsa, porque los diez hombres, fogueados, que supieran remar y aprovechar los tiros, estaban bien escogidos desde el día anterior.

Los vimos bajar dentro del bote, remar silenciosamente y desaparecer en la distancia, al confundirse la gris manchita del barquito con la franja acerada de la costa.

Cuatro marineros vigilaban: uno en la proa, otro a popa, un tercero en lo alto del palo mayor, y el habitual de la gavia del trinquete. En la cubierta vigilábamos todos, ojeando la planicie del mar, los oídos atentos, en espera de cualquier ruido que pudiera venirnos del rumbo seguido por el bote explorador. Y así, ansiosa, inquieta y desesperantemente, estuvimos horas y horas, hasta que empezó a surgir, lenta y bella, de una belleza preñada de peligros, la blanca claridad del día por la parte de babor. Lenta y bellamente fueron presentándose las montañas, las palmas, las maniguas de la costa, desolada y silente. Acentuóse la salida del Sol —Sol de domingo— despaciosa, solemne, radiante, entre cendales rosas y nácares; trocando en verde la mancha gris de los campos, e irisando los rizos del mar con chispeantes lentejuelas.

Cuando ya la inquietante duda por la suerte que pudiera haber corrido el bote, del cual no teníamos la menor señal, tornábasenos insufrible, lo vimos salir de la espesura, pequeñín, moviendo rápido los diez remos, como un diminuto miriápodo. Se vio algo como un pañuelito blanco que nos llamaba premioso. Sonó el timbre, arrancó el vapor, enfilando la entrada que dibujábase franca en el verdor de la costa, y media hora después, siguiendo el botecito, muy despacio, sondeando cuidadosamente, el *Florida* entraba por el estrecho brazo de mar, rozando a veces la vegetación de la orilla, de un verde vivísimo, tupida, fragante y vigorosa.

A la media hora de anclados, sin ver señales de exploradores o de avanzadas de fuerzas cubanas, que pudieran estar esperándonos, se oyó una voz regocijada, que dijo:

—¡Un hombre!

—¿Dónde?

—Allí, en la lomita. ¿Lo ven? Escondido detrás de la güira.

—¡Ah, sí! Es un salinero —dijo, con seguridad indiscutible, el general Lacret, que enseguida vino por allí, tan interesado como el que más en el descubrimiento.

El hombre se había quitado la camisa y la tenía en la mano como bandera lista para hacer señales.

—Saquen una bandera cubana —ordenó el general Castillo Duany.

Se desplegó una hermosa bandera de seda, obsequio de las damas del hotel Habana. En el momento el hombre corrió a campo abierto, rumbo a la playa, agitando su camisa y gritando algo que solo llegó a nosotros con las sílabas finales:

—¡...ba ...bree!

Un bote fue a buscar al insurrecto, y media hora después lo teníamos, indisciplinadamente, apretujado entre todos, blanco de nuestra curiosidad:

—¡Qué flaco está!

—No tiene más ropa que esos ripios de pantalón y camisa.

—Y zapatos de cinco puntas. Esos tienen la ventaja de que no se rompen.

—¡Cómo tiene «ñáñaras»! —dijo un santiaguero que venía de Nueva York.

—¿Y esas tres laticas en el sombrero?

—Sargento primero.

Por fin los generales se lo llevaron a una cámara. El sargento informó que por allí había estado un cañonero de los «soldaos» el día antes. El general Feria venía a recibir la expedición. Estaba al llegar. ¿Lluvias? ¡Uh! Muchas.

Cuando terminó su informe, recibió el hombre un par de huevos fritos, algunas lonjas de jamón, dos o tres papas salcochadas, café, pan y mantequilla. Se puso a devorar con un apetito que resultaba aterrador para los que, haciéndole corro, como los pilluelos de una aldea frente al manso elefante de un circo, le veíamos engullir afanosamente. Después empezamos a regalarle chucherías, que él contemplaba entusiasmado, guardándolas luego en el «jolongo» que traía colgante de una mano.

—Tenga, fósforos.

—Tenga, unos zapatos usados.

—¿Quiere cigarros?

—¿Le doy unos calcetines?

—No, señor «despedicionario», mejor denme una camisa vieja, o cualquier otra cosa que no estorbe.

Vino mi teniente coronel Betancourt; y me dijo:

—Váyase con el sargento salinero. Lleve a Córdova y —señalando al sargento— él le enseñará los ranchos en que hay enfermos, para que les reparta quinina y yodoformo.

Enseguida le dijo al salinero:

—¡Vaya usted, sargento, y vuelvan al mediodía, sin falta!

A la una de la tarde, después de repartir medicinas por los ranchos inópicos, de almorzar en uno de ellos (jutía ahumada y boniatos asados) entre el azoro de una chiquillería esquelética y semidesnuda, y atisbos y cuchicheos femeniles por detrás de las paredes de guano; después de matar millares de mosquitos y andar 3 o 4 leguas por pantanos y maniguales; después de un ensayo rudísimo en la vida insurrecta, el salinero nos puso en un trillo, que era bifurcación de una vereda cenagosa, y nos dijo:

—Vayan por aquí. No tienen «pérdida». Al salir al claro cojan el trillo de la derecha, y darán con el campamento.

Tuvimos suerte, porque generalmente esos caminos «sin pérdida» de los guajiros resultan un laberinto. «No se aparte del trillo», dicen, pero apenas se ha caminado media legua, ¡tate!, el trillo se convierte en dos. Perplejidad, y escogida de uno de los dos. Media legua más y ¡esta sí que es buena!, el camino muere en una T. ¿Cojo a la derecha o a la izquierda? Hasta que por el camino «sin pérdida» va uno a parar donde menos lo espera.

Pero...

Salimos al claro de monte. Del otro lado, frente a nosotros, se agitaron violentas unas malezas. Nos quedamos en suspenso. Córdova me preguntó con su voz más grave:

—¿Serán españoles?

A lo que contesté, súbito, para serenarle y serenarme:

—No, hombre. Si por aquí pudieran aparecerse los españoles, no nos habrían mandado solos, con tanta confianza... ni habría un solo rancho... ni nada.

—¿Quién va? —nos gritaron desde las malezas.

—¡Cuba! —repliqué.

Era una avanzada. Salieron dos hombres. Uno, mulato claro, era un centinela, corpulento y andrajoso, que se presentaba con el rifle en posición amenazadora. El otro seguramente andaba recogiendo guayabas, porque traía media docena de ellas en las manos. Negro y brillante como ébano pulido, estaba mejor vestido que el mestizo y solo cargaba revólver y machete. Cuando nos acercamos, vimos que exhibía tres estrellas en el sombrero de guano.

—Oiga, amigo —le dije—. ¿Por dónde se va al campamento?

—¡Eh, eh! ¿Qué es eso de amigo? ¿Usted no ve las insignias?

—Perdone. Es que...

—Sí. Ya veo que son ustedes «despedicionarios», ¿no? Pues, a ver si se pierden por ahí. Mejor que vayan pal campamento. Y, pa otro día: ¡capitán!

Le expliqué de dónde veníamos. Nos dijo que él pertenecía a las fuerzas del general Feria, que estaban descargando la expedición. Fraternizamos cuando le dije que «éramos» doctores, y fuimos con él hasta el puerto.

En éste se trabajaba afanosamente en la descarga del buque. Mulos que bajaban colgados de las grúas, como inmensas arañas negras, penduleándose en sus telas gigantescas. Filas de hombres cargados, como regueros de hormigas presurosas y diligentes. Ir y venir de botes repletos de hombres y bultos. Reunión de generales en un almacén en ruinas, cerca de una vía angosta en desuso, enyerbada y torcida.

Al doblar un recodo de la playa en busca de nuestro teniente coronel, tuvimos un encuentro maravilloso con un personaje que no habíamos logrado ver en todo el viaje. Tratábase de un hombre bien plantado, vestido de pantalón y guerrera blanquísimos, con tres estrellas de oro en cada lado del cuello. Tenía un hermoso y levantado bigote rubio, y una mirada brillante que humillaba la ajena. Jineteaba en un hermoso y saltarín caballo negro; con la diestra en las riendas recogidas; y un bastón de angular empuñadura plateada, en la izquierda, con el regatón apoyado en una pierna rígida en el estribo. Erguido, marcial, fascinador; prototipo insuperable del guía de multitudes. Era el mayor general Julio Sanguily. En su presencia SENTÍ la verdad —con toda su hipérbole de leyenda— de la famosa hazaña agramontina. Viéndolo PRESENTÍ que, pesárale a ciertas historias, nadie sería osado de acercarse a él como no fuese para acatarlo y rendirle homenaje.

Del encanto nos sacó Betancourt. Teníamos que prepararnos a marchar enseguida. El general Feria quedaba con su gente a cargo del desembarco, mientras nosotros iríamos a pernoctar a no recuerdo cuántas leguas de allí, en un lugar llamado Bijarú, asiento de unas semirruinas de caserío, en donde algunos hallaríamos techo para pasar la noche.

Formamos y salimos. Caía un Sol que tostaba y cegaba. Tomamos por una vereda fangosa, en la cual pasamos por todas las penalidades de la guerra en la manjgua, menos la de pelear, que era la más benigna, por el contagio del valor y la vesania del combate. Marchamos con el lodo hasta las rodillas; abrumados por el peso de las armas, el parque y el bulto de ropas, que, en aquella iniciación dolorosa, cargamos todos, de capitán para abajo; las nubes de hambrientos mosquitos nos martirizaban horriblemente. Después el calor se hizo sofocante, al formarse una turbonada, que se deshizo en un aguacero furioso y repentino. Al cesar éste, quedó una llovizna fría y pertinaz, que no dejaba que con el calor del cuerpo se secaran las ropas empapadas. La última legua de vereda la hicimos de noche, enterrándonos en las furnias, separados unos de otros, con las carnes arañadas por todos los ramajes, espinas y guijarros del camino.

Hasta las once no llegamos al viejo caserío derruido de Bijarú. Rendidos por el cansancio, sin fuerzas para más que matar la sed insoportable con enormes jarros de agua de pozo, gorda y salobre, nos tiramos por donde mejor pudimos. El techo prometido solo fue para los que no tuvieron la mala suerte de ir a las avanzadas. Éstos durmieron sobre la hierba húmeda, de cara a un cielo plomizo, amenazante de nuevos aguaceros.

En el minuto en que, sin pensar en la hamaca, me tiré sobre un viejo tablón, dispuesto a dormirme enseguida, declaro que tuve que recordar mis viejas lecturas de heroísmos patrióticos, para levantar mi fe y seguir adelante al día siguiente.

Porque, cuidado que era inquietante y descorazonadora esta pregunta:

—¿Y si en una hora como ésta se aparecen los españoles?

VI

A la hora meridiana, la columna insurrecta orilla una sabana holguinera. Bajo los rayos perpendiculares de un Sol que chorrea fuego, y que, al decir de los guajiros que van en filas, anuncia próxima lluvia, se resquebraja la tierra tostada por la sequía; crepitan los maniguales polvorientos que nos quedan a un lado; queman los sucios harapos que mal cubren las sufridas carnes de los patriotas; arden y brillan cegadores los rifles y las cananas repletas de parque amarillo; se derriten en sudor los hombres y las bestias, que llevan, los primeros, los labios resecos y entreabiertos, y las segundas los befos húmedos y babeantes.

La columna es fuerte, de 1.200 hombres, y conduce un inapreciable cargamento de armas que ha sido alijado del

Three Friends en el puerto de Banes, y que es necesario conducir con todo género de precauciones hasta Los Chincheros, asiento del Gobierno Revolucionario, más allá de la vieja Puerto Príncipe.

Van en la extrema vanguardia cien jinetes de *Tata* Sánchez. Un cuarto de legua detrás marcha la infantería del general Ramos. Siguen el Estado Mayor y la escolta, e inmediatamente el convoy, en el cual, sobre los mulos alabeados de carga, vamos algunos expedicionarios de los que no hemos quedado tirados por los caminos interminables o por las prefecturas hambrientas. Vamos estos expedicionarios, jóvenes de las ciudades en la mayoría, inútiles para todo ajetreo bélico; despeados por las jornadas de 10 a 12 leguas; reventados en llagas por los alfilerazos de los matorrales; comidos de mugre, famélicos y calenturientos. Detrás de esta impedimenta, la propiamente dicha del general Ramos, compuesta de una docena de rocines y mulos seguidos de veinte o treinta caballos que cubren la retaguardia y alientan y recogen a los rezagados.

Como en Holguín el *soldao* abunda, el peligro de un encuentro es inminente.

Por eso siempre se orilla la manigua protectora, dejando entre la ciudad y la columna algunas leguas de llanuras. Por eso el propio *Tata* Sánchez, al frente de cien jinetes favoritos, cubre el flanco derecho, como a tres cuartos de legua, por la reseca llanura, entre una larga mancha de polvo. Por eso, siguiendo una vereda que corre por el manigual, van dos escuadrones que protegen el flanco izquierdo. Por eso todos marchamos avizores y silenciosos, en aquella hora propicia para la travesías del llano, por la quietud canicular, que no perturba ningún ruido en la maleza, ni el zumbido de una nube de mosquitos, ni el aleteo de una tiñosa, ni el canto de un pájaro.

El *jefe de día*, que lo es el capitán Lelievre, un fornido mulatón guantanamero, recorre las filas, jinete en un membrudo potro alazán.

Aconseja, regaña, ordena:

—Y usted ¿para qué carga esas calabazas? Esta tarde tendremos calabazas hasta hacer dulce.

—¡Oiga! ¡Incorpórese!

—¡He dicho que de uno en fondo!

También recorre la línea el práctico, el negro *Candela*, en su nervudo caballito dorado. Asegura, invariablemente, que vamos a levantar campamento en un palmarito que está al «cantío» de un gallo.

Y cuando los labios resecos y ardorosos preguntan por el más próximo sitio con agua, responde también invariablemente:

—Allá abajo por aquellas mangueras, vamos a topar con un pozo.

Y, aunque «aquellas mangueras» solo son visibles para *Candela*, los sedientos sienten los estímulos de una esperanza que les hace imaginar, como una gloria, el viejo pozo, de brocal derruido, con su lata rebosante de agua clara y fresca.

Por conmiseración, el general ha ordenado a su cocinero que me deje ir en una acémila de la impedimenta. Voy escarranchado sobre un serón lleno de tarecos, del cual pende toda una batería de jarros, cazuelas y sartenes. Los gruesos zapatones traídos del Norte, de tanto empaparse y volverse a secar, se han puesto duros y angulosos y me hacen unas llagas dolorosísimas. Los he atado por los cordones y los llevó colgados, a modo de alforjas, a uno y otro lado del serón. Sobre éste, en cruz con la bestia, llevo el fusil, y en las manos, por únicas riendas, un arique atado al pescuezo del tozudo animal.

De repente me saca de mi beatitud sanchopancesca un tamborileo de máuser y parque amarillo, que suena por donde va *Tata*, cuya caballería levanta ahora una más densa nube de humo y tierra. Más allá, otra nube grisácea corre en dirección a la vanguardia de la columna insurrecta.

En esto pasa a lo largo de las filas el *jefe de día*, tendido sobre la mancha rojiza y fugaz de su caballo, en tanto que grita alborozado:

—Es la guerrilla. La guerrilla forrajera. ¡La cogimos!

Otro jinete atraviesa veloz la impedimenta, y desaparece por los enredos del manigual. Es un ayudante, que seguramente lleva el parte de lo que ocurre, al flanco izquierdo, para que no se replieguen los escuadrones que lo cubren.

Se acerca el tiroteo, porque los guerrilleros disparan a tiempo que corren vesánicos a buscar refugio en la manigua. Los acosa y los cerca, furioso, *Tata*, lanzándolos sobre los cien jinetes invisibles de la vanguardia. Para ocultarse, la infantería ha puesto rodilla en tierra. Mi mulo, con las orejas muy tiesas, describe círculos, resopla, se encabrita cerrilmente, indócil a los tirones de arique, que alarmado le doy entre ternos y blasfemias de vizcaíno emperrado.

¡Bruuum! Suena la descarga cerrada en la vanguardia. Los guerrilleros, cogidos entre dos fuegos, se riegan por la sabana, en el sálvese el que pueda. Un grupo de diez o doce, presa del pánico, se dirige al sitio en que espera oculta la infantería.

¡Bruuum! Rompe la infantería. Se espanta mi mulo, y me lleva a su arbitrio por entre los maniguales; loco, en línea recta, partiendo ramajes, amenazando estrangularme con los más bajos, enredándome en las bejuqueras, desgarrándome las ropas y las carnes, haciendo repicar, infernalmente, la batería de cacharros que cuelgan del serón...

Cuando cesa el tiroteo y los machetes han rendido su espeluznante tarea de rematar a los guerrilleros heridos —¡inexorablemente la ley para los cubanos que pelean en las líneas españolas!—, y se han saqueado los cadáveres, y recogido los armamentos y cabalgaduras útiles, y un jinete de *Tata* va atravesado en el serón de una acémila, camino de la sepultura que le abriremos los compañeros a orillas del precario campamento, y los heridos se lamentan en el balanceo de las parihuelas atadas a sendas parejas de caballos, y se ha forzado la marcha porque el fuego ha podido oírse desde Holguín, muy peligrosamente; cuando ya estamos al llegar al monte, que es límite del llano, advierto, con indescriptible dolor, que en los corcovos y carreras de mi macho he perdido mis altas, mis gruesas, mis valiosas botas neoyorquinas...

Por la noche, en el campamento de San José, viejo batey en ruinas, sin otro calzado que un par de gruesos calcetines de lana, resto exiguo del equipaje traído del Norte, voy haciendo piruetas de funámbulo por los guijarros y las malezas cercanos al riachuelo que ha dado nombre al lugar. Llevo en la diestra un bulto envuelto en papel de periódicos. Son borceguíes, ensangrentados, de uno de los guerrilleros que ha quedado panza arriba en el llano de Holguín. Me los ha dado uno de los hombres de *Tata* Sánchez, y yo, muy agradecido, bendiciendo mi buena suerte, voy a lavarlos para ponérmelos enseguida —mal que le pese a Córdova, que es espiritista y asegura que el guerrillero ha de venir a tirarme de los pies una noche de éstas.

Marcha la columna por el camino de La Habana. Al caer la tarde llega al punto en que aquél se cruza con una vereda de hondos carriles cenagosos. Allí hay un grupo de casas en ruinas, entre las frondas verde oscuro, alegres y olorosas, de los frutales en prodigioso derroche primaveral.

El espionaje mambí asegura que el *soldao* está reconcentrado en Puerto Príncipe; porque los yanquis rondan amenazadores por la costa. A esto se debe que la columna marche por el camino de La Habana, con no acostumbrado descuido; que al llegar a esta vereda, llamada del *Perú*, se dé la clarinada de alto, y que de súbito se rompan las filas y la gente y los animales inunden la verdura, con la asoladora voracidad de una plaga de langostas.

Vengo, caballero, en un arrenquín rosillo, al lado del general, quien me tiene cierto afecto por el entusiasmo patriótico de mi charla con él, cada noche, en su tienda de campaña, al olor y al estímulo de un perol de café. Aquel afecto tiene, además, mucho de piadoso, porque hacen mella en el corazón del viejo rebelde mis sufrimientos de mozo no avezado a los rigores de la manigua. Las ñáñaras se me han multiplicado, y una de ellas se formaliza ya en úlcera repelente. Me han dado tres furiosas tercianas, y mi general Ramos empéñase en que, después de una acometida a los mangos y las guayabas, me interne solo, por la vereda del *Perú*, y vaya con una carta de él al hospital que lleva aquel nombre, que es el de la ex finca en que hállase enclavado.

Me dolía separarme del general e irme, apenas desembarcado, a majasear por el monte sin peligros. Pero ¿qué hacer? Yo era un estorbo, con aquellas ñáñaras que venían a pinchar todos los gajos y espinas del camino, y con aquellas fiebres aniquiladoras e insufribles durante la marcha por las sabanas asoleadas, reverberantes, en la hora del mediodía, que era cabalmente la de los accesos. ¡Qué sed, y qué frío, y qué calenturón terminado por arroyos de un sudor pegajoso y maloliente! Además, el viejo lo ordenaba, paternal, pero decisivamente:

—Sí. Aproveche. Estamos a 2 leguas del *Perú*. Váyase con una carta mía para el comandante Arturo Fernández. Salga temprano para que llegue de día.

Llegué de noche; porque las 2 leguas de vereda, que dijo el general, eran de esas leguas que, al decir de los guajiros, han sido medidas por el diablo. Quien estuvo acertado fue el práctico:

—Al salir de la vereda, que «no tiene pérdida», hay un clarito de monte. Siga por los cangilones. Pase la otra veredita, y en el otro claro topará con el caserío del hospital. En la casa del colgadizo está el comandante. Dele memorias de mi parte.

Exacto.

Apenas entré en el segundo claro de monte, vi titilar las luces de los ranchos invisibles en la oscuridad de la llanura. Luego, a medida que el arrenquín olfateaba el término de la jornada, avanzando en línea recta hacia la luz que brillaba con mayor fuerza, eran menos imprecisos los bohíos. Rompió a ladrar un perro avizor, y vi algunos hombres que se movían en la claridad del caserío. Me dirigí resueltamente al colgadizo que alumbraba aquella luz más fuerte que las otras, hasta encararme con un hombre de barba cerrada, que chupaba su tabaco, enorme y chapucero, echado en un banco de cujes...

—¡¡Doctor Cañizo!!

—¡¡Muchacho!! ¿Desde cuándo por estos matorrales?

—Hace un par de semanas. Desembarqué en Banes con el general Lacret, y llevo andadas más de 100 leguas. Así estoy de ñáñaras y de fiebres. Tanto, que el general Ramos me ha ordenado que venga al *Perú*, al famoso hospital del *Perú*, con esta carta para el doctor Fernández. Pero ¡qué me iba yo a esperar esto! ¡El doctor Cañizo!

—Ya ves. En el *Perú*. Primero estuve en el Estado Mayor del general Calixto García, y de él salí con el grado de comandante. Aquí vivo bien; todo lo bien que se puede vivir en la manigua. Ahora pienso casarme, por la prefectura, con una muchacha de Puerto Príncipe, que vive aquí. Pero, bueno: ¡Siéntate!

—¡Viruta! —gritó.

—¿Señor? —dijo una voz salida del bohío propincuo.

Y enseguida se presentó un muchachón befudo, retinto y como una caña, de largo y flaco.

Le dijo Cañizo:

—Desensilla ese caballo y suéltalo en el potrerito.

Y continuó conmigo:

—Tú puedes «guindar» tu hamaca en mi cuarto: El comandante está durmiendo. Mañana le darás la carta. Aquí vas a estar bien, y se te quitarán las ñáñaras y las fiebres. Para éstas tenemos quinina, y para aquéllas polvo de cedro quemado, que es el gran secante.

—Veremos a ver.

—Sí, hombre, ya lo verás. Pero cuéntame. ¿Y aquella herida? ¿Y tu gente?

Nos colgamos a dormir, allá como a las once, después de hacer recuerdos de Placeres, hacer conjeturas acerca del probable fin de la Revolución, y hacer historias: yo, de la gente que conspiraba en el Norte y él, de los rigores de aquella vida nómada, plena de riesgos, dolores y miserias.

En aquel hospital escondido en el claro de un monte tupido y protector, en aquel hospital huérfano de los fueros de la guerra civilizada (!) no se tocaba diana. Así, cuando Cañizo me sacudió los hilos de la hamaca, acompañando esa acción con un: «¡Arriba! ¡Las seis!», ya había amanecido totalmente. El Sol amarilleaba en la copa de los árboles que circundaban la ranchería y la llanada del hospital; brillaban las gotas del rocío en los espartillales; alborotaban los totíes volanderos por todas partes; sentíase una agradable sensación de vida y de ansias de hacer algo; barrer, ordeñar vacas, sacudir frutales. No ordeñaríamos, pero iríamos, por indicación de Cañizo, a ver la ordeña de cuarenta vacas que tenía el hospital, todas con un arique, de cuerno a cuerno, para que fuesen respetadas por las partidas, y a tomarnos sendas jícaras de leche tibia y espumosa.

En el camino tropezamos con el comandante y doctor Arturo Fernández, hombre alto, de estatura y de idealismos revolucionarios, campechanote y simpático. Entregué mi carta de presentación. Nos dimos un sincero, aguajirado apretón de manos, y nos fuimos los tres al corral, que se anunciaba por allá, por unas cercas de piñón, gracias al insistente mugir de vacas y terneros.

Como en aquella época los médicos combatían la dieta de frutas, al igual que hoy combaten otras cosas que mañana aceptarán —aunque tanto detestar una cosa hoy, para encomiarla más tarde, nada diga a sus espíritus sectarios—, como entonces los plátanos eran muy fríos, los mangos un veneno y el jugo de la piña era mortal para los enfermos, entre mis jefes, doctores y amigos, acordaron que, a partir de aquel desayuno, guardase yo «una absoluta dieta láctea y una rigurosa frutofobia», según sentencia del gran Cañizo.

Después del desayuno fuimos a ver las «salas» de los enfermos. Eran cuatro bohíos, largos y estrechos, como casas de tabaco, reunidos en cruz por un amplio colgadizo común en el que formaban tertulia, daban paseos y bebían el aire los enfermos y heridos en convalecencia. Cada «sala» tenía dos filas de hamacas, haraposas y mugrientas, y parrillas pomposamente llamadas camas, de cujes verdes. En una esperaban unos diez heridos del reciente combate de la finca *Saratoga*; en otra estaban los enfermos agudos, disentéricos y palúdicos en su mayoría; en una tercera los crónicos, los seniles, los rencos definitivos. En la última «sala», huérfana de enfermos, albergábanse los asistentes de los oficiales heridos y enfermos; los asistentes y otros personajes de menor cuantía. Cerca de las «salas» estaba la humosa cocina, con batería de latas viejas, catauros y jícaras. En el botiquín, que felizmente escaseaba en drogas tanto como abundaba en raíces, cáscaras y semillas, dormíamos Cañizo y yo. En el rancho más grande, mejor cobijado, más limpio, más distante de los ayes y los malos olores del hospital, vivía el doctor en unión de dos practicantes andaluces, desertores de las filas españolas, que usaban sendas insignias mambisas, de sargento primero, sobre las desteñidas guerreras de rayadillo.

A la orilla del monte, por el oriente del llano, allá por donde una serpenteante fila de palmas y cañabravas marcaba el curso de un riachuelo, estaban los bohíos de unas familias que preferían aquella rebeldía con su inopia, sus trapos, sus guanos, sus zozobras, a la vida ciudadana de las humillaciones al enemigo embrutecido y desalmado. Por allí andaba la novia de Cañizo. Por allí lavábanse los vendajes de los heridos y las ropas de los jefes, que a la brisa y al Sol de la mañanita albeaban en ringleras los manchones grises de los bohíos.

Después de verlo todo, de estrechar la mano de los heridos de *Saratoga*, de expresarles mis deseos de que mejorasen pronto, de tomar una jicarita de «canchánchara», de la que se repartía a los pacientes que no podían tomar leche, después de comprobar, una vez después de cien más, el estoicismo sin par de los libertadores, me fui con Cañizo al rancho nuestro. En el camino nos cruzamos con los dos practicantes andaluces, quienes iban hacia las «salas» con grandes jícaras rebosantes de agua fenicada y montones de vendajes recién lavados. Y como, a pesar de los veinte días de mal trato, mi traje era de lujo comparado con el de Cañizo, por ejemplo, los desertores me tomaron por algún gran personaje, a juzgar por lo sonrientes y reverenciosos «Buenoz díaz», que nos soltaron a dúo.

Enseguida vinieron al rancho-botiquín. Cañizo se ocupó de la presentación de rigor. Después entregó las medicinas del día a los dos curros, quienes, por lo visto, llevaban una buena parte del trabajo profesional en aquel bajalato.

—De la quinina van cuarenta píldoras. Este sebo alcanforado es para las frotaciones del viejo. Procuren ahorrar el bicarbonato, que anda escaso. Aquí va el bismuto para los disentéricos. Cojan la leche de manzanillo que necesiten.

Se fue a huronear por las alforjas que pendían de un cuje de la casa, y de ellas extrajo mecha y pedernal, un gran tabaco descolorido y chambón y un manojo de cuartillas churrientas, en la primera de las cuales leíase, en enormes letras; negrísimas y resgueadas, *Diario de Campaña del doctor Pérez Cañizo*.

—Ven a darte una vuelta por la orilla del río. No te llevaré hoy hasta donde están las mujeres, porque es preciso anunciar la visita primero. Les da vergüenza el ser sorprendidas con visitas de hombres desconocidos. ¡Las pobres! ¡Andan tan mal de ropas! Avisadas, es otra cosa, porque tienen tiempo de ponerse lo más zurcido y limpiecito que tienen por allá.

Mientras hablaba, alisábase el pelo con un pedazo de peine, frente a un pedazo de espejo. Después tomó un trapo, y en tanto que se limpiaba con él los zapatones:

—No puedo acompañarle hasta el río —dije—, porque hoy me toca la fiebre, y ya me está entrando la sed y los dolorcitos de huesos.

—Mejor. Requetemejor —afirmó Cañizo—. En los pródromos del acceso palúdico, es bueno sudar y coger un poco de Sol. Nada como la diaforesis y la helioterapia, para secundar la acción del bisulfato de quinina. Coge quinina, en aquel pomo alto. Zámpale medio gramo.

Mientras yo lo hacía, él encendió su tabacote. Después tomó un tostado jipijapa, que pendía de uno de los cujes del rancho, y que tenía en el ala, doblada a la mambisa, dos estrellas de cinco puntas. Enseguida cogió una pulgada de bicarbonato, y con éste y los dedos frotó las estrellas hasta ponerlas brillantes.

—¿Vamos?

—Vamos.

Tomamos un trillo que rayaba el potrerito en dirección de la ranchería y del río. Cañizo iba hecho un banquero, con su gran tabaco; andaba prosopopéyico, satisfecho de vivir. Mientras andaba, me ponía por las nubes las ventajas del *Perú*:

—Aquí no tenemos jefes, trabajamos poco, tenemos segura la comida y algunas cosas más; porque el hospital tiene sus comisiones, que recogen por las prefecturas y los campamentos miel, velas de cera, raspadura, tasajo de vaca, viandas, tabaco. Además, aquí se siembra algo, y como has visto, tenemos cuarenta vacas intocables. Tenemos opción al amor, con solo un viajecito a la prefectura, y...

—¿Y peligro?

—¡Oh! Aquí no hemos tenido nunca los peligros de los hospitales de sangre de Las Villas y la Vuelta Abajo, de esos que a cada rato pasan a cuchillo los españoles. Aquí, antes de yo venir; creo que solo hubo un corre-corre, por culpa de unos enfermos que fueron a coger frutas al camino de La Habana, y los sorprendió una columna que los persiguió por la vereda con un tiroteo infernal. Pero ¡qué va! Esto está muy resguardado.

—Según eso, ¡el gran majaseo!

—Sí, pero creo que tengo derecho a esto, después de dos años con el general Calixto García, con quien me gané estas estrellas, a pulso. ¡Muy a pulso!

—Sí, como se ganan las estrellas al lado del general Calixto García —dije con volteriana seriedad.

Quiso desentenderse del claro oscuro Cañizo —que seguramente recordó sus desplantes antiseparatistas de aquel día en mi casa de Placeres— y me respondió muy oronda y companudamente:

—¡Sí, eso es: como se ganan con el general Calixto García!

—Claro.

El trillo se bifurcaba. Cañizo, con un «Hasta luego», tomó el de los ranchos, tan cercanos ya, que veíase el ir y venir de chiquillos entre las chozas y los árboles circundantes. Yo seguí hacia el río, y debajo de una pletórica guásima, decidido, heroico, recordando lo que había visto en los hospitales de Baltimore, con fe ciega, fe recluniana en el poder de la naturaleza, me dispuse a quitarme la ropa, dispuesto a darme un baño en una límpida poza del riachuelo, que allí corría tranquilo, silencioso, sobre un lecho de arena blanquísima.

Me bañé rápido. Me vestí rapidísimo, y emprendí el regreso al hospital cuando ya tenía los bostezos precursores del frío. Con éste en su punto más álgido, llegué al rancho-botiquín. *Viruta* me echó unas ropas y unos sacos por arriba, y a indicación mía fue a preparar una infusión de hojas de naranja con miel. Tuve el obligado sudor estupendo, aniquilante.

Y otra vez heroico, pleno de fe recluniana, fui al río y me di otro chapuzón.

Después, muy fresco, enfundado en ropa interior limpia, pero débil y adolorido, volví al rancho y me eché en la hamaca. Apenas me acosté, un frío mador me humedeció la piel, y no tardé en dormirme con un sueño de quinina pesado, soporífero, pleno de imágenes febriles y de seres teratológicos, que eran mi madre, Susana, el general Ramos y un guerrillero descalzo, ensangrentado, que me corría detrás con un machete descomunal.

Los pasos de Cañizo en la tierra del bohío me despertaron. A juzgar por el flojo matiz de la luz que se colaba por las rendijas del guano, eran las cuatro o cuatro y media de la tarde. Advirtió Cañizo que estaba yo despierto, y me habló:

—¡Hola! ¿Te dio el acceso?

—Sí, y fuerte.

—¿No has tomado más quinina?

—No, ni creo que la volveré a tomar. Acabo de pasar un sueño horrible. Me voy a curar con baños y tisanas.

—Usted no hará nada de eso. Sería una barbaridad.

—No. Yo haré lo que ustedes digan —afirmé, pero dejándome en la trastienda la decisión firmísima de regar por la sabana y el río las píldoras que me dieran.

—Mañana, que no te toca fiebre, te presentaré a las muchachas aquellas. Hoy almorcé allá. ¿No te levantas?

—No, me siento mal —repliqué.

—Bueno —dijo Cañizo.

Y volvió a huronear en las alforjas; sacó una de sus trancas de pajizo tabaco, y se fue al colgadizo.

Era la primera vez, desde el día del desembarco, que yo estaba acostado, sin el sueño dominador de los campamentos trashumantes después de las rudas jornadas; era la primera hora, desde las del *Florida*, que tranquilo, con el ánimo propicio a remembranzas y filosofías, pensaba en mi madre, en mi novia, en cuantos afectos míos andaban por la emigración y la manigua, y me quedé amodorrado, melancólico, suspiroso, con las dudas, los afanes, los delirios, las esperanzas del vivir heroico.

Cuando ya oscurecía, Cañizo, que estuvo hasta entonces puliendo la prosa adormidera, gerundiosa, cesarcantuniana, de su *Diario*, inspirado por el humo de su pajizo tabaco, vino a buscarme para que le acompañase un rato en el colgadizo, a la hora triste y confidencial del crepúsculo.

—Vamos. Levántate, chico. Ya le dije a *Viruta* que te traiga una jícara de leche caliente.

—Voy.

Y fui. Tomé la leche. Sudé bárbaramente. Cañizo me condenó a oírle algunos párrafos de su *Diario*. Me distraía cierto baileteo en que andaban los grumos de leche allá por mi estómago de calenturiento. Me distraía, asimismo, el doliente quejarse de un herido, que tenía la vejiga atravesada de un balazo. Cañizo renegaba del herido, que con sus lamentos no me dejaba oír bien aquellos párrafos excelsos: «Considerando el general García, que el enemigo debilitaba su fuego en la torre de la iglesia, y concibiendo la idea de rematarlo de una vez, dándole un sendo cañonazo a la base, que era la parte delantera de la iglesia...». No sé si fue el humo de la tagarnina, o si me indigesté con la prosa gaceteril de Cañizo más de lo que estaba con el jicarazo de leche, lo cierto fue que sentí un desvanecimiento, sudores fríos, y ¡bruuuuun!... Devolví ruidosa, agriamente, toda la quesería que me danzaba por allá dentro.

Felizmente.

Porque tuve que volver a la hamaca. Me libré del *Diario* de mi comandante, y renegué de su «absoluta dieta láctea», como ya renegara, en la tarde, del bisulfato de quinina. ¡Me curaría a estilo de algunos de mis profesores de Baltimore! ¡Frutas! ¡Baños! ¡Sudores! Y la leche ¡para los terneros! Y la quinina ¡a envenenar el espartillo de la sabana y las biajacas del río!

Y corrieron así los días y las semanas, en aquella Jauja de la manigua. Las ñáñaras, que al principio me hacían renquear lastimosamente, con el reposo, las frutas y los baños, mejoraban rápida, visiblemente. Las fiebres fueron disminuyendo en intensidad y duración, con gran escándalo de la cuadrada cabeza de Cañizo, que no comprendía cómo podían ocurrir aquellas cosas no previstas en los textos. Visitábamos a las mujeres de las ropitas escasas y transparentes, de tanto ser corcusidas y lavadas. Los curros practicantes seguían poniéndole tapones de bismuto a los disentéricos y quemándoles los bordes de las heridas, a los baleados, con agua fenicada. A la caída de la tarde, el oficial que tenía el tiro en la vejiga, retentado en sus dolores, entristecía el ambiente con sus ayes taladrantes. Cañizo esmerilaba sus cuartillas, fumaba, abrillantaba sus estrellas y hacía el tenorio. El doctor Fernández engordaba. Entretanto, aislados del mundo por aquel cerco irrompible de la selva tropical, enmarañada, fecunda, lujuriosa, no sabíamos una palabra de la, para nosotros, decisiva y trascendente caricatura de guerra entre España y la patria de Monroe, Platt y Roosevelt.

Hasta un día...

Un día nos llegaron noticias estupendas y bienvenidas por lo halagüeñas. En Cavite, Dewey había realizado la portentosa hazaña de hacer ejercicios de tiro al blanco, destruyendo barquitos y fortines casi inermes, sin la pérdida de un solo hombre. En Santiago, Sampson había conquistado renombre imperecedero con el hundimiento de la escuadrilla española en aquella famosa y gloriosa fuga naval. En el Caney, los españoles habían reñido su primera y última batalla campal con los aliados americanos, y si bien era verdad que inútilmente habían sacrificado preciosas vidas, no lo era menos que habíase salvado el honor de España; honor que estaba, primero, en preferir la humillación de parte de los angloamericanos, al pacto hidalgo y ventajoso con los hispanoantillanos, con los de la Raza, la Religión y el Idioma, y, después, en no entrar en tratos con un enemigo incontrastable, hasta no poner un último y lamentable capítulo quijotesco en la historia de España en América. Y, a causa de tales efectos, en aquellos días se formulaba en París un tratado de paz, mediante el cual la geografía política de un rincón oceánico y de ciertas islas de la América entraba en transcendentes modificaciones. Entre éstas había una que llegaba al grado superlativo para nosotros; de acuerdo con la famosa Joint Resolution, en un plazo más o menos corto, Cuba sería de hecho, como ya lo era de derecho, libre e independiente. Coronábamos dignamente un siglo de honor, el siglo de los sembradores de ideales, el siglo de Heredia, Luaces y Martí, de Poey, Guiteras y Luz Caballero, de Maceo, Céspedes y Agramonte. Veíamos brillar, con los albores de la nueva centuria, el glorioso amanecer de la soñada libertad, que a los de aquel escondrijo del *Perú*, como a todo el ejército rebelde, venía a redimirnos, honrosamente, del vivir azaroso y crudelísimo de la manigua legendaria.

Encaramado en uno de los bancos del colgadizo que unía las cuatro «salas», daba las noticias jubilosas y bordaba sus comentarios el doctor Fernández. Los únicos que no dejaron sus hamacas y parrillas, para hacerle auditorio al jefe, fueron los rencos definitivos y los heridos de gravedad, como aquel quejumbroso de la vejiga taladrada; pero éstos, desde lo oscuro de sus rincones y desde lo más hondo de sus almas de mártires, unieron su voz, velada por los sollozos de la emoción, al retumbante «¡Viva Cuba libre!» que dejó cortadas las últimas frases del orador.

Hubo una gran fiesta aquel día. La comisión que había traído aquellas felices noticias, trajo con ellas algunas provisiones, restos del cargamento de un vapor español apresado por los yanquis cuando aquél intentaba burlar el bloqueo de la Isla. ¡Oh, cosa grande y feliz en la vida insurrecta! Tendríamos café, tocino, arroz, dos garrafones de ron y ¡sal!

—Que se dé un garrafón para los enfermos, y el otro que se deje para la gente de la orilla del río —había dicho Cañizo, con la venia de Fernández.

Este agregó:

—¡Sargento cocinero! Prepare un arroz con tocino y salcoche todos los boniatos que quedan en la cocina, para que se reparta entre los que no están a dieta. ¡Ah! Y que se haga un buen café.

Enseguida empezó a zumbar regocijado el enjambre de las «salas». Todos exponían sus proyectos e ilusiones para el día de su regreso a la vida de hombres civilizados, al calor y los cariños del hogar ciudadano o campesino. Más que de otra cosa, y muy significativamente, hablábase de comida.

—En cuanto llegue a casa —decía un imberbe palúdico yayabero, guapo reconocido de los dos caseríos—, le digo a la vieja: «¡Oye, mamá! Hazme una fuente de harina de maíz, con bastante anís».

—Pué yo —replicaba un ñañaroso negrito, ex vecino de la Plaza del Vapor— de lo que tengo gana, é de empujame media flauta có mantequilla y un jarro é café con leche biéeen prietecito...

—A mí, allá en Cuba —afirmaba un negrote santiaguero, herido en el último combate— lo que me epera é una gran fuente de congrí.

—Bueno, miren, caballeros —declaraba un versallero pelirrubio, a quien la disentería destrozaba horrendamente—, yo de lo que tengo ganas es de ver a mi madre y a mis hermanas ¡Las pobres! Así, amarillo, peludo, hecho un esqueleto, ¡qué alegría cuando me vean!

Poco se acordaron, aquellos sentimentales, del ideal, de los caídos en las cargas, en los hospitales pasados a cuchillo, o en los tétricos fosos de San Severino y La Cabaña; menos pensaron en los dolores y las lágrimas de las mujeres mártires de cincuenta años de hambre, combates, persecuciones y fusilamientos, y muchísimo menos aún pudiéronse detener a considerar el porvenir de la patria, a tan alto precio libertada.

Empezaron las guarachas y los puntos, acompañados de repiques de palmas y tableteos en los bancos y en las yaguas de las paredes. Salió de no sabíase qué rincón, un acordeón preagónico. Dos cajas que servían de mesas en el botiquín, convirtiéronse en tambores. Con las rondas de aguardiente, que no bien bajaba a los estómagos débiles subía en oleadas a los cerebros desmedrados, complicábase el místico entusiasmo de aquellos espectros galvanizados por la súbita fe en la vida. Y, conmoviendo el alma ancestral de aquel abejeo humano, estalló al fin, dominante y frenético, el tamborileo de la *rumba*.

Pronto bajaron dos hombres de la ranchería ribereña a inquirir las razones de aquel estallido de fiesta. Se les alegró el alma con las buenas nuevas; se les dio café y ron, y con su concurso celebróse un cónclave, presidido por el comandante Fernández, para convenir el mejor modo de celebrar el advenimiento de Cuba libre, allá por el caserío, en unión de las mujeres. En el cónclave se acordó que, en vista de que aquella vida de inverosímiles «economías» felizmente tocaba a su fin, bien se podía poner en una barbacoa de guayabo a los dos únicos lechones de la comunidad, y con arroz, café, viandas y miel, que llevaríase del hospital, prepararíamos una cena historiable, seguida de cantos y zapateo criollo.

—Sí, hombre, ¿cómo no? —dijeron los representantes del rancherío— ahora mismitico vamos a dal la noticia a las mujeres, a matar los lechones y a prepararlo tóo. ¡Gracia ja Dio que se va el *soldao*, carijo!

Y cuando Cañizo y yo, después del cónclave, regresábamos a nuestro rancho, me dijo él:

—Ahora, que se puede andar por los caminos con toda confianza, no dejo pasar un día sin casarme. Esta noche les digo, a Isabel y a los padres, que para mañana por la tardecita preparen el viaje a la prefectura. ¡Hay que aprovechar el tiempo, chico! ¡Ahora que tenemos el ron para la fiesta! ¿Eh?

No repliqué. Me embargaba repentino dolor por la suerte de Isabel, la de los holancitos lavados y corcusidos, los grandes ojos camagüeyanos y la clorótica palidez de la vida miserable de los matorrales revolucionarios. La tortolita inerme en su sencillez provinciana, que sentíase fatalmente atraída al lazo de la prefectura, por los ojos voraces, fascinadores, viperinos, del doctor Cañizo.

La gran comida fue al caer de la tarde. Como en la inopia gitana del caserío no había trastos suficientes con que improvisar una mesa para dos docenas de comensales, ni había una silla ni los platos disponibles llegaban a cinco ni las cucharas a seis, y solo se contaba con dos tazas, una que en letras doradas decía «No me olvides», y otra «Domitila», se sirvió el lechón con su acompañamiento de plátanos y boniatos asados, a estilo de romería; es decir, a los jefes y a los viejos, hasta donde alcanzaron, platos y cubiertos, y a los otros en sendas tablillas de yagua, con tenedores naturales y servilletas de cinco puntas.

Las mujeres eran seis, pero solo había una joven, soltera, y que sin un gran esfuerzo pudiérase llamar bonita: Isabel. Ésta mostraba tanto empeño en que no se la viera con el novio, como descuido mostraba otra en echar los pechos al aire, para que de aquellas bolsas colgantes, fofas y amarillentas, chupara inútilmente un desnudo barrigón de dos años. Este era el pito más corto de una tubería de órgano de seis más. Entre las otras mujeres, dos de ellas, de vientre inflado, reunían siete muchachos. Los catorce, fuera de las hembras mayores, que tenían sus limpios harapos cortos y transparentes, andaban por allí en paradisíaca desnudez. Para éstos, más que para los grandes, era aquélla una gran fiesta. ¡Se iba el *soldao*, el coco, el enemigo malo, y por eso había lechón asado, arroz y «hasta» café!

Si no fuera porque, desde entonces a la fecha, se ha abusado mucho de la frase, diría yo que durante la comida y después de ella reinó la más franca cordialidad. Cada comensal, grande o chico, dio buena cuenta de un par de libras del «clásico» (¡Y qué bueno estaba, oh gastrónomos que no sabéis de barbacoas, ramajes de guayabo y mojito de naranja agria!), menos el cronista. Este, que todavía guardaba dieta, ante la masita trigueña, blanda y sabrosísima, y el pellejito dorado, brillante y oloroso, sintió el imperativo categórico de mil generaciones de antepasados carnívoros, y onzas de más o de menos, despachó tres libras de la suculenta víctima *pascual*.

El agua del riachuelo vecino era clara, delgada, fresca; mas, para que de veras fuese aquello una fiesta, era preciso consumir el garrafón de veneno sabiamente reservado por Cañizo. Me envenené con dos o tres güiritos llenos, a la hora del zapateo, las mazurcas y los puntos. De éstos los había patrióticos, y en ellos salían a relucir los «patones», los «guerrilleros» y la «estrella solitaria», y los había amorosos en que se hablaba del «tierno amor», del «fiel corazón», de recuerdos e ingratitudes. Cabalmente, a estas horas de los puntos amorosos tuve que escurrirme disimuladamente para ir a botar en el espartillo, al pie de una palma de robusto tronco y penacho enorme elevado en la azul claridad de la noche, la panzada de lechón y aguardiente que se insurreccionaban en mi empobrecido estómago de dietético.

Luego, febril, con la cabeza turbia y las piernas flojas por la fulminante intoxicación de cerdo grasiento y mosto apestoso, caí debajo de una guásima, en un lecho de espartillo, y me rendí a un sopor invencible, de pesadillas y delirios.

Cuando uno de éstos me hizo gritar, abrir los ojos e incorporarme, con el corazón desbocado, el cuerpo tembloroso y la boca seca y ardiente como la de un tifoideo, se venía sobre los campos un grandioso amanecer. Brillaba clarísimo, sobre la mancha negra del monte cercano, el lucero precursor. El relente me había humedecido y enfriado la ropa. Cantaban los gallos del hospital y el caserío, y oíase sordo, incansable, monótono, el golpeo de la rumba allá en las «salas» y en el grupo de casuchas de la orilla del río.

Sentí algo como vergüenza o desilusión o pesimismo; y filósofo, sin conocer aún al aguafiestas de Dantzig, me reintegré al rancho-botiquín. Tomé una gran jícara de agua, y me eché en la hamaca cuando ya clareaba el día. No por esto enmudecía el tronar de los cajones rumberos allí en las «salas», ni ello, al parecer, les preocupaba mucho a los jefes, que aún andaban por el caserío, dándole duro a los restos del ron y a las últimas borras de café carretero.

Otro día, cuando iba dominada la recaída que me causara el lechón recocido en aguardiente; cuando Cañizo, seriote ya, le aconsejaba a Isabel, llorosa, que se fuese con sus padres hasta que él, restablecida la normalidad, pudiese venir por ella definitivamente; cuando del herido de los ojales en la vejiga no quedaba otra cosa visible que un montoncito de tierra, allá por la orilla del río; cuando algunas de las familias de los ranchos se habían ido por los caminos en paz en busca de antiguos lares, llegaron al *Perú* dos médicos de alta graduación, con una escolta de cien jinetes y una recua de mulos, para conducirnos, a heridos y enfermos, a una reconcentración de hospitales en una gran finca cercana a Puerto Príncipe. Allí podían llegarnos los auxilios de los compatriotas ciudadanos y del ejército estadounidense, con más facilidad y prontitud, en tanto nos preparábamos para la entrada en la ciudad, un día después de la evacuación de ella por los españoles.

Aquella misma tarde se empezaron los preparativos para la partida. Dos heridos, para los cuales sería riesgoso el ajetreo de la marcha, quedarían con la familia de Isabel, a la que dejaríansele tres vacas, las viandas que quedaban en el hospital y los sembrados todos. Las otras vacas serían llevadas con nosotros. Cada hombre, herido, enfermo o asistente, iría en una acémila, y la marcha sería lenta, a cortas jornadas, por el amplio, seco y llano camino de La Habana.

Rasgó la quietud del amanecer el clarín de órdenes de la escolta. Era la música alegre y típica de la diana mambisa. Eran aún indecisos, borrosos, los contornos de los bohíos, de los árboles, de las bestias y de los hombres. Brillaban como luciérnagas los cigarros que iban y venían denotando el afanoso trajín de los que preparábanse para la partida. Del bohío-cocina salía una trémula luz de fragua que ponía tonos rojizos en los horcones y yagua de los contornos. Era que alguien hervía leche y preparaba la canchánchara matutina. Por allí cerca oíanse órdenes, consejos, solicitudes de favores. Por allá lejos voceaban los que reunían y aprestaban el ganado.

Iba echándosenos encima el día, claro, limpísimo, fresco, con un triunfo de luz, de cantar de pájaros, de aprestos militares en día de marcha pacífica y fiestera.

—Que vayan adelantando camino las vacas.

—¡Teniente! Que le den un caballo a este herido. ¿No comprenden que no puede ir en ese mulo trotón?

—¡A tomar la «canchánchara»!

Y partimos cuando ya reinaba el día. Partimos alegres, chachareros, rompiendo decididos el lentejueleo del relente en el espartillo herido por los rayos del Sol. En aquel cuadro de luz y de vida éramos muchos los felices, y pocos los que daban el contraste que tiene siempre el vivir humano. Íbamos, los más, camino de la ciudad, del techo hogareño, de los brazos de la madre, de la esposa o de la novia; de la entrada triunfal, como libertadores, por las calles enramadas y embanderadas, entre músicas, palmas y vítores. Pero allí quedaban los menos, que eran los tristes. Los dos heridos, con el doloroso temor de no llegar con vida al triunfo de la estrella solitaria sobre los edificios ciudadanos, e Isabel, la del alma sin complicaciones ni impurezas de civilización, la víctima de la prefectura, la de los ojos camagüeyanos, arrasados en lágrimas en aquella hora dorada y gloriosa para los que nos íbamos, egoístas de nuestra felicidad.

La finca en que se nos alojó esta vez, tenía tres vetustas y espaciosas casas de portales, en medio de un batey sombreado por seculares y frondosos árboles.

Corría por su frente un ancho camino arenoso con trazas de haber sido muy frecuentado en tiempo de paz, por sus paralelas de hondísimos carriles.

Y era el sitio tan inmediato a la ciudad, que desde allí oíamos claramente las cornetas enemigas, los pitazos de las viejas locomotoras del viejo ferrocarril de Nuevitas y las campanas de los veinte campanarios de la capital provinciana.

Como fuimos los primeros en llegar, nos apoderamos de la mejor casa. A mí me correspondió un cuarto en el que solo tendría un compañero, también palúdico, atiborrado de quinina y de leche, que llevaba señas de no llegar con vida a la vieja Camagüey. Esto me contrariaba un poco y me robaba parte de la dicha de aquel cuartito aislado, con ventana a la brisa y un granado en flor, que entremetía por los balaustres sus gajos enguirnaldados y fragantes.

Me entró una especie de obsesión por la suerte de aquel muchacho, presa ya de la muerte. Mi mal era, entonces, una profundísima anemia, que hacíase visible en la palidez y el enflaquecimiento extremos; en una gran debilidad que impedíame aprovechar los alrededores preciosos para regenerar mi salud con excursiones por los caminitos florecidos y sombreados, y, más que nada, en una como amnesia, colindante con la locura, que se me hacía intolerable en las noches.

De pronto me quedaba sin la noción de tiempo y de lugar, en un vacío de recuerdos y sensaciones de lo más horrible y deprimente. ¿Quién era yo? ¿En dónde estaba? ¿Cómo era un hombre, y no sabía nada de mis padres, de mi infancia, de mis últimos años? Cuando esto me ocurría, veíame obligado a hacer luz, levantarme a ir a dar paseos por los portales, o por los jardines abandonados de aquella gran ex residencia patriarcal. Cañizo y Fernández procuraban consolarme, quitarme «aquellas boberías», sin dejarme entrever lo realmente alarmante de mi situación.

Una noche, en que febril, alucinado, con incontenibles ansias de gritar, hice luz para vestirme y salir al batey, vi horrorizado que mi compañero de cuarto estaba en las contorsiones y boqueos de la agonía, los ojos torcidos en el ansia suprema, babeantes los labios, la frente abrillantada por el último sudor y las manos crispadas rascando, áspera y escalofriantemente, la burda rusia del desnudo catre de tijeras.

—¡Ay! ¡Auxilio! —grité.

Y a partir de ese clamor trágico con que rasgué el silencio de la noche, y di la alarma por la llegada de «La Intrusa», perdí el sentido totalmente. No supe nada más de mi convecino. Ni recuerdo qué tiempo estuve demente, ni en dónde estuve, ni qué hice, ni cuáles fueron mis pensamientos, a no ser dos raptos de locura, que ignoro por qué causa me quedaron grabados en la memoria para después de aquellos días o semanas o meses, de insania. Un día dije a gritos que Cañizo quería envenenarme, y fui a pedirle al doctor Fernández que me llevara a presencia de Máximo Gómez, quien estaba entonces nada menos que por Yaguajay, para acusar formal y decididamente a Cañizo de su intento de asesinarme, como lo aseguraba yo, había él mismo envenenado a una pobre muchacha, allá por el *Perú*. Otro día se me antojó que una joven trigueña, de grandes ojos negros, que había ido con otros a ver a los heridos y enfermos, a repartirles libros, dulces, papel de cartas y vinos resucitadores, era Susana, mi novia, que se hacía la boba para no reconocerme.

—¡Ah, pérfida!

Y le corrí detrás con unas enormes tijeras que había robado del botiquín, y que tenía guardadas debajo de mi almohada, para defenderme de Cañizo si venía por allí otra vez con el veneno.

La pobre muchacha corrió despavorida, a impulsos de un terror presumible, gritando horrorizada. Y no fue poco el trabajo que di antes de ser dejado inerme y recluido en mi cuarto.

Días después, o semanas o meses según va dicho, fui inadvertidamente volviendo en mis cabales, a medida que aumentaba mi fortaleza corporal e iba siendo menos cadavérico el color de mis carnes.

Y una fresca tarde de noviembre, cuando ya nos esperaba la entrada triunfal como libertadores en la ciudad heroica, y yo tenía mis amigas entre las muchachas que a diario nos visitaban en sus volantas señoriales, y una de ellas tenía gran empeño en llevar al correo una carta para mi madre, a quien yo suponía en Placeres, obtuve de mis doctores el solicitado, rogado permiso para escribir, siempre que no me propusiera hacer un memorial.

E hice esta carta:

La Caridad, Camagüey, noviembre 24 de 1898.
Señora Dolores Darna, viuda de García.
Placeres.
Querida mamá: Presumo que si llega a tus manos, habrá de sorprenderte esta carta cortísima, después de tantos meses de

separación y de una total carencia de noticias mías; cabalmente en una época en que nuestra vida ha sido más intensa, plena de incertidumbre y peligros.

Es que acabo de pasar una gran enfermedad, y si bien ya estoy en firme convalecencia, libre de mayores peligros, mi médico, el doctor Cañizo (¿qué te parece la casualidad?) me prohíbe que por hoy llene más de un pliego de este "reglamentario" papel de cartas.

Esto me impide escribirte un mundo de cosas, que sé que han de sorprenderte e interesarte mucho el día en que te las cuente. Por ahora, confórmate con que te repita para que puedas esperarme tranquila, sin temores a causa de la enfermedad a que me he referido, que ésta ya va completamente de vencida, y que recobro, rápida e ininterrumpidamente, mis carnes y mis colores neuyorquinos.

He tenido pésima suerte en la guerra. No he podido prestar un solo servicio de alguna importancia, a causa de las enfermedades, de lo hostil que me ha sido el monte después de la estada de tres años en New York y Baltimore. Además, aquellas exigencias de la gente de *New Street*, me impidieron, como a tantos otros, venir en los días en que realmente pude prestar algunos servicios. De ahí que sigo con el grado de teniente, que el doctorado me valió en Tampa. Ahora, dicen, se nos hará un ascenso de un grado a los jefes y oficiales. De modo que yo saldré de la manigua hecho un capitán de Sanidad Militar. ¡Y no he matado un solo enemigo, ni he curado las heridas de un solo libertador! Y, para que veas cómo son las rarezas de la vida, te aseguro que nadie me aventaja en los atroces dolores físicos y morales sufridos en las marchas, hospitales y campamentos de la manigua.

Con todo, creo que no tendré valor para exhibir las estrellas de capitán cuando llegue a Placeres. Por más que, en los campos de la Revolución, que yo creía un remedio o anticipo de la vida de virtudes cívicas y morales prometida para los días de libertad, he sufrido aplanantes desengaños a causa de mil cosas que he visto y otras mil que he entrevisto. Me parece que no todos los libertadores son del temple de aquellos viejos, ilustrados y generosos de la Guerra Grande, que predicaron y encendieron la Revolución en plena conciencia de su responsabilidad, como el resultado de su pensar inteligente, ni tampoco son de la madera de los hombres del pueblo, sencillos, heroicos, sentimentales, que han venido al monte sin la más leve mancha de egoísmo en sus almas ingenuas, inflamados en patriótico misticismo por las prédicas de los idealistas conscientes.

Creo que hay mucha gente de ideas y aspiraciones mezquinas entre nosotros. Aquí tienes a Cañizo. Después de cansarse de decir que la República sería un Haití, una merienda de negros y qué sé yo cuántas cosas más, la leva de la Invasión lo encontró en una finca, se lo llevó, y ahora es más ultramontano que el Papa. No hace más que limpiar las estrellas, escribir sus fabulosas hazañas en un gran diario de campaña e inflar discursos de suicida espartano. Con el grado último, Cañizo será teniente coronel, y creo que con menos derecho que el que tengo yo para ser capitán. Porque, siquiera, yo vine al monte desde un lugar en que era perfectamente inmune a las balas y a los odios de los españoles; en cambio él, como algunos otros, ha sido libertador muy a pesar suyo. Doctores que vinieron conmigo, o en otras de aquellas expediciones de última hora, que, sin más ni más, a los cinco meses de manigua pacífica, se hacen llamar coroneles y generales. Otros, que después de empezar la lucha con grandes bríos, tan pronto se contagiaron con el egoísmo de algunos núcleos corrompidos, volviéronse taimados y no salieron nunca más de los rancheríos y prefecturas, en los cuales algunos han dado buena cuenta del trabajo y de la honra de los compatriotas humildes...

Pero veo que me he dejado llevar por los sentimientos que hoy me dominan, y que ya me salgo de los límites que se me habían marcado, sin tratar de un asunto que me interesa mucho. ¿Sabes? ¿Adivinas cuál es?

Bueno, pues sí. Me refiero a Susana. Tu porvenir, tu tranquilidad, y el porvenir mío al lado tuyo y de ella, son las cosas que más me preocupan, ahora que he cumplido con mis deberes de cubano de vergüenza. En tu amor y en el de ella, casi únicamente creo ya. Te doy mi palabra de que esto es así, aunque te parezca ese pesimismo impropio de estos días de júbilo patriótico, e impropio asimismo de mis cortos años. Dime dónde está Susana; cuándo la viste la última vez; qué hablaron, o qué has oído decir de ella.

Te escribo con esa confianza respecto al cariño de Susana, porque la conozco y sé que, en ese sentido, es una criolla legítima e indesteñible. Tengo la mar de proyectos para cuando me licencien del ejército y pueda volver a Placeres. Poner mi gabinete de dentista, a la "americana", en una buena casita frente a la plaza. Casarme, y ponerte de Ángel de la guarda de tus dos hijos. ¿Te gusta la idea?

Cuéntame algo, lo que sepas, de la gente de por allá. Primero, de mis abuelos; luego, de mi tío, don Serafín, *el Nene*; *Pan de Flauta* y del señor don Carlos Manuel Amézaga. A éste lo supongo liando los bártulos para irse con su gente a España.

Por cierto que (¡y ya voy terminando el segundo pliego!) ayer oí una conversación muy interesante entre dos generales, y luego de oírla me he afirmado aún más en mi opinión de que los señores de la Autonomía no merecen tan absolutamente los títulos de lumbreras, grandes estadistas y otras "etcéteras" encomiásticas, que muchos les cuelgan todavía.

Cuba, a la larga, no podía seguir siendo española, ni con gobierno autónomo ni sin él. Esto lo afirmaba uno de los generales, hombre inteligente, que ha estudiado y viajado, y que tiene una portentosa facilidad de palabra, y lo decía para desvanecer la credulidad, el excesivo agradecimiento a los yanquis, de su interlocutor y compañero, un general de la clase de los "sentimentales" a que antes hice mención. Hablaba el primero, ilustrando sus frases con un dibujo del mapa de la América del Norte y del Centro, hecho por él en la tierra del batey con la punta de su machete, y daba, como afirmación de su criterio, las razones siguientes:

El Canal de Panamá tiene que ser abierto por los Estados Unidos. Estos tienen sus costas bañadas por los dos grandes océanos, con los puertos de uno y otro separados por el continente inmenso; grave inconveniente desde diversos puntos de vista, y más desde el militar. Ahora mismo se ha demostrado el mal con un hecho práctico. Uno de los grandes acorazados de esa república, creo que el *Oregon*, cuando recibió orden de unirse a la Escuadra del Atlántico, encargada de batir a Cervera, se hallaba en San Francisco. Tardó unos setenta días en venir a las costas de la Florida, después de andar cerca de 15.000 millas, y de dar motivos justificados de inquietud la suerte que pudo haber corrido, si ya por estos mares llega a encontrarse con la flota del almirante español.

Inglaterra, que es la mamá de Europa, que tiene el dominio del Canal de Suez y era la única oponente de importancia a la apertura de Panamá por los americanos, está de acuerdo en que así se haga. Como muy bien dijo el general cuando explicaba esto, la conclusión es que los americanos tendrán entre el canal centroamericano y sus puertos del Atlántico las costas larguísimas de esta Isla, que no podían seguir siendo españolas, como no podrán seguir siendo europeas o independientes otras tierras de estos rumbos. De modo que lo de nuestra independencia absoluta es a largos días, y por consecuencia, nuestra gratitud y nuestro reconocimiento del puritanismo de nuestros poderosos aliados, debe quedar todavía en cuarentena por mucho tiempo. Estas y otras cosas me dan el pesimismo de que te he hecho constancia al principio. Dime qué has oído hablar de estas cosas; dame tu opinión; cuéntame lo que dice abuelita. ¿No creen ustedes que esto de las dos banderas durará mucho? Mándame todo lo que leas acerca de esta cuestión.

Dentro de dos días entraremos en Puerto Príncipe. Se hacen grandes preparativos para festejarnos y festejar el grande, el histórico acontecimiento. Para mí la entrada triunfal será de un dulce amargor, y presumo que, después de lo que llevo escrito, comprenderás la paradoja.

Aunque sé que esta carta tiene que dar la vuelta por Nuevitas y Caibarién, espero recibir la tuya pronto. Dirígemela a Reina 189 y 3/4, Puerto Príncipe.

Y, como ya van tres pliegos, termino con recuerdos para Susana y su familia, y con besos y abrazos para mis abuelos y para ti.
Tu hijo,
Ignacio.

En días de incertidumbre y desconcierto

I

El tren corre veloz, ruidoso, humeante, por la llanura de Colón, rompiendo el hondo silencio de los cañaverales, verde mar interminable, que tornasola bajo la lluvia de fuego de un Sol canicular. Por las ventanillas del vagón, ávidas de una ilusión de aire, lo que entra es humo, cisco, polvareda y un sofocante hálito de fragua. Como es cegador el reverberar de la atmósfera, y el paisaje es monótono, salvo un grupo de palmas, la mancha gris de un bohío, o las lejanas torres de un ingenio, resaltantes entre las frondas del batey; como, además, ya me he leído un tomo de Pedro Mata, y he estado a punto de dormirme a medio editorial de *El Mundo*,[1] ojeo el interior del vagón, y gracias a mis timbres de observador y mi malhadada manía de filosofar, pronto descubro que este vagón, de primera del expreso Camagüey-Habana, es todo un símbolo.

En un asiento frontero al mío viaja un norteamericano, grande y colorado, que viste de caqui, se toca con gris tejano y calza botas-polainas de cuero amarillo. Lee un nutrido y voluminoso *magazine* de pueriles aventuras y sosas novelitas. Y entre otras cosas que el gigante no sería osado de hacer en un pullman de su país —como lo del caqui y las polainas—, chupa un «Corrona de la Corrona» y ocupa todo el asiento de enfrente con los pies en lo alto y con una serie de rollos de mapas y planos, rotulados *The Cuban Land Co., The Tropical Land Co., The West Indies Land Co.; The Pan-*

---

[1] Escrito en los días en que *Nuestros grandes Poderes Protectores* guerreaban con los Hohenzollern. (N. del A.)

American Land Co. Delante de este geófago van dos criollos, un mulato y un blanco cuarentones. Debajo del flamante dril número cien se adivinan los hercúleos miembros, que diríase que reclaman a voces el arado, el banco de carpintero o el machete de cortar caña, trocado años atrás por el comité y la agencia electoral. Llevan sendos jipis alones, que valen 100 pesos; exhiben en los dedos rollizos, de uñas cuadradas, policroma y rutilante pedrería; arrellánanse en los asientos, para no sentir la molestia del revólver grandísimo que cada uno lleva a la cintura, y dialogan en voz alta, para deslumbrar a cuantos vamos en el vagón:

—Yo voy a La Habana a eso: a decirle al general que si no me encasillan para las del 920, se va a formar en la asamblea.

—Y yo lo mismo. Ya se lo dije al doctor. Si ni siquiera se me puede dar un desgraciado puesto de representante, entonces ¿para qué *semos* conservadores?

—Es claro. Y a última hora, te vienes con nosotros.

—Y me voy, chico. No creas nada. En cuanto no vea claro, me voy. ¡Digo! ¡Con la gente que arrastro yo en el matadero! Le hago el gran agujero al Partido.

Y entre los ruidos del tren, siguen saltando, repetidas y entremezcladas, las palabras de ritual; el comité, la asamblea, el candidato, la boleta, el refuerzo, el acta, el colegio, y los nombres terminados en *ista*. Los asientos de un ángulo del vagón están negros de monjas. Tres parejas de estas humildísimas españolas viajan hoy en el carro de primera. Inmediatamente detrás de las monjas, un obispo provinciano, gordo y plácido, charla fraternalmente con un legislador liberal. El resto del coche se llena con dos señoronas, de sedas y brillantes; dos turistas pelirrojas, que se han repartido un número del *Herald*, y tienen lectura para todo el viaje; algunos «gallegos», enfundados en casimires, con todo el aire de bodegueros aldeanos; un militar, largo y nudoso como una cañabrava; un taco, fragante de colonia, vestido de nuevo, desde los piel de potro hasta el pajilla, para el sonado viaje a la capital, y maletas y bultos debajo de los asientos, encima de los asientos, en los rincones y en la red metálica suspendida sobre la cabeza de los viajeros.

Pita el tren. Pita largamente. Se percibe el roce del freno, primero suave, luego áspero y ruidoso, haciendo trepidar el vagón. Segundos después nos detenemos frente a una estación, de elegante estilo, de tabloncillos calados y pintados de verde, minúscula y alegre. *Ingenio Iberia* dice un rótulo dorado, grande y llamativo. Y aquí se completa el cuadro del vagón, resumen y compendio de la triste realidad ambiente.

Entra un mozo, lleno de tierra colorada y abrumado bajo un racimo de maletas. Y entra enseguida un personaje de fama nacional, el Creso más poderoso de la República, el *bodeguero* y factor del ejército español, aquel que enronquecía vociferando rabiosos vivas a España en las calles de Matanzas, y que hoy es dispensador de favores de los ases de la política criolla: el doctor don José García y Pereira. ¡Mi tío!

—¡*Don Pepe*!

Exclama medio vagón. Porque a pesar de los millones y del doctorado, mi tío sigue llamándose *Don Pepe*: Y ante ese nombre, mágico y sonoro como un chorro de centenes, las señoras toman un aire atento y sonriente; los políticos de altura enmudecen y adquieren cortesana circunspección, el taco provinciano adopta una pose gravísima; los «gallegos» aburguesados se revuelven inquietos y abren tamaños ojos; y el obispo y su amigo, el congresista liberal, se ponen de pie, extendiendo sus manos al todopoderoso, quitan sus bultos del asiento frontero y ruegan la merced de su compañía al «querido *Don Pepe*».

—Sí, hombre, me siento. ¿Cómo no? Pero, eso sí, monseñor, lo que es besarle el anillo, no se lo beso. Créamelo.

Es un chiste; chiste forzado, de comisionista catalán, que hace sonreír perrunarrrente a monseñor y hace exclamar al amerengado congresista liberal:

—¡Qué *Don Pepe*!

Arranca el tren: *Don Pepe* echa una mirada circular por el vagón, y se queda con los ojos fijos en los míos y con cara de: «A este hombre lo conozco yo». Hace veintidós años que no nos vemos, y hace doce o trece que no sabemos el uno del otro. Fue por las elecciones del 906: le escribí pidiéndole su apoyo para defender mis aspiraciones a la alcaldía de Placeres, a la cual quería yo librar de la tutela vitalicia del *Nene*, general y alcalde, que tenían nuestro pueblo convertido en deliciosa arcadia de tahúres guayabitos y otra canallería semejante. Me contestó que me dejase de alcaldías y viniese a La Habana, a explotar mi condición de veterano, apoyado por él, y con vistas a un acta de representante. «Haremos el gran negocio. Tengo varias cositas en cartera, que tú puedes empujarme en la Cámara, y..., ya tú me entiendes», me decía en su contestación; y yo que no, y él que sí, nos cruzamos varias cartas, hasta que yo, derrotado por *el Nene*, que además de general era rico improvisado, íntimo de vagos y matones, con los cuales bailaba rumba y parrandeaba, sufrí mi último desengaño en la *política*, y dejé de escribirle a mi tío, y me metí en mi casa a sacar muelas, a querer a mi madre, a dedicarme a la educación de mis hijos y a librar a Susana de las inquietudes y amarguras de las mujeres de hombres públicos en tierra de guapos, trepadores, arribistas y demás clasificados de la fauna tropical de los presupuestívoros.

Mi tío habla con sus acompañantes, pero no deja de mirarme de vez en vez... «Este hombre lo conozco yo», se le ve pensar; hasta que, de pronto, se queda fijo nuevamente en mis ojos. Es que en medio de los millares de nombres y personas que ha barajado en su memoria, en su afán de reconocerme, ha florecido un recuerdo bien delineado, plástico, indiscutible.

—¡Caramba! —exclama, ya seguro y decidido, a tiempo que se pone de pie y viene hacia mí, con sorpresa y envidia de todo el vagón de primera—. Que el demonio me coma, si no eres mi sobrino.

—Sí. ¿Qué hay, tío? No le había reconocido.

—¡Hombre, hombre! Dame un abrazo, chico.

Me pongo de pie. Le abrazo desabrido, con el frío de la insinceridad. Se sienta a mi lado, y dialogamos discretamente.

—¿Y Lola?

—Allá en casa. Se conserva bien.

—Los viejos, creo que murieron, ¿no?

—Sí. Mi abuelo quedó delicado de una pulmonía que pescó en el Norte, y murió a poco de llegar a Cuba. Mi abuela aguantó, hasta la segunda intervención. Enfermó cuando lo de mi abuelo, y las decepciones posrevolucionarias la remataron. Figúrese, ¡tan patriota! ¡Tan boba! ¡La pobre!

—¿Y aquel pillín del *Nene*? ¡Hombre listo, por mi madre!

—Pues, allá. Sigue de alcalde. No se puede hacer nada sin contar con él. Ya tiene colonias, escogidas de tabaco, casas, ganado..., y de todo. Es presidente del Liceo, presidente de la asamblea del Partido, presidente de la delegación de los veteranos, y de todo. De todo.

—Ésos son los hombres que a mí me gustan. ¡Y eso que el muy bandidote me quiso hacer una cochinada!

—¿Le quiso?

—Es decir: me la hizo. Pero no se lo tengo a mal, por mi madre; porque como listo lo es. Y luego, la juventud, la miseria... ¿Y tu mujer? ¿Qué tal? ¿Te salió buena?

—Esto no se lo puedo explicar, tío. Para que me comprendiera usted, tendría que ser casado, y usted en eso ha demostrado tener seco el corazón. Así, ¿qué entendería usted si yo le dijera que mi mujer es un ángel?

—Sí. De eso no entiendo nada, ni quiero entender. ¡No me fío de las mujeres! Porque..., ¡las que he tratado hasta ahora! Pero, en fin, me alegro de saber que tienes un ángel. Hombre, creo que allá en Matanzas, cuando hablamos del *Nene*, me dijeron ustedes que llevaba relaciones con la hermana de la que es ahora tu mujer. ¿Se casó con ella?

—¡Qué va ese canalla (y perdóneme usted, que es su admirador) a casarse con mi cuñada! Era bocado muy fino para su paladar.

—¡Oye, oye! Que no he dicho que soy su admirador. Es que..., bueno..., me cae bien; que les perdono muchas cosas a los que se imponen.

—Pues mire que a ése sí que hay que perdonarle. Antes de la guerra, timador, pendenciero, chulo, jugador. Después de la guerra, de la cual pudo salir lavado de toda culpa, como ha sido incapaz de comprender la grandeza que había en permanecer puro, en vivir en el corazón de un pueblo con perenne gloria, se ha enriquecido con el solo anhelo de satisfacer deseos innobles, y para hacerlo no ha tenido escrúpulos en contribuir a la corrupción del medio en que se vive.

—Hombre, creo que exageras. El *Nene* fue a la guerra, chico. Es veterano.

—Precisamente, en vez de ennoblecerse, con ser veterano, se ha envilecido. Porque ha explotado su veteranismo para mantener vivos los vicios de la Colonia. Además, y sobre todas las cosas: es un burro.

—¿Y entonces cómo ha llegado a tanto?

—Por el egoísmo y la imbecilidad de la gente. Cuando entró de la Revolución, el pueblo, olvidadizo de suyo, le creyó un dios. Y, naturalmente, él se lo creyó también. Todo le fue ofrecido; todo lo aceptó con ciega ignorancia. Lo primero que tuvo, hasta para escoger, fueron mujeres. ¡En aquel pueblo, en donde nadie ignoraba los escándalos y rufianerías del general, en los días anteriores a la guerra!

—Claro, y se casó.

—Sí, con la hija de un mercader de tabaco. La cazó, más que por su belleza, que no era mucha, y que por sus virtudes que a él le importaban poco, por el brillo de sus centenes. Mi pobre cuñada, de tanto llorar —porque tenía la desgracia de quererle mucho— por poco se etica. Tuvo que irse a un sanatorio del Norte, quebrantando con ello el capitalito de la familia, y cuando regresó a Cuba, ya huérfana de padre, achacosa y en camino de quedarse solterona, se casó con un banquero de monte, ordinariote o inculto, y ahí está, pariendo un hijo cada año, estúpidamente. Por supuesto, la hija del mercader bien que se ha arrepentido de haberle hecho la mala partida a mi cuñada, porque *el Nene* vive públicamente con una mulata, que era su querida antes de la Revolución, y que, en el fondo, fue la culpable de la herida que me causó él, y que casualmente le convirtió en héroe. ¡Y dan cada escándalo!

—¡Sobrino! ¡Que bien hablas! Y ¡qué lástima que no quieras decidirte por la política y venir a meterte en un bolsillo a esa gente de La Habana! Por Dios santo.

—Y gracias a que hablo bien, me ha oído usted y se ha complacido en hablar de mí y de la familia.

—No, hombre, sobrino, no seas así. No ofendas por gusto. Siempre he estado pendiente de ustedes. Porque, al fin y al cabo, ¿qué otros parientes tengo yo? Naturalmente, los negocios, la agitación en que vivo, me hacen aparecer seco, indiferente. Pero, no. ¡Siempre he procurado saber de ustedes, aunque por medios indirectos! No, hombre. Por mi madre.

Este cinismo sin par está a punto de hacerme romper en improperios. Se me enciende el rostro, se me enturbian los ojos, y necesito de un gran esfuerzo, para ser irónico en vez de violento:

—¡Ah, eso sí! ¿Quién duda que usted siempre se ha interesado mucho por nosotros?

Y él, desentendiéndose de mi mala intención, y para demostrar que no miente, que sí le interesan las cosas de la familia, pregunta:

—¿Y con *el Nene* no has tenido más choques, después que vinisteis de la insurrección?

—¡Huy! Ya lo creo. Una vez que tuvo una huelga en sus escogidas, y yo dirigí y defendí a los obreros hasta que triunfaron ruidosamente.

—Sí. Recuerdo haber leído algo de eso. Si, recuerdo, recuerdo. Bueno ¿y qué mosca te ha picado a ti con eso de los obreros? ¡Vamos a ver! ¿Qué te va o qué te viene con esas cosas?

Con un yoísta salvaje como éste, por más esfuerzos que haga un lírico como yo, no es posible tratar sin sentir la necesidad, incontrastable de caer en la epopeya; por lo que se me sueltan las válvulas de la oratoria, emocionada y emocionante.

—Me mezclo en las cuestiones obreras, por varias razones: porque hay una gran suma de justicia en la causa de esa clase, que es la nuestra de origen; porque recuerdo sus sacrificios en la Revolución.

—Bien, pero ¿qué les pasa de malo a los obreros de Cuba?

—¿Cómo? ¿Que no es una vergüenza que, en un país que vino a la independencia política con los albores del siglo XX, y ello como resultado de una revolución inspirada en ideales regeneradores, viva el obrero sin los derechos que se le conceden hasta en..., en España?

—Exageras, hombre, exageras.

—¡Qué voy a exagerar! Aquí hay dos categorías de pueblo. Fíjese usted, si no. Una, que es la que realmente trabaja, perseguida, carente de la legislación protectora que se le reconoce, como he dicho, en la mismísima España. Otra, seducida por los triunfos del arribismo político, hace comparsa en las mascaradas electorales, a caza del nombramiento o la «postulación», con que cada día crece el número de los vividores del presupuesto.

Mi tío mueve la cabeza, en muda contradicción, disponiéndose a redargüirme, pero no le dejo:

—Además, tío, si tengo fe en el porvenir, me la da el pueblo. Los que trabajan; quienes en medio de sus vicios, de sus errores —productos del mal social, que los que niegan la evidencia dicen que no existe en Cuba— tienen altruismo, arranques heroicos, innegable sinceridad, de que carecen hoy nuestras mal llamadas clases dirigentes. Sí señor.

—Sigue, sigue así, sobrino. Eso te dará pan.

—No, no me lo dará. Pero ¿qué quiere usted? Unos venimos al mundo a una cosa, y otros a otra. Unos vienen a buscar pan, por vilipendiado que sea, y otros a rompernos la crisma con los molinos de viento. Usted me conoce desde muchacho, y no sé si, con todo y que usted es doctor, sabe lo que es determinismo. Pero, para que me entienda con más seguridad: Genio y figura, hasta que nos coja..., un Ford.

—¡Ja, ja! Bueno. Bueno está eso. Eres un loco inteligente, por mi madre. Los libros, todos los libros que te has leído desde aquellos que te embuchabas debajo del tamarindo de la bodega. ¿Te acuerdas?

—Ya lo creo.

—Pues, tantos libros te han chiflado. Vas mal, te lo juro que vas mal, sobrino. Yo no he leído tanto (¡por más que estudié duro, cuando lo del título; pégale el cuño!) y ya me ves. Es difícil que me coja un Ford. En todo caso será mi máquina la que arrolle. ¡Vaya, vaya! Y yo, que al verte rumbo a La Habana, me dije, digo: «Vamos, al fin el sobrino ha entendido la vida, y va a La Habana a sacarle producto a los estudios y al veterinismo». ¡Y como, de querer tú, yo te podría ayudar! Porque, ¿eh?, ya tú sabes lo que yo puedo, ¿eh?

—¿Quién no lo sabe en Cuba?

—Lo has visto. Ese obispo que va ahí, sabe que yo no creo en velorios de chino, ni doy una peseta para los santos. Sin embargo, le di una broma, que debió saberle a quinina, y se la tragó; como se traga el doctor ese que va con él, que yo entre bromas y veras le digo buche, ñáñigo y otras malacrianzas. ¡Y cuando me les meto en la oficina en mangas de camisa! ¡Mi madre! Bueno, es el único desquite que tengo al odio y a la envidia de ellos. ¡El gallego ese, desgraciado, ladrón!... ¡Beuf!

—¡Beuf! —vuelve a eructar ruidoso, esparciendo un tufillo agrio a vino y a pote a medio digerir: Tiene la cara congestionada por este esfuerzo mental a la hora de la digestión. Se quita la corbata, la guarda en un bolsillo del saco, se zafa el verdinegro botón del cuello, se enjuga el sudor, se arrellana en el asiento, echando la cabeza contra el respaldo, y repite:

—¡Hombre, hombre, sobrino! Y yo que te suponía camino de La Habana, con la intención de luchar duro y sacarle partido a tus condiciones: Pero ¿tú? ¡Qué va! No entiendes la práctica de la vida.

—Sí, sí: No se desanime usted: Vengo a ver a un amigo que tengo entre esos señores del nuevo partido; a ver si es que esa gente tiene el sentido de la realidad y se da cuenta de que no es posible hoy formular un programa político, con buenas intenciones, sin darle entrada en él de un modo franco a la cuestión social. En ese caso; me haré nacionalista.

—¡Pistonudo, sobrino! Eso me conviene. Necesito tener mi puntalito entre esa gente. Tú sabes que tengo muchos intereses en el Gobierno: contratos, concesiones, negocios, ¿eh? Y aunque dicen que esos líricos no van a ninguna parte, me conviene asegurarme. Por si acaso. ¡Caramba! ¡Pistonudo!

Me vuelvo jesuita repentinamente: el fin justifica los medios. Que me ayude el tío este, y, luego que venga el triunfo, veremos:

—¿Cómo no? —digo con este cubanismo afirmativo—. No es posible ninguna política viable y fecunda, sin contar con las fuerzas vivas del país; y usted se encuentra entre los vivos; digo, entre los más representativos de esa clase...

—¡Sobrino, sobrino!

—¡Nada, nada, tío! Usted me ayuda, yo soy su puntalito entre los nacionalistas y ¡pata! No crea usted que me he vuelto cínico, digo, político instantáneamente. Es por lo que le he dicho de las fuerzas vivas: Por lo demás, sigo y seguiré siendo enemigo irreconciliable de doctores y...

—¡Adiós, hombre! ¿Y tú que eres?

—¿Yo? Doctor. Pero doctor de los que ejercen el doctorado. Lo que hay que hacer es acabar con todos esos doctores que en su vida han curado ningún enfermo, ni defendido un solo pleito; y a cuenta del título todo se lo cogen en colaboración con los generales. Aquí, si no es el general don Fulano, tiene que ser el doctor don Zutano, o si no el general y doctor don Mengano. Por más que se habla mucho del Trabajo, y se ha dicho y repetido que la República será agrícola o no será, todos siguen haciendo doctores de sus hijos. Y como estos señores monopolizan la ciencia, la intelectualidad, la superhombría, resulta que en todo se meten y todo se lo cogen, y a los otros solo nos queda el contemplar cómo los generales de oficio y los doctores sin clientela se disputan la presa, a veces con desesperaciones revolucionarias.

—Sí, sí —asiente mi hombre, como abrumado por el discurso.

—¡Claro! ¡Y como que sobran doctores y el presupuesto no puede dar para tanto! Sí, tío, las fuerzas vivas y los no generales ni doctores. Que nos den un *chance*. A ver cómo lo hacemos: ¿No le parece?

—Lo que me parece —dice mi tío, ya con los ojos entornados por la modorra de la digestión— es que dejes esas oratorias para cuando vayas a la Cámara. Allí es donde te hacen falta. Créemelo. Con eso, y con algunos punticos que te daré (porque, eso sí, trabajarás de acuerdo con mis instrucciones), te metes a todos esos buches en el bolsillo. ¡Por mi madre!

—Así lo espero —sigo en mi cinismo.

—Bueno, pues estamos de acuerdo, sobrino. Luego dirás que tengo el corazón de piedra. Por lo pronto, tú, a trabajar bajo mis instrucciones, y yo, a empujarte con la prensa, el banco y entre los amigotes. Ahora voy a echar una siestecita aquí. Cosa de media hora. Después te daré una tarjetica para ése ¿cómo se llama? Bueno, ése del hotel Telégrafo. Te hospedas allí: Esta noche te llevaré en mi máquina, que ha de estar en la estación. Para el aperitivo y el plus, date tu vueltecita por el Plaza. Eso viste bien. Lo mismo que limpiarte los zapatos dos o tres veces al día en los portales del Inglaterra. Cada vez que haya galería, te sueltas un discursito moralista de esos que acabas de meterme con tanto entusiasmo, y con que yo te mande luego, para el *training* (¿cómo se dice eso? ¿Así?), a Cañizo, ya tienes bastante.

—¿Cañizo? ¿Qué Cañizo?

—Otro doctor. Doctor y general. ¡Ah! Otra gran fiera. ¡Admirable! Ya lo verás. Tiene entrada en todas partes. Con la gente de sociedad, los masones, la iglesia, los espiritistas, los obreros. ¡Oh! Es el gran socialista. Por más que en su vida va a un centro obrero, y que vive en el Prado. Tiene sus debilidades: le gustan las pollitas, muy pollitas; cosa que le cuesta algunos escándalos. Pero él es Cañizo, general y doctor. ¡Inexpugnable!... ¡Beuf! —y van tres regüeldos—. Me ha contado, descaradamente, cómo ha llegado a general, desde comandante, en tiempos de paz. Cuando se acabó la insurrección le dieron un grado: teniente coronel. Poco a poco fue suprimiendo lo de teniente, y quedándose en coronel solo. Después vino la de agosto, se escondió allá por los manantiales del Sagua, y salió general. Tiene derecho, ¡por mi madre!

Y mi tío cierra los ojos. Se queda dormido. Yo pienso en el generalato de Cañizo. Como los doctores sin clientes, éste es un general que no ha disparado un tiro. Por la mente me pasa el recuerdo del *Perú* y...

No es posible ahora el pensamiento filosófico, porque el tren se ha lanzado por el descenso de La Guanábana, a 100 kilómetros por hora, y a la derecha, como en una sorpresa miliunanochesca, surge repentino el incomparable paisaje de la incomparable Matanzas. Las tranquilas y azules aguas de la bahía, orilladas por la perfecta herradura de sus playas envidiables. El quinterío de Bellamar. Las frondosas alturas de Versalles. Los altibajos de la vetusta ciudad colonial, rodeada de verdes colinas. La lejana y minúscula ermita de Monserrate, cimera en una de las montañas del valle famosísimo. Todo bajo el oro sonriente de una tarde deliciosa.

Ésta es mi Matanzas. La ciudad de mis trapisondas infantiles, del colegio, de mis primeros calzones largos, de mis recuerdos felices. La ciudad favorita y admirada de mi padre. El encanto de mi madre. ¡La ciudad de la *bodega* de mi tío! Pero mi tío, con una mosca que camina y revolotea en aquel rostro de cadáver apoplético, ronca, ronca, ronca animalescamente.

Perdona a mi tío, oh, Matanzas!

II

Bien se está en este cuarto de hotel, con sus muebles de lustroso nogal, pródigos en mármoles y espejos; su piso de relucientes mosaicos; sus balcones al parque, siempre animado y bullicioso por el enorme tráfico de la ciudad; su cuarto de baño privado, limpio y flamante como la vitrina instrumental de un médico ostentoso; y este lecho amplio, muelle, señorial, con timbre y teléfono al alcance de la mano, en el cual acabo de despertarme en la mañana siguiente al día de mi llegada a la capital.

Consulto mi reloj. ¡Huy! ¡Las seis menos diez! Este campesino despertar está en evidente desacuerdo con el confort del cuarto y la prócera categoría de la casa. Entorno las persianas, corro las cortinas, busco una posición favorita, y procuro dormirme.

¿Dormirme? Imposible. Para esto de dormir la mañana es preciso un entrenamiento, cuando uno viene de la quietud y del silencio del pueblucho. ¡Cualquiera duerme aquí con el rodar, y tintinear de los tranvías, los fotutazos del enjambre de automóviles y los ¡Mundóo! Ahora, que es fácil entrenarse. ¡Ya lo creo! Con un cuarto como éste, no solo se aprendería pronto a dormir la mañana, sino a otras muchas cosas. Por ejemplo: a creer que en Cuba realmente no hay problema social; que toda la agitación obrera que se nota en el país es obra de unos cuantos desesperados extranjeros; que cuando uno ha comido aquí, regiamente, todo el mundo ha comido; que..., bueno, llega uno, a creer hasta que hay un dios: el dios de los ricos. ¡Palabra!

—Vamos a ver si hay un camarero despierto —digo en soliloquio, a tiempo que oprimo el botón del timbre.

Sí. Hay un camarero de guardia. Hablamos por teléfono. Le pido un diario.

Me trae cuatro. Ojeo las primeras planas, y luego hojeo cada periódico uno a uno: «El general Montalvo ha dicho...», «El doctor Alfredo Zayas opina...», «Interesantes declaraciones del general Aubert», «La asamblea que preside el general Pino Guerra», «Entrevista con el general y doctor Freyre de Andrade», El viaje del general Gómez ¡No hay duda! En el país no hay más que diez o doce nombres, perennes, insustituibles. Si no es uno, tiene que ser el otro, y si no el otro. ¡Qué desgracia, hombre, que sean tan escasos los sabios y los buenos!

—¿Eh? A ver. ¿Qué es esto?

El doctor Ignacio García. Ayer tuvimos el gusto de saludar en la Estación Terminal a nuestro distinguido amigo el doctor Ignacio García, capitán del Ejército Libertador, que reside en la villa de Placeres, en donde es muy estimado por su talento y caballerosidad. El doctor García viene a La Habana para asuntos políticos relacionados con sus aspiraciones a representante de su provincia en la Cámara de Representantes. Mucho nos complacería saber que sus deseos han sido atendidos, ya que se trata de un pundonoroso miembro del Ejército Libertador, un profesional ilustrado y, un político de altura, que viene dispuesto a plantear cuestiones trascendentalísimas en nuestro Congreso. Pronto daremos a conocer algunas declaraciones que el doctor García, bondadosamente, a ruego nuestro, nos ha ofrecido, y que tenemos la seguridad de que han de ser de interés para los lectores.

¡Oh, maravilloso poder de mi tío *Pepe*! ¡Cómo trasciendes aquí, entre el perfume, grato cual ninguno, de la tinta fresca con que se escribe nuestro nombre en unas líneas encomiásticas! ¿Quién no se marca con estas cosas?

Recorto el suelto; me visto; me desayuno en el café Inglaterra; subo al sillón de un limpiabotas; compro seis números del periódico de marras y, ya desayunado, embetunado, aprestado para entrar en funciones panglosianas, me voy otra vez al cuarto, a sacar recortes del sueltecito aquel para mandarlos a Placeres: a Susana y *al Nene*, entre varios, para que unos gocen y otros rabien y pateen.

Suena el teléfono.

—De parte del general Cañizo, que si puede subir...

—¿Cómo no?

Salgo a recibirlo a la puerta, y le veo avanzar por el corredor. Un tanto más de abdomen; un mucho más de canas; un gran desembarazo de *clubman*; un espejeante traje de dril blanco; un jipijapa de congresista villareño, y una inmejorable sonrisa de magistral «cubaneo».

—¡Muchacho!

—¡Querido doctor!

Un abrazo, con palmoteo en las espaldas, y...

—¡Vaya, hombre! Por fin vienes a hacer valer tus méritos en La Habana. Sí, chico, con estar en un pueblo hablando en veladitas patrióticas, despidiendo duelos de lumbreras aldeanas y publicando versitos y editoriales en periódicos efímeros, que nadie lee, no se va a ninguna parte.

—Una gran verdad. Siéntese, doctor. Pues, sí, hombre, aunque algo tarde, al fin me he dado cuenta de eso.

—No. ¡Qué va a ser tarde! Eres joven, y el momento es propicio. Tírate en salvavidas al Partido Nacionalista. Yo haré que te suelten una cuerda. Te agarras bien. Hablas mucho por ahí, de tus hazañas en la guerra; procura que te cojan miedo; suéltate un disco en cuanto mitin se te presente. Ya sabes: cuatro lugares comunes de barniz patriótico, unos pujos moralistas (éstos sobre todo), diciéndole a la gente que hay que renovar la empleomanía, de raíz, y vas para arriba como la espuma. ¡Figúrate! ¡No digo yo, tú! Tú eres un hombre que lees, que estudias, chico. ¿Te acuerdas de aquel muchacho, banquero de monte, Juanito, que fue presidente del Liceo? Pues, representante, chico. ¿Y *Comefrío*? ¿Te acuerdas de *Comefrío*?

—Sí.

—Pues, representante, chico. Por eso en cuanto he visto tu llegada en la prensa, he venido a verte.

Maldito carácter el mío: He estado a punto de preguntar a Cañizo, maleducadamente, si no es que ha venido por indicación de mi tío, pero me he contenido a tiempo; para solo decir:

—Yo creí que mi tío le había dado la noticia.

—¿Tu tío? No, no lo he visto. Me lo dijo *Don Pepe*; bueno, digo mal; primero lo leí en la prensa y luego me lo dijo él;

que te había visto en el tren y habían ustedes hablado largo y sustancioso.

Cañizo ha procurado arreglar su mentira lo mejor posible. Yo he comprendido que acabo de meter el remo —que diría el hamponesco *Don Pepe*— descubriendo el parentesco con mi tío, cosa que éste no hizo, por lo visto; pero a Cañizo no hay quien le gane, y lo arreglo enseguida.

—¡Ah! Sí, vine hablando con *Don Pepe*... Pero como vine con mi tío, creí...

Cañizo no se acuerda de ningún pariente mío, ni nada que se lo parezca, pero demuestra un gran interés por ver al imaginario tío que me acompaña en el viaje.

—¡Caramba! ¡Cuánto bueno por aquí! ¿Y en dónde está tu tío?

—Salió, sí señor. Salió. Hoy creo que va a pasarse el día en el Vedado. Sí.

—Bueno, pues vámonos, chico. *Don Pepe* me ha dicho que te lleve a la Secretaría, hoy en la mañana, a las diez. Todavía es temprano, pero nos iremos por ahí a hacer visitas, a las redacciones y al Prado, a ver un asunto con mi abogado. Con eso te iré presentando a la gente.

—Vamos.

En la puerta nos esperaba el *Chandler* de Cañizo, recién esmaltado, lustroso, con chauffeur y ayudante, uniformados de blanco. Placa del Gobierno.

Vamos, primero, a ver a uno de nuestros más sonados hombres públicos, que tiene su oficina en el Paseo de Martí, uno de esos hombres múltiples, que dedican dos horas al bufete, dos al periódico que dirigen, dos a la cátedra, dos a la Cámara, dos a la Compañía, dos a los asuntos del central y ninguna al estudio, ni siquiera a la lectura de libros y revistas. Luego vamos a la tienda El Encanto, en San Rafael, en donde espera a Cañizo una muchachona que «quería» una piel de marta, y en donde ya, a hora tan temprana, entre otros autos lujosos, se alinean no pocos con placas del Estado y chauffeurs que llevan en la gorra, blanca como el uniforme, el escudo de la República. Pasamos después por algunas redacciones, en las cuales, como en todas partes, Cañizo reparte sonrisas, apretones, sombrerazos, esencia de criolla campechanería y coba «tropicalísima».

Ahora, al ir rumbo a la Secretaría, pasamos por el vetusto Palacio de los Capitanes Generales. Se pone paralelo al nuestro un automóvil, obispal por lo grave y majestuoso. En una pachecal efigie con lentes, de barba gris cerrada, que resalta en las oscuras y blandas interioridades del auto, reconozco a Carlos Manuel Amézaga. Veo el azul manchón de un uniforme, con cordones de ayudante, y tengo una asociación de ideas. Me imagino a Carlos Manuel en sus últimos días de autonomista, en un colonial coche de pareja, camino del despacho del general Blanco, acompañado de un ayudante asimismo uniformado de azul, y con una cortesana sonrisa en los labios orlados con la pelambre de la sabiduría.

En tanto que he pensado esto, el libertador Cañizo le ha buscado la cortesana sonrisa a su colega. Encuéntranse las miradas, y allá van dos reverencias y dos fraternales «Buenos días».

Enseguida Cañizo, estallante de orgullo, me dice:

—¿Sabes quién es ese?

—¿Cómo no? Además de que es hombre de historia, fuimos condiscípulos, amigos y... enemigos.

—¿Sí?

—¿No recuerda usted lo que provocó la agresión que me hizo *el Nene*?

—¡Es verdad, hombre! Ahora recuerdo. Pero...: ¡qué caramba! Ya ha llovido desde entonces, y presumo que ahora son ustedes amigos. En primer lugar, porque el hombre *puede*, ¡qué caramba!, y en segundo lugar, porque el hombre *vale*. El hombre es un gran estadista, un notabilísimo escritor, y está ya fuera de discusión que es el primer orador de la América Latina.

—Fuera de discusión, en Cuba.

—No, en Cuba y en todas partes.

—¿De modo que usted cree que argentinos, chilenos, peruanos, colombianos; mexicanos y demás familia, están de acuerdo en que Carlos Manuel Amézaga es el mejor orador de la América Latina?

—¡Hombre! ¿Pero lo dudas? ¿Cómo te atreves a negar lo que todo el mundo reconoce? ¿Lo que ha sido definitivamente consagrado?

—¿Cómo no he de dudarlo? ¿Qué usted cree, que porque los cubanos lo hayamos afirmado, y lo sigamos afirmando panurgamente, los demás nos van a creer bajo nuestra palabra de honor? ¿Dónde están los frutos de esa inteligencia, divina casi, que aquí se le atribuye a Carlos Manuel? Que vengan a decírmelo los que le sacuden el incensario en la prensa, los que no pueden escribir un libraco cualquiera sin dedicárselo llamándole reliquia del pasado, orgullo de la patria, genio y otra cosa que hubiera envidiado Barnave, Mirabeau y Castelar. ¡Vamos, doctor Cañizo!

—¿De modo que no crees en el doctor Amézaga?

—Mire, doctor: creo en su *poder*, pero negaré su *valer* mientras no me den otros testimonios que los babiecas: «¡Ah!», «¡Oh!», «¡Uh!» de mis paisanos. Y sigo diciendo que, fuera de alguno que otro personaje muy enterado de las cosas de Cuba, en el extranjero nadie sabe que aquí hay un señor que se llama el doctor Amézaga, que ha escrito dos o tres trataditos mediocres y una docena de prólogos vulgarísimos, que en política fue un solemne y perenne equivocado, y que gracias a unos discursos, dicen que notables, pero perdidos ya en el océano de la verborrea tropical, es considerado, aquí en casa, como el mejor orador del mundo.

—Bueno. Con que creas en su *poder* te basta; siempre que reces, aunque sea jesuísticamente, el otro credo nacional: el de *valer* del doctor Carlos Manuel Amézaga. Y..., vamos: Bajémonos, que ya estamos en la Secretaría.

Descendemos del auto. Cañizo prodiga sonrisas, a derecha e izquierda, sobre los esperones de la antesala; esperones crónicos; entre los cuales los espíritus rebeldes no pueden estar sin los alfilerazos y los sonrojos de la dignidad súbitamente precisada a rozarse con la canallería. Los lamefaldones que cuidan la entrada al despacho del secretario, y que son desdeñosos con los de su nivel social, tanto como son serviles con los encumbrados, enarcan el espinazo ante Cañizo; uno de ellos nos pone de par en par las hojas de la mampara; me alcanza un soplo de adulación en la sonrisa del que nos franquea la puerta, y entramos en el despacho.

El despacho es casi un salón, con severos y acojinados muebles de oficina. Hay en él una veintena de personas, repartidas en tres o cuatro grupos: en un estrado esquinero, media docena de jóvenes, vestidos con irreprochables trajes blancos, charlan con tres mujeres arracimadas en el sofá —dos chiquillas muy pintadas, de ropas escasas y transparentes, y una señora de impertinentes, no menos estucada y vaporosa que las chiquillas— entre cálidas gesticulaciones y sonrisas y miradas incendiarias. En otro grupo, de pie, discuten unos señores que tienen todo el talaje de políticos «braveros». Sola, en un sillón, espera una señora pálida, seriota, con negras tocas. Y en torno del majestuoso escritorio del secretario, ocultando a éste, unos señores calvos y engafados parece como que comentan y resuelven algún asunto difícil y trascendente.

Al entrar, nos han saludado algunos. Cañizo, y yo de remolque, nos acercamos al corro que envuelve al secretario. Advertida nuestra presencia, éste alza la cabeza y veo su cara rasurada como la de un buen burgués yanqui. Risueño y campechano nos saluda:

—¡Hola, doctor! Un momento nada más, y enseguida soy con ustedes.

—Sí, chico. Acaba, acaba, que nosotros no tenemos apuro. Por lo visto, *Don Pepe* no ha llegado todavía.

—*All right!* Gracias.

Nos sentamos, y mientras Cañizo me va diciendo quiénes son los que forman los grupos, yo peso en ellos algunas frases.

En uno:

—No tengas cuidado, chica. El general ha dado orden para que te lo manden por correo cada mes. Ahora tienes que esperar para que firmes un año de una sentada.

En otro:

—¡Ah no, qué va! ¡Yo no transijo con eso! Si tratan de encasillar al doctor Cretino, yo acabo la asamblea a tiros. ¡Qué va! Le doy un balazo y le parto el corazón. ¡Vamos, hombre! No faltaba más. Antes hay que matarme. Así tenga todos los votos de su parte. ¡Qué va!

Uno de los que rodean al secretario:

—Pues, chico, eso no tiene más remedio que la expulsión para los gallegos, y una buena entrada de plan de machete para el cubanito ese que los anda alborotando con sus discursos socialistas.

Sensación en los grupos. Se han abierto las hojas de la mampara y ha entrado mi tío. Viene de traje de alpaca, sin chaleco, cuello de mariposa sin corbata, y ataúdes juanetudos sin lustrar. Chistes, apretones de manos, y hasta el secretario se pone de pie, se adelanta a dar una palmadita en el hombro al dueño del central Iberia, y sujeto de un brazo del último viene hacia nosotros.

—General —dice Cañizo—, le presento a este joven, el doctor Ignacio García, compañero nuestro en la Revolución. Es veterano, y... Creo que sabe usted de él..., que *Don Pepe*...

—Sí, ya sé. No solo porque ya *Don Pepe* me ha hablado por teléfono, sino porque su nombre me suena; me suena. ¿Cómo no? Usted es de... Vueltas.

—De Placeres, general —dije.

—Sí, hombre. Eso es, sí. De Placeres. ¡Ya lo creo! —y después de una pausa, empleada en buscar un nombre en la memoria, continúa el general—: Bueno. ¿Y qué le damos *al Nene*?

—Pues, usted verá lo que le da. Yo no sabía que había que darle algo *al Nene*, y ahora que lo sé no tengo nada que ofrecerle.

—Hombre. Me refiero a un puesto. Hay que trabajar de acuerdo con él, reservarle algo que valga la pena. Es un hombre consecuente, luchador y... de mucho arrastre.

—Si, sí. ¿Cómo no? Se arrastra, se arrastra...

—¿Qué dice usted?

—Que sí, que se, arrastra..., se arrastra lo menos media provincia.

—Pues bien, por eso, yo querría, mejor dicho, nosotros querríamos que usted fuera el representante que tenemos que sacar por Placeres. En primer lugar, por complacer a nuestro buen amigo *Don Pepe*, y en segundo lugar por los méritos de usted, que todos... todos reconocemos; pero ¿qué le damos entonces *al Nene*?

—Pero, bueno, ¿y a mí qué me importa *el Nene*? Es más; no veo qué tiene que ver *el Nene* con el nuevo partido.

Y, como ya el Quijote se me va a la cabeza, agrego:

—¿Es que *el Nene* va a figurar en el nuevo partido, y que en éste vamos a seguir con los mismos resabios de siempre?

—Mire, doctor —me replica en tono conciliador el general—, antes que otra cosa, le advierto que no nos conviene hablar mucho del nuevo partido. Yo tengo mis compromisos con esta gente que surge ahora, pero al mismo tiempo, los tengo con el Gobierno. Es más: yo soy Gobierno, amigo mío. Por lo menos formo parte de él. Además, y esto es lo importante, la política es... la política. Lo será siempre. Y a los partidos políticos, sean lo que fueren, iremos, tendremos que ir siempre, los que tenemos la suerte o la desgracia de amar a la patria, de preocuparnos por sus intereses. Para mí, por ejemplo, hoy, como ayer, y como dice el italiano: «todo bor Cuba», y..., por lo tanto, hay que encasillar *al Nene*. Es preciso, inevitable, y yo espero que usted...

—No espere otra cosa, general —digo, firme ya en mi propósito de ser guapo y todo lo que son los que triunfan por estos barrios—; que mi franca oposición, por la prensa y por la tribuna, y como pueda, a todas estas indignidades, y mi propósito intorcible de vencer *al Nene*, de todos modos, si es que no se me raja quien puede ayudarme que es...

—Sí, *Don Pepe* —me interrumpe el general—. Poco a poco, amigo —y como haciéndose cargo de la situación—. No se ponga usted nervioso. Basta que se trate de *Don Pepe*. Por él estamos dispuestos a hacer cualquier cosa. ¡Ya lo creo! A él siempre, siempre, hay que servirle con gusto, porque es un buen amigo...

Y, con los ojos en el techo, como si en él buscara una solución, continúa:

—Veremos, veremos a ver qué le buscamos *al Nene*. Puede ser que con el general...

Acude Cañizo:

—Oiga, *Don Pepe*. Y oye tú, chico —dirigiéndose al secretario—. *Al Nene* se le puede dar una Subsecretaría. Con darle la alcaldía de *Sagua* ya está arreglado todo.

—Sí, por eso digo. Ya veremos. De todos modos —dirigiéndose directamente a mi tío—, dan Pepe, quedaremos bien con usted.

—¡Claro, hombre, claro! Y no, ¡reconcho!, que el muchacho vale, por mi madre. Lo que es como gallo para echárselo al doctor Pérez del Pórtico, lo es. Péguele el cuño. ¡Digo! Y con los discos que se trae en contra de los doctores políticos. El desplome, por mi madre.

—Sí, pero lo más bonito es que también él es doctor. ¡Caramba! —suelta Cañizo.

—Sí, pero él dice que es doctor: ...y lo es; vamos, que ha ejercido la profesión. Tiene gracia... A los otros les dice... ¿cómo les dices?

—No me acuerdo.

—Sí, hombre. Esto ¿cómo decías ayer? Médicos que nunca han curado un enfermo; dentistas que nunca han sacado una muela; abogados sin marchantes.

Cañizo enrojece, y para disimular su embarazo dice y repite adulador:

—¡Qué *Don Pepe*!

Y *Don Pepe*, acercándose confidencial al secretario, hasta rozar su abdomen con el chaleco de aquél, le dice en franca camaradería, en familiar confidencia, diría yo:

—Oiga, le voy a hacer un cuentecito, con perdón de aquí, del amigo Cañizo, qué caray. Somos una plaga, por mi madre. Pues señor; un día me convidó acá, el doctor, a una comida en casa de unos paisanos que tienen la tienda en Colón, y quién le dice a usted que Panchón, el mayor de los hermanos, se lleva casi un dedo al descorchar una botella, y que Cañizo y yo salimos gritando, muy asustados, sin darnos cuenta de la plancha: «¡Un médico. Pronto, que llamen un médico!». Por mi madre, chico.

—¡Hombre, hombre! Qué buen par de doctores están ustedes —dice el secretario desentendiéndose ya de nosotros.

—¡Qué *Don Pepe*! ¡Qué *Don Pepe*! ¡Ja, ja! —repite Cañizo, listo ya para despedirse.

—Bueno, chico, adiós, y que te acabes de decidir a la cacería aquella, hombre. Hay mucha codorniz en la finca, por mi madre.

—Adiós —dice el secretario. Y, encarándose conmigo:

—Adiós, joven, y ya veremos eso. ¿Cómo no? Siendo para *Don Pepe*, no hay más que hablar.

—Adiós.

Y mi tío dice al chauffeur:

—¡Al Banco Nacional!

Y Cañizo:

—¡A Palacio!

III

Alguien ha percutido con los nudillos en la puerta de mi cuarto.

Abro, y Cañizo, con esa campechanería criolla que en él es un arte y una fuerza, me larga este saludo:

—¡Hombre! ¡Parece mentira! Que estando en La Habana te hayas metido en la cama a las diez de la noche...

E indicándome a un joven, un tanto delgado, pero elegante y de hermoso rostro, pésele al marco gris de los cabellos encanecidos prematuramente, joven que le hace pareja, agrega:

—Mira; aquí tienes a este joven, colega y amigo, que conoce los misterios de la ciudad alegre y confiada, sobre todo nocturna, y que no sé por cuáles motivos, que él te explicará, tiene grandes deseos de conocerte.

—Mucho gusto, señor mío.

Y extiendo la diestra, que choca y se estrecha franca y afectuosa con la del joven, quien con una clara y agradable voz me dice:

—Tiene razón nuestro amigo Cañizo. He tenido deseos muy vivos, y ahora tengo mucho gusto de conocer a usted. Conrado Mordazo, su amigo y servidor.

—Yo lo soy de usted...

—Pero, vengan, siéntense.

Ya sentados, y entretanto que el joven pasea por toda mi humanidad intensas miradas exploradoras a través de sus gafas de gruesos y flamantes cristales, Cañizo vuelve al uso de la palabra:

—Bueno. Vamos a ver: ¿qué haces aquí metido, a esta hora?

—Escribiéndole a mi mujer, a mis muchachos, a mamá. Es la primera vez que me separo de la vieja, desde que se acabó la guerra; hace veinte años. Y de mi mujer, pues... es la primera vez que estoy lejos de ella desde que nos casamos. Y, figúrense ustedes, cosas de nosotros los del campo. Este viaje de 100 leguas y de unos cuantos días constituye en la familia un acontecimiento importantísimo. Mi mujer me encargó mil veces que no dejara de escribirle cada día, y yo, no solo porque se lo prometí, sino porque estoy que no sé qué hacerme con la separación, pues ahí redacto un memorial de medio bloque de papel.

—¡Caramba! —exclama el joven Mordazo—. Entonces hemos venido a perturbarle.

—No, no. Nada de eso. Al contrario: mucho gusto. Ya tendré tiempo luego, y si no mañana —digo urbano y atentísimo.

—Pues, chico, yo me dije: este muchacho que se ha pasado el día en el hotel, se va a pasar la noche también, o si sale por ahí, sin buena compañía, se va a aburrir; y me traje a éste, que tiene mucho conocimiento de lo que es La Habana y sabe donde están los lugarcitos sabrosos.

—¿Todo el día en el hotel, doctor? ¡Si de Secretaría en Secretaría, de redacción en redacción, de bufete en bufete, no me ha soltado usted hasta las cuatro!

—Pero, ¡hombre! ¿Y de las cuatro a las diez? ¿Tú concibes que uno pueda estar en La Habana cinco o seis horas metido en la casa, sin hacer nada?

—No. Creo que ustedes, los hombres múltiples, no conciben eso.

—¡Pobres las mujeres de los hombres múltiples, eh! —me interrumpe, filósofo, el doctor Mordazo.

—Ya lo oye usted, doctor Cañizo: lo dice su colega; testigo de mayor excepción. ¡Pobres las mujeres de los hombres múltiples!

—Bueno está este predicador también. Pero, en fin: la cuestión es que te vienes con nosotros al teatro, y luego continúas la carta para la señora.

—¿Al teatro? ¿A las diez de la noche?

—Sí. ¿Y qué? Tú no vas a ver la función. Vas en busca de algo que te quiere enseñar Mordazo. ¡Eres un hombre dichoso! Te espera una verdadera sensación. Hay por ahí una mujer, lo mejor de lo mejor que tenemos en La Habana, que te quiere ver, y hacerte recordar cosas viejas y..., y... ¡hacerte saber que estás en La Habana, chico!

—¿Cómo? —pregunto con sincero asombro.

—Como lo oyes. Vente a Payret con nosotros, si quieres irte para Placeres con unas cuantas canas de menos. Sí señor.

—Vamos, Cañizo, usted me quiere tomar el pelo; hacer la noche con el guajiro, ¿no es eso?

—Tomar el pelo, ¿eh? A ver, que te cuente éste —y dirigiéndose a Mordazo—: A ver, demuéstrale a este villareño que es un dichosón. Pero en dos palabras, que se nos hace tarde.

Mordazo se recoge el pantalón, para evitar rodilleras; cruza una pierna, poniendo más cerca de mis ojos el brillo de un calcetín de seda lila y el espejeo de sus lustrosos piel de caballo, y esponjándose en íntima confidencia me dice:

—¿Usted recuerda a Teresa Carbó?

—Sí —respondo, seco, imperturbable, aunque por dentro empieza a bullirme todo. Un mundo de recuerdos inquietantes.

—La recuerdas bien, por supuesto —insiste Mordazo, apeándome el tratamiento, criollamente.

—Sí, sí.

—Bueno, verás: yo soy el querido de la hermana, de Cuca. Supongo que te acordarás de ella. ¡Cómo no!

—Claro.

—Bien: digo que es mi querida, porque ¡qué caramba! estamos entre amigos...

—Sí —interrúmpele Cañizo—. Además, todo el mundo lo sabe en La Habana. Creo que lo sabe hasta el marido, y tú no eres el primero, ni con mucho.

Y dirigiéndose a mí con la mirada:

—A la mujer le gustan los muchachos bonitos, los cronistas, los literatos, y se enreda con el primero que le empiece romantiqueando y acabe por hacerle proposiciones deshonestas, ejem, ejem...

—Oye: déjate de choteo, y no me le quites mérito a la conquista.

—Bueno, bueno: ¡Al grano! —ordena Cañizo.

Yo voy sintiendo algo que es miedo, que es y no es pena; algo así como bobería campesina. El joven, bonito y elegante, se inclina un tanto más hacia mí y sigue:

—Teresa está hecha una jamona colosal, una soberbia hembra; la admiración de La Habana entera. ¿Tú sabes que se casó?

—Sí, y por eso me va extrañando todo esto que ustedes se traen. Porque yo, ¡psh!, no me acordaba de, ella para nada.

—Muy bien. Oye.

—Sí. Oye, y no le interrumpas, que ya le dieron por la vena del gusto. Hablando de Teresa, y más aún de la hermana de Teresa, ya tiene cuerda para rato. Está ido con la mujer esa.

—Es claro. Y no es para menos. Hace poco que estoy metido con ella, y me ha hecho pasar los ratos más deliciosos de mi vida.

—Bueno. Al grano, al grano —exige impaciente Cañizo.

—Bien. A Teresa le han enamorado, más o menos franca y directamente, casi todos los hombres de alguna significación en La Habana: políticos, *sportmen*, capitalistas, jóvenes, viejos y... en fin, amigo mío: nada, ni nadie. No hay quien pueda jactarse de haber obtenido ni una sonrisa. La mujer es un Peñón de Gibraltar, inconmovible e inexpugnable. Pero (en todo hay un pero en la vida), verás. Lo mejor es que esa virtud hermética no tiene explicación. El marido no sale de las mesas de «póker» de los clubes, de las carreras y del Jai Alai. Tan pronto está nadando en oro, como anda bruja, viviendo del *bluff*. Ya calcularás la vida de aburrimiento que vive ella; y sin embargo (y aquí del pero), ella no tiene más consuelo, en todo eso, que tu recuerdo.

—¿Mi recuerdo?

—Sí, el tuyo. No me lo creas a mí, créeselo a Cuca.

—No comprendo.

—¡Cómo no vas a comprender! ¿Ustedes no han sido novios, amantes o qué sé yo, allá por el Norte, antes de que tú te casaras? Porque Cuca me ha contado toda una novela de los amores de ustedes y de las esperanzas que ella tuvo, mucho tiempo, de casarse contigo. Que ella siempre ha estado pendiente de todo lo relacionado con tu vida. ¡Pues no es nada lo que me ha contado y lo que siempre está hablando de ti Cuca! Que si Ignacio García, dijo una vez; que me acuerdo de tal cosa de Ignacio García, y dale con Ignacio García. Ya comprenderás el salto que di hoy cuando éste me dijo que dijera algo de Ignacio García en el periódico, y que ustedes eran viejos amigos, y que estabas aquí.

—Sí, hombre —dice Cañizo—. Se dio el gran alegrón, y ya ves el empeño que ha tenido en venir a conocerte esta misma noche.

Continúo hecho un bobo, y Mordazo enhebra su discurso:

—¡Que si tenía empeño! Y no por mi parte solo. Es que enseguida le fui a dar la noticia a Cuca, y se puso muy contenta. ¡Ah! ¡Porque es temible! Ella, por más que quiere mucho a la hermana, se ve que le tiene cierto rencor, envidia o quién sabe qué; porque la otra no ha caído nunca con nadie y... ya saben ustedes cómo son las mujeres. Ella daría un dedo de la mano derecha por saberle algo a la hermana. ¡Oh, sí!

—Pues ¿sabes que la mujercita es una gran pieza? —opina Cañizo.

Y yo agrego:

—Toda una pieza. Y no, ¡qué caramba!, ustedes también son unos ejemplares magníficos. Estoy, estoy... aguajirado; lo confieso.

—¡Ah! Sí —continúa entusiasta el doctor Mordazo—. Una mujer interesante, deliciosa. Hace de todo. Me ha dado, ya lo dije, noches colosales, divinas. Anoche mismo, por ejemplo. El marido está en *Saratoga*, y...

—Oye, oye —le ataja Cañizo—. No nos vayas a hacer el cuento, por tu madre, que se nos hace tarde, y sobre todo, que eres muy gráfico y persuasivo para hablar, y no quiero luego tener que irme a faltarle a mi mujer por ahí.

—Sí, por Dios, Mordazo —digo para que no me vean con la boca abierta, alelado.

—No; no —le dice Mordazo al otro—. Es mejor que les cuente. A ver si este hombre se decide a ir a Payret. Sí, amigo: Teresa es una real hembra, se lo repito. Tiene una cara, que es una pintura. Y un cuerpo... ¡regio! Ya la verá usted. Como la hermana. Sobre todo en el cuerpo, se parecen mucho. Yo viendo a mi querida, he adivinado a la hermana. ¡Qué piernas, compadre! ¡Soberanas! ¡Y qué caderas! Y no les digo a ustedes nada del vientre; vientre de estatua. Y la piel de seda, blanca; y las masas, duras, macizas, y luego, caballeros, ¡qué vello ensortijado, sedoso, suave y de oro, como terciopelo dorado! Bueno. Anoche, muy temprano, le mandé dos enormes manojos de rosas, que encargué al Vedado, y a las once y media, cuando fui, me encontré el cuarto lleno de rosas. En la coqueta, en el lavabo, y luego toda la cama alfombrada de rosas. Y ella con una camisa de seda, muy transparente y con calado en los «balcones» (qué los tiene inmejorables). Estaba perfumada desde la nuca hasta la punta de los pies (unos pies soberbios y bien cuidados). Yo me ocupé de empolvarla, y... el delirio, divina. Como a mí, aunque no tengo más que treinta y dos años, me hacen falta aperitivos, la empecé a besar desde las uñas de los pies hasta el remate de aquellos muslos. ¡Dos columnas de mármol blanco, caballeros! Y me perdí, me perdí, ¡Qué delicia; qué mezcla de perfumes, caballeros! Polvos de sándalo y extracto de...

—¡Soo! ¡Cállate, compadre! ¿No te dije que éste era muy gráfico para hablar?

—Pero, déjame concluir, chico.

—No. No. ¡Qué va! Allá ella; que te deje concluir, empezar y volver a concluir cuantas veces le dé la gana, pero a mí no me fastidias: tú. ¡Vámonos! —y consultando el reloj—. ¡Vámonos! Son las diez y media.

Estoy en Babia. ¿Tendré valor para tragarme todos estos purgantes con tal de llegar a la Cámara, o a cualquier parte, a dar coces contra tanta porquería nacional? ¿Por qué tengo náuseas? Lo mejor es cortar esto, aunque sea yendo al teatro.

—Sí, vamos.

Y me pongo de pie, al mismo tiempo que mis amigotes lo hacen. Tomo los tres sombreros, hago la repartición consiguiente de los mismos, y salimos todos camino del viejo, descascarado y feísimo caserón de Paseo de Martí y San José.

Vamos por los portales del Inglaterra. Mordazo, como que se resiste a dejar de seguir ponderándonos las estéticas intimidades de Cuca y los abismos de quintaesenciados deleites a que ha bajado él, con ella, en sus noches de ultracivilización amorosa (frase de él), sigue hablándonos, con enfermizo entusiasmo e inverosímil frescura, de «piernotas», de «muslotes», de rizos perfumados, de «placeres reflejos» y de «orgasmos cerebrales», entre toda una adjetivación hiperbólica realzada por gestos y ademanes de tropical vehemencia: ¡Colosal! ¡Soberbia! ¡Riquísima! ¡Divina!

—¡Hombre, chico! No sigas.

—Compadre, por poco te apuras tú.

—¿Poco? ¡Está bueno eso! Además, chico, ¿qué va a decir éste? Lo acabas de conocer, y no haces más que hablarle de relajo ¡y qué relajo!

—¿Qué, chico? «Entre cubanitos...»

—Es claro... «vamos a andar con boberías». Sí, hombre —admito, por decir algo, por matar el tiempo mientras llegamos al teatro, y disimular así mi disgusto, mi vergüenza, mi campesina ridiculez.

—¿Habrá localidades, tan tarde como es? —pregunto en un último esfuerzo de mi cobardía; que esto es: cobardía inexplicable.

Ya lo creo que habrá. Me lo dicen ellos. Son muy personajes para que les vaya a ser imposible hallar en dónde acomodarse.

—Y si no encontramos hueco para todos en el palco de algún amigo, nos quedamos en los pasillos. Mejor —dice Cañizo.

Encontramos un palco.

Si no fuera porque los cronistas de salones han gastado la frase, de tanto abusar de ella, diría yo que el teatro presenta un aspecto deslumbrador. Por el escenario pasa en estos momentos la escena culminante, montada a todo lujo, de una opereta muy en boga. Una veintena de faranduleros forrados de etiqueta hace coro a una tiple, puesta de moda por el erotismo criollo, que disimula un tanto lo inseguro y desapacible de sus gorgoritos con un lujo abrumador de joyas y trajes finísimos y un gasto enorme de forzada sicalipsis. En completo acorde con la brillantez de la escena; las lunetas y las balconadas contienen una muchedumbre en la que, a su vez, brillan el oro, la seda, los diamantes, los ternos blanquísimos, el nácar y las lentejuelas de los abanicos aleteantes.

Cañizo reparte venias y sonrisas, y nos dice algunas nimiedades, en tanto que adopta poses de afectada indiferencia. Mordazo cataloga a media voz las familias y los personajes que pueblan los palcos: las Trufado, las Hierro, el general Adornado, el doctor José Joaquín Alves Pacheco... Entre nombre y nombre, Mordazo, susurra esta especie de letanía: «No está. No la veo. ¿No habrá venido?». Y yo empiezo a desear, inexplicablemente, que Mordazo la encuentre, y busco también, pasando la vista de palco en palco, una mujer verdaderamente hermosa, en cuyo rostro se haga plástico el recuerdo que conservo de aquella Teresa de mis veinte años.

—¡Allí está! —exclama Mordazo; casi señalando con el índice, indiscretamente, hacia un palco frontero y muy distante del nuestro—. Allí, aquel par de buenas hembras. ¿Las ven?

—Sí —digo.

—Sí. ¡Cómo no! —afirma Cañizo—. Las dos vestidas de punto. ¡Y qué buenas están, caballeros!

Mordazo me pregunta.

—¿Ya sabes cuál es?

—Sí, la más alta —respondí entusiasmado, como queriendo decirme, como queriendo afirmarme a mí mismo que no me engañaban mis ojos; que a pesar de la distancia que separa mi palco del de ella, y no obstante los años que separan a la Teresa que reinaba en el hotel Habana, de la Teresa triunfadora de los salones habaneros, ésta es la misma inolvidable semiamante de mis mejores años juveniles.

Suenan unos agudos tremebundos, seguidos de una descarga de aplausos, y cae el telón. A indicación de Mordazo nos vamos los tres a sacar partido del entreacto, procurando acercarnos al palco que ocupa Teresa, y tratar de verla a través de las persianas del fondo.

En unos segundos, y siempre entre saludos y chistes al vuelo prodigado en los grupos por Cañizo y Mordazo, llegamos al palco de Teresa; inútilmente, porque está cerrada la puertecilla y cerradas las persianas.

Volvemos a nuestro palco, y en el resto de la velada no quitamos, ninguno de los tres, la vista del grupo de Teresa y su bella compañera; cosa tan inútil como el viaje del entreacto. Las dos mujeres no se dan cuenta de nada de lo que ocurre fuera del escenario. Y siguen los gorgoritos de la tiple descocada, los agudos del tenor, las estridencias del coro, las inútiles convulsiones del melenudo que dirige la orquesta, los flirteos y murmuraciones de espectadores y espectadoras, y mientras tanto continúa esta letanía de Mordazo:

—No. Si es inútil. No mira para nadie. Si eso es precisamente lo que le da más atractivo. No mira para nadie, ni a nadie le hace caso. Inútil, inútil. Es una virtud de acero, inabordable. Con ella es tiempo perdido cuanto se haga. Digo..., a menos que el mentado Ignacio García la haga cambiar...

Al bajar el telón por última vez, y ponerse de pie la concurrencia, dispuesta a emprender la retirada, Mordazo nos dice:

—Vamos. Ahora no se nos escapa. En la puerta la veremos de frente, y si va al Telégrafo o al Anón, la seguimos y nos le plantamos en otra mesa bien cerquita.

Y Cañizo y yo salimos a remolque por entre encajes, gasas, escotes suculentos, emanaciones de esencias y serpentinas ondulaciones de un insinuante mujerío.

Cuando ya ganamos la salida, nos encontramos frente a frente con ellas. Las dos vestidas de punto blanco en fondo celeste, estatuarios los bustos y los brazos realzados por las transparencias del encaje. Sí; hermosas, elegantes, regias, centro de todas las miradas de los hombres, son las dos mujeres, y más la más rubia: Teresa. Inconteniblemente quedo en suspenso, deslumbrado, como el mancebo pobre que logra acercarse a la dueña rica, bella, adorada en culto secreto y sin esperanzas, cuando ella clava en mí los grandes ojos, plenos de asombro, y el rostro se le torna de cera y torpe se le hace el andar.

Mordazo aprovecha la apretazón para darme por allá abajo, escondido, un pellizco en un muslo, a tiempo que me dice:

—¡Avemaría, muchacho!

A la vez, que Cañizo me alienta:

—¡Vamos a seguirla!

¿A seguirla? ¡Qué va! Sería un empeño peligroso, temerario, absurdo. Antes que eso, estoy dispuesto a hacer un papelote, escapándome, escurriéndome por entre la gente, aunque se lleven el gran chasco mis doctores. Y después..., después me escondo, cambio de hotel y en el primer tren me voy para Placeres, a los seguros brazos de Susana, al amparo de mis muchachos, sin siquiera despedirme de nadie.

Ya se aleja, en el estrujar incivil de la salida, el busto de Teresa, que perfílase dominador y atrayente por entre los que ganan la escalinata de salida. Mordazo y Cañizo siguen metiendo los hombros por entre pecheras y escotes, a tiempo que me llaman insistentes: «Ven. Anda pronto. Métete por aquí. Que se van».

¡Qué va! ¡Peligroso, temerario, absurdo! La sensación vibrante de un pasado delicioso ha venido, peligrosamente, a perturbar todo mi ser, al enfrentarme aquí, entre desnudos provocativos, aromas y roces voluptuosos, con la rubia hermosa de mis correrías en tiempos de amor furioso. Visiones frescas, alegres, aromatizadas de juventud: el viaje de aquella mañana primaveral en el Elevado de la Tercera Avenida; el «flirteo» trastornador de los primeros días del hotel Habana y los ardores nupciales fraudulentamente apagados en los banquitos rústicos y los matorrales, aquella tarde, en las cataratas del Potomac. ¡Cómo se me enciende la sangre! ¡Qué fascinación! ¡Y qué mundo de cosas horribles en perspectiva, si la sigo esta noche!

Me voy...

Y me he largado; he desaparecido entre los espectadores que se marchaban por la salida lateral; he llegado al hotel; he dicho que si alguien pregunta por mí se le diga que no he vuelto en toda la noche; me he encerrado en mi cuarto, y aquí estoy, escribiéndole febrilmente a mi mujer, terminando el memorial.

De repente: *Rin, rin, rin* —el teléfono.

¡Maldito sea! ¿Quién será? Y esos burros del hotel; por más que les dije...

Rin, rin, rin —el teléfono.

Ése es Cañizo. O el otro. Que se fastidien, que llamen hasta que les parezca.

Y procuro seguir escribiendo. Pero... ¿Y si es Teresa? Porque puede ser Teresa. Y, después de todo, ¡qué diablo!, por hablar con ella no se perdería nada.

Rin, rin, rin...

¿Voy? ¿No voy? Y mientras me lo pregunto, me incorporo y me voy acercando al aparato. Ya no suena el timbre. Tomo el receptor, acerco la cara al transmisor, y ávido pregunto:

—¿Haló? ¿Qué hay? ¿Haló?

Nadie me contesta. El timbre ha callado definitivamente, y yo, desalentado, suelto el receptor; recojo los pliegos escritos para mi mujer, los guardo, me desnudo, y me acuesto con una intranquilidad y una tristeza inexplicables.

IV

La elección me costó algunos tragos desagradables. Susana sufría hondamente cuando me veía en el ajetreo de la propaganda, fraguando alianzas innobles, traficando con el sufragio, desenredando chismes y calumnias, certificando con mi palabra de honor mil mentiras y mil compromisos falsos e indignos, recibiendo embajadas hamponescas, dejándome sablear, siempre con la sonrisa en los labios, por guapos, tahúres, oradores de comité y toda otra laya de parásitos sociales. Abominable le parecía a Susana que su hombre bueno, puro, incontaminado de la lepra política, estuviera haciendo el histrión en las mascaradas electorales. Y doloroso era; para ella, más que otra cosa, esto que me dijo una noche, una de las pocas noches en que, como antes, charlábamos y nos besábamos a hurtadillas de mamá y los muchachos:

—Ya no tienes un minuto que dedicar a la casa; a los muchachos y a mí. La maldita política te abarca todo el tiempo y toda la atención: mítines, asambleas, jiras por los pueblos, viajes a Santa Clara. Luego, no solo tantos odios, ambiciones y peligros en que te hallas metido, sino que ya no duermes, ni comes, y cada día estás más flaco y amarillo.

—Chica, esa frase de maldita política, que me has dicho y repetido muchas veces, resulta un reproche que me apena más de lo que supones. Y nadie mejor que tú sabe cuánto me repugna esto que aquí se ha dado en llamar política.

—Te repugna, pero bien que te has adentrado en ella, y que te entusiasmas a veces.

—Porque me mueven los ideales.

—O rencores o pasiones que tú confundes con ideales. ¿Qué cosa noble puede haber en cuestiones en las cuales anden metidos *el Nene* y toda esta pandilla de gente sucia de la política?

—Acabar con eso, es precisamente lo noble: ahí está el ideal. Salir en busca de un hombre (o de un grupo de hombres) susceptible de cambiar a Cuba, de matar la detestable plutocracia del funesto arribismo, que todo lo envilece y lo derrumba. Eso, el porvenir de los muchachos y hacerte «representanta», que creo que lo harías muy bien.

—Pues, si por mí fuera, muy a gusto seguiría siendo «la mujer del dentista», con tal de que el dentista siguiera invariable a mi lado, tranquilo, siempre puro, en vez de lo que pasa ahora; me da vergüenza. Verte enredado en dimes y diretes, en insultos y amenazas, mezclado con tanto sinvergüenza y tanto chusma. No sé cómo tienes estómago para tanto, y luego, lo a pecho que lo tomas; cómo te entusiasma. ¡Cuántos enconos, cuántas bajezas, cuántas odios, chico, por Dios!

—Sí. Reconozco que tienes razón. En parte tienes razón: metido en la lucha, arrastrado por la fuerza de la corriente, me dejo llevar por el amor propio, por egoísmos salvajes, por odios estúpidos, que me cambian totalmente; pero eso es lo accidental. En el fondo, yo voy a un fin noble.

—¡Ay! Pero que llegues pronto.

—Pronto, o tarde, pero llegaré.

—Sí, eso sí: llegarás. Porque tú vales mucho más que todos esos. ¡Partida de hombres-fieras!

—Bravo, bravo. Ya tú también tienes pasiones.

—Sí, las tengo. Y ojalá que triunfes; para que impongas tu talento y tu bondad.

—Bravo. Bien por la «representanta». ¡Cómo progresas! A ver: un beso, Susana.

—No, uno, no, muchos.

Y me besa con insistencia, vorazmente.

—Mira —digo en medio del chaparrón de ósculos—, como mamá anda ya recogida, los muchachos están en el cine y esta noche no tengo populacherías, nos vamos a desquitar de la indigestión de política. Por lo pronto: siéntate en mis piernas.

Lo hace ella, plena de infantil alegría. Pero, apenas ha comenzado a jugar con mis cabellos y a darme el dulce de sus labios, cuando suena la aldaba de la puerta:

Pon, pon...

Abro. Es uno de mis amigos políticos: un sujeto de melena y trochana. La policía —que caciquea *el Nene*— ha desbaratado una rumba de «mi» partido, allá por el barrio de Zaza. Mis correligionarios (?) que hacían política zarandeando el nalgatorio a compás del tambor africano, reclaman mi presencia en la jefatura de policía, para que los ampare. Es un caso de consecuencia partidaria, que no puedo ignorar sin gran quebranto para mi causa.

Susana se queda sola, triste, decepcionada, en una noche más de abandono y zozobra.

¡Y eso que es Susana! ¡Algo que no hay nada más grande en la vida para mí!

Otro de los malos tragos era la consideración que, por más que mi tío era un trepador desalmado, un tipo representativo de la fauna reinante, siempre era indigno que yo alentara su voracidad de negocios y especulaciones infamantes con la mira de cogerle dinero para imponer mi triunfo, que a él no habría de producirle ninguna de las esperadas ventajas.

Pero, descontando eso, la elección me salió fácil, suave como la seda. Cierto que el Partido Nacionalista, a que yo me afilié desde un principio, no hizo muy bien su camino, por no haber podido conmover y entusiasmar a la escéptica masa neutra del país, y por no haber tenido *botellas*, subvenciones y negocios que ofrecer a los trepadores de oficio; mas, a causa de sus saludables excitaciones al pueblo, habíase logrado, sobre todo en mi provincia, que no escasa porción del obrerismo militante, convencida de que no todo había de ser pedir aumentos de jornal y disminución de horas, se sumase al nuevo partido y nos diera parte del triunfo. Enamorado del pueblo, cuya causa es una causa de justicia y de única esperanza firme para el porvenir, esa parte sana, verdadera del triunfo, me entusiasmó hasta el delirio; me convirtió, a mis propios ojos, en Bayardo, Quijote, D'Annunzio. Optimista y saludablemente.

Lo demás era pan comido. Tuve buen cuidado de deslizar en ciertos oídos comunicativos que *Don Pepe*, el nacionalmente famoso *Don Pepe* de los millones, «financiaba» mi elección, para afilarles los dientes y atraer en manada a los lobos de mítines, comités y manifestaciones. Después, los tropos de rigor en brindis y manifiestos; muchos lechones asados, puntos de clave y bautizos bullangueros; algunos billetes de a diez para las inacabables obras de la iglesia placereña, para tómbolas y suscripciones; un estandarte para los veteranos; una fuente para el parque; la primera piedra de un hospital; rollos, algunos rollos de papel para unos cuantos rotativos provincianos, y media docena de indultos sonados, conseguidos con Cañizo, Carlos Manuel y demás «ñáñigos» de mi tío.

¡Ah! Y los discursos-carnadas:

La administración pública está hoy en manos de los rutinarios covachuelistas del tiempo de la Colonia, en lo que se refiere al peso de las oficinas, al trabajo en realidad importante. La parte suave, la parte de las gabelas, de los negocios, en manos de los audaces. Y hay que traer gente nueva a todos los despachos y oficinas. (*Bien, muy bien.*) Hay por ahí mucho Quijote de cartón piedra, mucho farsante, mucho pillo, que ha monopolizado el presupuesto en beneficio propio, y hay que darle muy duro, en la prensa, en el Congreso, en todas partes. Mucha candela, como al macao, para que suelten el caracol, la oficina, la custodia de los intereses nacionales. (*Aguacero de aplausos.*) Se impone el turno en el manejo de los fondos públicos; que todos los ciudadanos tengan el honor de servir a la república, dándole sus actividades y su inteligencia. (*Tempestad de aplausos.*) De ese modo podrán venir al manejo de esos asuntos todos aquellos a quienes sistemáticamente se ha echado a un rincón, quizá si porque son los más inteligentes, los más honrados, los más laboriosos; los hombres de carácter y de patriotismo, capaces de salvar al país. (*Vivas y bravos, que van en crescendo hasta culminar en formidable vocerío.*)
¡Facilísimo!
Que luego quedaba tiempo y poder para todo.

Y un día desperté en el histórico (sin alusiones) hotel Telégrafo de La Habana, y desperté miembro de la Cámara de Representantes.

V

Es de mañana. De la librería me han traído cuatro grandes paquetes de libros escogidos por mí la tarde anterior. Los voy separando y alineando sobre la mesa, no sin recrearme nuevamente con el repaso de los títulos: Corradi: *Lecciones de oratoria*; Palacios: *Discursos parlamentarios*; Pí y Margall: *Cartas íntimas*; Rivero: *Lecciones de política*; Justo: *Teoría y práctica de la historia*, y muchos más, de Filosofía, Economía política, Derecho, Socialismo.

Rin, rin, rin.

—¿Quién?

—Aquí hay un señor que quiere verle.

—Pero, ¡hombre! ¿No he dicho que a esta hora no estoy para nadie?

—Es que se empeña en subir. Dice que sabe que usted está en su cuarto, y que con él no hay prohibiciones. Y... a... la verdad: creo que usted no sabe quién es, que si no...

—¿Quién es?

—El doctor José García. ¡Don Pepeee!

—¡Que suba!

Y agrego para mi coleto:

—*Don Pepe* es grande, excepcional, poderoso; *Don Pepe* es un símbolo. ¡Que suba! Y perdonen ustedes, señores, Marx, Justo; George, Costa, Le Dantec.

—¡Hola, ñáñigo!

—Hola, tío. Y mire: bájeme el tratamiento. Aunque estoy en camino, me falta mucho todavía.

—Bueno: déjate de músicas. Ya sé que vales. Ya te he dicho que te vas a meter en un bolsillo a todos esos buches. Y, a ver: ¿qué haces? ¿Cómo te preparas?

—Pues, ya lo ve usted. Aquí, con estos libros, recordando lo aprendido en el colegio, repasando algo de lo mucho que he leído en veinte años de aldea, y descubriendo, descubriendo cosas nuevas y útiles... Pero siéntese, tío.

—No, no me siento, sobrino. Solo he venido a darte un vistazo. Ya me ves; ahogándome con este traje negro. Voy a un entierro. La mujer de un paisano del mismo pueblo. Sí. He venido a darte un vistazo. A ver cómo te preparas. Y veo que no ha estado de más. No necesitas leer tanto, sobrino. Con lo que sabes te basta y sobra: Si no, vas a sembrar el pánico en el «hemicirco», por mi madre. ¡Huy! ¡Un hombre que sabe, que anda revolviendo libros! ¡Qué miedo, o qué choteo, sobrino! Por mi madre.

—No, tío, no. Ni tanto ni tan calvo. En la Cámara hay algunos elementos respetables; gente que sabe...

—Pocos, muy pocos.

—Sí. Lo sé. Tan pocos, que se pueden contar con los dedos de las manos...

—Y sobran dedos.

—Perfectamente. Sobran dedos. Pero, tío..., yo no puedo defraudar a mis electores, y a los que, gracias a la propaganda que usted ha hecho que se me haga, han oído de mí, y de mí esperan algo.

—Pues, chico, eres un raro, y, o te vas para arriba como el humo, o te hundes hasta el cuadril en el choteo que te van a formar los envidiosos, las fieras. Por mi madre. Porque aquí, sobrino, la costumbre es hacer de matón de revólver y coco-macaco, para desbaratar mítines y asambleas durante la campaña; y entre la campaña y la toma de posesión, a la esgrima a darle aspecto de caballerosidad y honor —para la galería ¿eh?— al matonismo parlamentario. Pero, ¿estudios? ¿Estudiar Economía, Hacienda Pública, Oratoria? Eso se llama lirismo: «comer bolas». No sé cómo no lo sabes.

—¡Cómo no voy a saberlo! Pero yo no puedo ir a la Cámara vacío, atenido solo a lo aprendido en otros tiempos. Tengo que refrescar la memoria, para luchar con autoridad, moral y encefálica. Por lo demás yo tiro regular, bastante bien con pistola. Fue un resabio que me quedó de la guerra, el de andar por ahí tirando al blanco, a cada rato.

—¿Y sable?

—Nada de sable, nada. Pero aprenderé algo. Pienso combatir la farsa del duelo, demostrando que con él no se prueba otra cosa que cierta forma del valor; un valor de desesperados, entre los cuales dan mayoría los doctores sin clientela, compelidos a pegarse al presupuesto para no morirse de hambre, o para no llevar sus manos y sus cerebros doctorados a las profesiones liberales. Lo de probar caballerosidad, honorabilidad, etc., es un cuento. Muchos de esos señores que se saben de memoria el Código del Honor, y que tan inflamable tienen la epidermis, se ensucian con mil porquerías diariamente; cometen mil indignidades, sin que el honor aparezca por ninguna parte, no siendo a la hora del exhibicionismo... profesional. Y aprenderé, para que no les quede el recurso de decir que combato el duelo por cobardía. Si es preciso, dejaré que me pinchen. O pincharé a alguno.

—Mira: lo último es lo mejor. Y para eso es menester que aprendas a tirar.

Te mandaré a Cañizo, para que te busque un maestro. Por lo demás, mira: aquí te he traído estos talonarios de cheques. Yo a todo ñáñigo que le he dado un peso, se lo he dado con un cheque y he guardado el talón. Así es que esos talonarios son como un registro de policía; como un sistema de Bertillón; por mi madre. Repásalos para que te enteres de quién es quién. Y no me los vayas a perder.

—Magnífico, y...

—Oye, no me interrumpas. Tengo que irme al entierro. Además del talonario, y de lo de la esgrima, vine a decirte que ya te mandaré un fotógrafo, y unos periodistas. Y la lección es ésta: mucho moralismo y mucho amenazar. No le tengas miedo a nadie, que aquí estoy yo. Si te llaman para hablarte de la disciplina del Partido, de que debes aflojar, de que te van a dar esto y lo otro, te haces el incorruptible —cobró resuello, y después de indicarme con un gesto que no le interrumpiera, continuó—: Oye la lección, que te conviene. Tú no te dejas corromper. Tú te debes al país. Tú estás dispuesto a batirte. Eso a los periodistas, y además: que vas a presentar, en cuanto te sientes en la Cámara, unas peticiones de datos y luego unas acusaciones, escandalosas, sobre asuntos muy escandalosos. Habla mucho de escándalo, para que amigos y enemigos escandalicen, haciéndote un pedestal. Y atente a mí, sobrino.

—Sí, tío. ¡Cómo no! (¡Qué desengaño te espera!)

—Bueno, adiós. Vete por casa: Te daré unos expedientes. No seas despegado, hombre. Adiós.

—Adiós, tío.

***

—¡José Inés Oña!

—¡Ignacio, chico, qué bien te conservas!

—Ya sé, ya sé que vamos a ser compañeros. Te sacaron los conservadores de Oriente. ¿No?

—Sí, chico, aquí me tienes; de señuelo: el general Oña; el mulato Oña ¡metido entre los conservadores! No me ha quedado más remedio que apencar a la política. Tú sabes que yo he sido de la docena.

—Escasa.

—Sí, de la docena escasa, dices bien, de generales que después de la guerra no hemos enfangado la ejecutoria de libertador. Yo me fui a trabajar. Pero he tenido mala suerte. Cuando ya empezaba a levantar cabeza, vino la de agosto, y al suelo se vino todo. No me acobardé; empecé de nuevo. Tenía fuerzas para ello; no me sentía acobardado. Ya iba otra vez para arriba, cuando ¡ahora verás! La de febrero. Y, chico: ¿qué quieres?, ya viejo, cargado de muchachos; pues, por fin accedí a los ruegos de la gente política y... aquí me tienes.

—Bienvenido, chico. ¡Cuánto me alegro!

—Y yo. Calcúlate. He estado al corriente de cuanto se ha dicho de ti. Sé que te has aficionado a la Sociología, y que estás al tanto, por lo mismo, de este ajetreo obrero. Y yo quiero hacer algo; quiero contribuir a la paz social, al progreso, chico. Después de todo, nada de eso nos puede asustar a los que como nosotros, tú y yo, fuimos a la Revolución con ideales. Yo no quiero que mi acta sea una «botella»; quiero trabajar, y que tú me des algunos puntos; que me ayudes a preparar unas leyes; como, por ejemplo: hacer algo que corte los mil abusos de las agencias de colocaciones; ir mermando el feudalismo de los ingenios; higienizar las viviendas...

—Sí, te ayudaré. Me felicito de encontrarte, y de encontrarte en esa disposición.

—No, en todo caso, debo ser yo el felicitado.

—Bueno, pero no así como dices. Está fuera de tiempo toda ley, reforma, innovación, en el campo social, que sea así aislada, de importancia diría que secundaria. Lo que se haga tiene que ser de acuerdo con las exigencias de la época; algo que venga a satisfacer anhelos, muy justificados, de justicia social.

—Ajá.

—Eso, chico: mucha justicia social. Único modo de dar respiradero a la efervescencia obrera con miras a represalias y a innobles satisfacciones pasionales. Nada de aumentar el número de las leyes obreras aisladas, carentes de verdadera importancia, secundarias, como dije antes, que están vigentes o que duermen un sueño sin término, en proyectos, por los archivos de las comisiones. Creo que debes firmar conmigo un anteproyecto que preparo, «creando» (fíjate en el gerundio gaceteril) una comisión mixta de intelectuales y obreros; es decir teoría y práctica, que redacte un Código del Trabajo, en que se refundan y coordinen todas las leyes existentes sobre la materia, enmendándolas y uniéndolas a toda la legislación que sea necesaria. Eso es lo que hay que hacer. Y no andarse por las ramas, ineficaz y peligrosamente. Y después, a promulgar el Código del Trabajo, o crear la Secretaría del Ramo, el órgano para la función; así nos pondremos a tono con el ambiente universal. Lo demás es torpeza, suicidio. El revolver los proyectos pendientes de aprobación, o enmendar la Ley de Accidentes, o pasar leyes de menor cuantía, no logrará interesar a nadie; a los obreros menos que a nadie. ¿No crees que tengo razón?

—¡Cómo no! De acuerdo totalmente.

—Pues, entonces, ¡a trabajar!

—Sí. A trabajar; me has inyectado entusiasmo. Eres el mismo del colegio. Independiente, estudioso, talento macho.

—Déjate de elogios.

—No, si te los mereces. Me has entusiasmado. Me has hecho perder el miedo..., el miedo escénico. Tú... no lo tendrás, ¿verdad?

—Te diré: al principio lo tuve. Pero cuando empecé a asistir a algunas sesiones en calidad de espectador; con el objeto de ir cogiendo algunos golpes, se me pasó. Ya solo me inspiran respeto, cierto respeto, los quince o veinte hombres de estudio y de preparación que hay allí, a los cuales tengo no sé qué lástima, no sé qué cosa parecida al asco, de verlos rozarse con tanto inclasificado, con tanta matonería y tanta audacia encumbrada. Los otros no me dan miedo. Me dan todo lo contrario; me dan impulsos de domador; porque, salvo las excepciones dichas, aquello me parece un jardín zoológico: cráneos simiescos, quijadas lombrosianas, espaldonas capaces de resistirlo todo. Y luego, la certeza de que a éste lo ha visto uno bailar rumba, al otro barajar de «gurrupié», al de más allá policía secreto: pues..., nada, un valor y una seguridad inapreciables.

—¿Te acuerdas del colegio de don Jacinto, Ignacio?

—Ya lo creo...

Y hablamos de la infancia, de aquellos felices años pasados en la escuela de don Jacinto; del «desparrame» de muchachos que formé aquel día de la pelotera a la salida de clases. Hablamos de la juventud, de la época revolucionaria, de todos los sacrificios, esperanzas y entusiasmos patrióticos de aquellos tiempos románticos. Derroteros distintos tomamos unos y otros, y como por una burla del destino, los más egoístas, los más hueros, los más desvalijados de ideales y de preocupaciones nobles, son los que triunfan en los negocios, triunfan en la opinión pública y triunfan en todas partes. Sus nombres y sus hechos, plenos de estulticia e imbecilidad, están en todos los centros e instituciones; en los bancos, en los clubes, en la prensa, en academias y ateneos. Hicimos sarcástica y despiadada crítica de los ministros con melenita; de los próceres-reliquia, ostentosos y vacíos como una boya de amarre; de críticos y periodistas de generación espontánea, hermanos intransigentes en la masonería del Bombo Mutuo; de toda esta vida plagada de errores, de injusticias, del mal desbastado salvajismo en que unos pocos gozan, unos muchos maldicen, y unos terceros, mercenarios aduladores, aplauden la gran farsa social.

VI

Va dicho que el Partido Nacionalista no hizo bien su camino, y va dicho que ello tuvo por causa las enormes taras patológicas con que aquél vino a la vida: no contaba con empleos que ofrecer, ni con dinero para comprar periódicos, ni con otras «etcéteras» de decisiva importancia; sus hombres más representativos, encaramados en su Olimpo de intelectuales, estaban impedidos de sacudir el escepticismo de un pueblo que nunca había sentido latir junto al suyo el corazón de los próceres y, como era difícil de evitar, en cuanto el Partido tuvo apariencias de viable, a él vinieron a guarecerse, ¡valientes nacionalistas, regeneradores!, no pocos arribistas gastados por el uso y el abuso en los dos partidos que aquí han hecho el fraude de la democracia.

Así, de los que empezamos la brega electoral dentro del nacionalismo, únicamente yo he logrado un asiento en la Cámara, y ello por razón del movimiento político obrero levantado en mi provincia con motivo de mi candidatura, y por razón del mágico poder de mi tío. Cuantos habían echado mano a un salvavidas del nuevo Partido, supieron escurrirse a tiempo cuando husmearon el fracaso. *El Nene* ocupa un banco de legislador, entre sus congéneres de las dos facciones políticas imperantes, señorones improvisados que esperan con el valor del miedo, en tácito y apretado acuerdo, que el mentado Ignacio García, aislado en aquella hostilidad general, venga con sus alardes moralizadores, sus interpelaciones ruidosas y sus condenaciones apocalípticas, para aplastarle con la mayoría de todos para uno.

—¿Cuándo parirá el monte? —frase de un pacheco de piel oscura, que tiene su asiento cerca del mío, y que se dirige al colega que tiene al lado, evidentemente refiriéndose a mí.

Estas alusiones, estas impaciencias agresivas hacen pasar por la red de mis nervios hormigueantes correntadas de miedo; mi miedo ingénito de todos los comienzos. Recuerdo que hay aquí polemistas de fuste y me vienen a la memoria algunos casos en que un chiste oportuno, una réplica feliz, un minuto de ridículo, han herido de muerte, como un mandarriazo en la frente, a hombres que tenían derecho a la vida. Pero pronto reacciono. Recuerdo que soy hombre que he sabido ver la vida y que he sabido estudiar, como el que más de los pocos que hay aquí, que han hecho lo mismo. Me reafirmo en mi antifetichismo. Ratifico mi superioridad sobre el rebaño restante. Me palpo interiormente, si cabe y se entiende la metáfora, y disminuye, se me va, se me quita el miedo.

¡Sí que se necesitaría ser tonto para tener miedo! Me digo, pleno ya de seguridad, y optimismo. ¿Quién es *el Nene*, por ejemplo? Y a la mente me vienen, como una réplica terminante, las páginas más notables de la historia de este hoy digno miembro del Congreso; aquel magistral timo de la guitarra a mi tío; aquella típica pendencia en el juego de pelota; aquellas indignidades con la pobre Mercedes; aquellos escándalos con la mulata; aquellas guaperías ruidosas de corte espirituano; aquella gloria de irse a la manigua después de darme una puñalada placera, y luego su gran hoja de servicios en la paz: caciquismo, poligamia multicolor, fomento de la vagancia política, corrupción del sufragio, convulsionismo profesional. No cabe duda, el general Valdés, alias *el Nene* está preparado para la representación nacional.

Y por aquí, ¡cuántos *el Nene*!

—Pido la palabra.

Me es reconocido el derecho a hablar, y empiezo de este modo:

—Señores representantes: No nos causan asombro, a los que hemos concebido y firmado el proyecto de ley que ahora se discute, las demostraciones, de sorpresa primero, de hostilidad después, con que ha sido recibido aquél por un buen número de nuestros compañeros en la Cámara. Lo esperábamos. No se trata de una de esas leyes aisladas, ineficaces, hechas con dos plumazos, por unos señores ayunos de toda preparación, con cuatro ideas generales sacadas de otros tantos libros consultados a grandes saltos, sin otra mira la mayor parte de las veces que la cacería electoral; cuando no se ha tratado de una estrecha válvula de escape a la ebullición rencorosa y vengativa de las masas, sistemática y eternamente defraudadas en sus legítimas aspiraciones.

—¡Emocionante! —exclama, a media voz, un legislador vestido de blanco, de anchas espaldas e inmensa carota rasurada, que, desde un escaño próximo, me escucha con aire de superhombruno sarcasmo.

Sigo impertérrito:

—Decía yo, que no se trata de un golpe populachero, ni de uno de esos emplastos legislativos para contener un mal que no tiene otro remedio que una gran dosis de justicia, administrada rápida y francamente. Se trata de un proyecto para reunir en una codificación, armónica e inteligente, cuanto se ha hecho en materia de legislación social en los países más avanzados, y eso, unido a nuestro proyecto de crear una Secretaría del Trabajo, natural es que produzca mal efecto, enconada repulsa entre dos categorías de señores políticos. A saber: los que ven debilitarse, con la reforma que intentamos, aquellas Secretarías en que tienen más sólidas agarraderas, y que son las más pródigas en nombramientos fáciles y remunerativos, y los bien hallados con el avestrucesco sistema de esconder la cabeza para no ver la realidad, quienes solemnemente aseguran que aquí, en esta feliz arcadia del trópico, no existe el inquietante problema social.

He ahí, en esa rutinaria e inconsistente afirmación, el principal argumento, el eje y centro de cuanto una malhadada ceguera política habrá de oponer a nuestro proyecto de ley. Contra ese muro de suicida obcecación puede ser que se estrelle esa iniciativa nuestra, que justiciera, salvadoramente, viene a hacer la primera concesión de las muchas que hay que realizar en beneficio de la paz humana, si se quiere ahorrar al país, y contribuir a ahorrarle a la humanidad toda, un inminente período caótico, de muchos años, con abundante siega de vidas y enormes pérdidas en las riquezas comunes.

—¡Lástima de discurso! ¡Qué bien encajaría en Egido 2! —murmura el espalduda.

Lánzole una rápida y dura ojeada, y continúo:

—Y se estrellará nuestra ley, pero habremos cumplido nuestro deber al presentarla y defenderla. Y, por lo que a mí personalísimamente corresponde, cumplo con el compromiso tácitamente contraído con mis electores de venir a plantear, sincera y decididamente por primera vez, ante esta Cámara, que debe ser representativa del pueblo propiamente dicho, problemas sociales de gran trascendencia, a los cuales hay que dar humana, inteligente y rápida solución.

Hasta hace poco más de un lustro, cuando un gran número de sociólogos eminentes, estudiando el desarrollo del progreso técnico en la industria, y basados en la premisa científica de que las sociedades, como todo en la vida, recorren un ciclo que una vez cerrado es sucedido por nuevas y mejores formas, anunciaban la revolución que hoy se opera en las costumbres, en las leyes, en todos los órdenes del vivir humano, la generalidad se encogía de hombros y exclamaba, satisfecha y burlona, algo así como: «Sí, eso lo veremos allá por las calendas griegas». Ahora, después de la guerra —que, en último extremo, no ha sido otra cosa que una gran crisis de la agonizante sociedad capitalista—, cuando en algunas partes se producen dolorosas conmociones, y aun en los conglomerados sociales más homogéneos y sólidos todo lo existente se somete a una crítica rigorista y a una cauterización salvadora, sobran los tercos que, encastillados en su egoísmo, niegan que hay en todo eso una causa real, que es la que conmueve a todo el mundo, y naturalmente a Cuba, que no puede sustraerse, y sí, por el contrario, tiene que seguir el ritmo de la vida universal. Son esos los que lastimosamente confunden la causa con el efecto, creyendo que toda esta intensa agitación es obra de sociólogos trasnochados y de vulgares agitadores que solo buscan el medrar personal soliviantando a las masas que algunos infatuados llaman ignorantes, sin echarse antes una ojeada a su interior, vacío de ideas y sentimientos. Los sociólogos revolucionarios y los conductores de la multitud jornalera son producto del ambiente, hijos de la época en que les corresponde actuar según el fatalísimo determinismo de las cosas. Y eso no se cura con expulsiones y condenas. Eso se cura...

—Con eso mismo. Con mucha leña a derecha e izquierda —me interrumpe el pacheco de piel oscura, que tiene su asiento cerca del mío.

—Es claro. Es un remedio simplísimo. El compañero representante debe ser de los que creen que el problema social es un mito, ¿no es eso?

—En Cuba no lo hay, aunque usted se empeñe.

—No lo hay para los que, hayan venido de donde hayan venido, una vez que se sienten fuertes, felices, egoístas, no se acuerdan de ir a pulsar la realidad, de ir a ver la vida de los desheredados en esas horribles «ciudadelas» de las barriadas pobres, en donde se hacen todas las necesidades de la vida: guisar, bañarse, comer, procrear, en un solo cuarto, en una horrible promiscuidad de sexos y edades. Viendo eso con ojos humanitarios, con generosas palpitaciones del corazón, siquiera sea con un avisado espíritu de conservación, se encuentra la verdad del problema social. ¿Ha ido el señor representante del pueblo, desde que lo es, a sentir de cerca las miserias físicas y morales de la «ciudadela», de la «bodega», del hormiguero desnutrido, haraposo, fanático de mil preocupaciones, que llena como chinches las callejas y las pesebreras, irónicamente llamadas casas, de Jesús María, Cayo Hueso y otros barrios de La Habana? ¿Sabe su señoría cómo faltan el vestido, la carne, la leche, la luz, el aire limpio, respirable, en esas barriadas en que se sacan triunfantes las candidaturas de los padres de la patria a fuerza de rumbas y puntos de claves, corruptores y bochornosos? ¿Ha estado su señoría en los barracones de un ingenio? ¿Sabe que, todavía, hay barracones en los ingenios? ¿Sabe que se trabajan doce horas diarias? ¿Que se da componte? ¿Ha estado su señoría en una fonda de ingenio?

—Sí. ¿Cómo no? Y también he estado en el Jai Alai, y he visto cómo funciona el garrote en las tabaquerías; y cómo se emborracha el obrero en la bodega. He visto todos los vicios de esa gente. ¡Cómo no!

—Muy bien. Me alegro. No negará usted que ése es un problema de educación; un problema social, por lo tanto.

—Bien. Muy bien —dice el general Oña.

Algunas palmaditas y gestos de aprobación de los hombres que estudian, que tienen gasolina propia. Tomo pie en esas hermosas manifestaciones de asentimiento, y digo creciéndome:

—Sí. Existe el problema social. Y como es inútil pretender ignorarlo, apelando en casos de crisis al sistema simplista, ya desacreditado, de «garrotazo y tente tieso», que preconiza el señor representante que me ha interrumpido; como es ése un problema que condena una justa aspiración colectiva, una gran sed de justicia de la clase más numerosa de la sociedad, al Estado no le queda más recurso que darle la cara y buscarle soluciones nobles y adecuadas. Tal cosa solo puede lograrse con decisiones francas y valientes como la que supondría, para empezar, la aprobación de una ley como la nuestra, que vendría a reconocer lo que ya hoy han admitido los gobiernos más avisados, fuertes e inteligentes: la beligerancia del movimiento obrero.

Ya es tonto; demuestra un gran desconocimiento de la realidad el venir con paños tibios, con leyes y reformas que no encaren decididamente la cuestión; como lo es el recurrir a tópicos desacreditados, a convencionalismos en los cuales ya nadie cree, en esta época de transición, de ruidosa quiebra de los viejos valores. Aferrarse a la esperanza de un resurgimiento del sentimentalismo religioso, como pretenden algunos espíritus místicos, es perder tiempo y energías inútilmente. Nuestro país es una prueba de la verdad de ese aserto. Aquí solo siguen ¿creyendo?, no; siguen yendo a las iglesias y manteniendo el culto, las familias acomodadas que necesitan el buen tono de mandar a sus hijos a las colegios de curas y monjas, como necesitan el boato de los templos de moda para sus bodas, bautizos y funerales aparatosos, y alguna que otra vieja que, por la fuerza del atavismo y de la ignorancia, cree que una hoja de guano bendito desvía el rayo, como cree que la sangre del niño blanco cura el cáncer y el mal de ojos. Pero la masa, la gran masa de las clases media y pobre, es escéptica, profundamente escéptica. Cada día es menor el número de los que se casan por la iglesia y bautizan a sus hijos, y es posible visitar muchas casas, manzanas enteras de casas, sin encontrar la imagen de un santo. Ya no se quiere la reparación para un cielo problemático, sino para este mundo de los vivos, dicho sea sin doble sentido. El bando de los que creen en la eficacia de la caridad se va quedando sin prosélitos, que rápidamente ingresan en las filas de los que solo creen en la justicia.

Y lo que ocurre con la religión, sucede con la Democracia. El pueblo ya no cree en ella. Bien sea porque lo que ha conocido como tal no ha pasado de un fraude, de una caricatura de Democracia; bien porque ésta es insuficiente para conseguir la felicidad relativa a que pueden aspirar todos los hombres sobre la tierra. En los países reputados como los más democráticos, el rico ha seguido burlándose de las leyes y de las ventajas de la civilización. Solo unas migajas llegan a la mesa del pobre. En vez del *demos*, siguen gobernando el rico y el aspirante a serlo, que, naturalmente, han arrimado siempre la brasa a su sardina por un lógico principio de conservación.

—¡Qué lata! —suspira uno entre dientes. (Creo que ha sido el de la espalda ancha.)

Estoy inspirado, y continúo.

—¡La Democracia! ¡Y su hermana, la Patria, tal como la conciben los que solo se acuerdan de ella para medrar o cuando truenan gordo las multitudes airadas! No saben los señores representantes cómo les suena a sarcasmo a los obreros la invocación al patriotismo del proletariado, en los casos de huelgas enconadas, cuando la hacen los doctores y generales de la política, que han puesto cien veces la patria en peligro con sus mixtificaciones del sufragio, su terrorismo gubernamental y sus convulsiones riesgosas, so pretexto de restablecer el imperio del derecho y la justicia, cuando en el fondo no ha sido otra cosa que la desesperada defensa de intereses de partido, la lucha por conservar posiciones, prebendas y jefaturas. ¿Con qué derecho apelan al sentimiento patriótico de los obreros esos secretarios de despacho, esos congresistas, esos políticos que tienen en su récord tantas horas de dolor y de zozobras para la gran parte del país, que no tiene el menor interés en los cubileteos y trapisondas de los veinte eternos mangoneadores de la cosa pública? ¡Y algunos de esos veteranos que ya varias veces, con ocasión de paros obreros, han declarado que no pueden permitir que se ponga en peligro la República que ellos crearon! ¡Que digan eso, y que pretendan que se les tome en serio! A ellos, que se propusieron dividir el país en dos castas; que echaron abajo, con la innoble presión de la violencia ejercida contra el poder más legítimo de la democracia, una de las más democráticas conquistas de esta época: la ley del Servicio Civil. Y que lo hicieron poniendo a un paso de la muerte, y de lleno en el sonrojo de las notas «americanas», a la República que ahora tanto les interesa. Y todo, porque unos señores —que hubieran sido más dignos, mientras más modestos se presentaran— querían salir de la pública indiferencia, y sonar, aspirar, trepar y...

—¡Esto ya no se puede tolerar! —insultado protesta el coronel Adornado, obeso libertador de última hora.

—¡Guerrillero! —me apostrofa el general jurídico, don Escondido de Najasa.

—¡Déjenlo berrear; que reviente barbarizando! —ruge uno de los guapos de profesión.

—Sí, que me dejen —grito en mi demente empeño de dominar la que ya es borrasca de gritos, protestas, admoniciones furiosas, campanillazos del presidente y silbidos y patadas de la galería—. Reclamo mi derecho a hablar.

Señor presidente: reclamo orden; reclamo...

—¡Una camisa de fuerza! Eso es lo que usted reclama —me dice el matón, que hace ademán de lanzarse sobre mi escaño. Me viene a la mente el recuerdo del colegio de don Jacinto; el día que desbandé a todos los guaposos de la clase, con su jefe Carlos Manuel a la cabeza, y me apresto, ya hambriento de riña, no a la defensa, sino a tomar la ofensiva en cuanto el pendenciero entremetido se me ponga a tiro de bofetada.

Pero, en este momento José Inés Oña, con el revólver sobre el ombligo, se interpone entre el guaposo y yo. Me echa los brazos y me dice:

—¡Vamos!

—No, no me voy. Quiero hablar. Tengo derecho a hablar. Que me oigan. Reclamo, señor presidente.

—No podrá usted. Romperán el *quorum*. Es inútil.

Y José Inés me va sacando del salón por entre el dédalo de pupitres. Acrece el escándalo, porque algunos espíritus serenos que hay en la Cámara, han tomado mi partido. El presidente rompe la campanilla pretendiendo dominar el tumulto. Éste es formidable en las tribunas del público, donde la policía de la Cámara se empeña en desalojar violentamente a los que gritan:

—¡Analfabetos!

—¡Farsantes!

—¡Obristas! ¡Se les acabó el cuento!

Sin saber cómo, me veo en la acera, siempre acompañado de José Inés y de un intelectual de dieciocho quilates que ayuda a mi amigo en el empeño de sacarme de la Cámara.

—No tema usted. Nadie podrá censurarle por el abandono del salón.

—Pero ¿cómo no habrán de hacerlo? Dirán que soy un cobarde. Y yo estoy dispuesto a ir allí a repartir palos. A cogerles el *bluff* a los guapos. Es intolerable ese matonismo con el cual se quiere encubrir la falta de fósforo y la litrofobia de la mayoría. Reclamo el derecho de...

—Inútil ya. Se ha roto el *quorum* —insiste José Inés.

—¡Bravo! ¡Viva el representante cívico!

Grita la gente que baja de las tribunas, al fin desalojadas por los policías interiores. Por la escalera se acercan algunos señores que vociferan enconados comentarios.

—Vamos en busca de un Ford. Por aquí, por San Pedro —dice llevándome de un brazo José Inés.
—No. Pero, ¿por qué he de irme?
—Porque sí. Ya tendrá usted tiempo de arreglar eso con los intrusos. Ahora sería loco pretender subir, quedarse aquí.

Y en esto un lujoso automóvil cerrado se detiene ante nosotros. El chofer se dobla hacia atrás, y me dice imperativo.
—Suba.

Y del automóvil sale una fina mano de mujer y, luego todo el brazo. Es una dama que lleva un espeso velo blanco sobre el rostro, y que antes había yo visto aplaudir mi catilinaria desde un asiento reservado. Oculta su cuerpo, recogiéndolo en un rincón de la máquina, pero con el brazo que ha sacado me toma por la muñeca del derecho y me atrae con fuerza, a tiempo que asimismo, imperativamente, me dice:
—Entra, anda, sube.
—Sí, váyase usted —me ordena el intelectual.
—Sí, vete. No temas nada. Al contrario. Has triunfado. Ya eres hombre célebre —insiste José Inés—. Te has impuesto, y ya mañana verás cómo la Cámara es tuya. Oye.

Y, efectivamente, se oyen todavía los vivas y las palmadas del pueblo salido de la galería cuando yo, maquinalmente, me he metido en el auto, y se ha cerrado la puerta, y ya subimos veloces a tomar. Muralla arriba.

Y entonces...
—¿Usted quién es? —pregunto maravillado de hallarme donde me hallo, con tan enigmática acompañante.
—¿Tantas tienes que no puedes suponer quién soy?
—Al contrario. Porque no tengo ninguna, no sé quién eres.
—Soy lo Imprevisto, la Suerte, el Destino (pero con una voz que...), ¿no te dice nada mi voz?

En mi pensamiento, tan agitado que me permite estar allí, inverosímilmente, con aquella mujer, aparece el recuerdo, y hablo con la inspiración moralista, repelente, que me trastorna y me pone en los dominios de lo ridículo:

—Sí, tu voz es un recuerdo que despierta en mí un mundo de visiones y pensamientos capaces de enloquecerme. Tú no eres nada de lo que dices con ese ridículo lenguaje de folletín y de misterio. Tú eres —y voy a imitar tu enfermizo romanticismo— el Mal, el Vicio, la flor maldita de la Ciudad Lujuriosa, de este manicomio de eróticos que se llama La Habana. Ésa eres tú. No puedes ser otra. Eres Teresa Carbó. Conque: ¿Te quitas el velo? —digo siempre apostrofante.

Y ella, melodramática:

—Hiere, hiere duro con tu indiferencia, con tu sarcasmo. Vienes de la Cámara, lleno de rencores, capaz de volar el mundo para destruir a la humanidad, odiosa y repugnante toda, para ti, en este momento. Por eso te burlas. Yo, no es mentira que empecé con cierto choteo, pero era para ganar tu simpatía, después de este rasgo novelesco de raptarte en un automóvil, y cuando sabía que estabas estallante de coraje. Pero ya que tan raro eres, ya que tanto asco demuestras, te diré que no soy mala, ni personifico a la ciudad viciosa, como dices.

—Entonces, ¿a qué esta majadería importunísima?

—Yo solo he querido a un hombre, a ti, y tengo mis rencores con el destino, y mis cuentas que pedir a la vida, por haberte perdido. Tu recuerdo ha sido la única falta a mi virtud de casada. Siempre he procurado saber de ti. He visto lo que han dicho los periódicos. Sabía que hoy hablabas en la Cámara, y vine a oírte. Después vino, inesperadamente, esa pelotera en que muy bien pudiste perder la vida, y mis deberes, mi reputación, mi porvenir, toda consideración quedó:

anulada por la fuerza del amor, que me hizo heroica; ¡qué sé yo!, y fui a buscar mi auto, que me esperaba, para sacarte del peligro, para cuidar tu vida...

Mientras ella ha hablado, inevitablemente he visto, con fascinación irrompible, sus ojos hermosos, abrillantados y agrandados por la emoción; su rostro de óvalo murillesco; su cuello y su escote de blanco mármol estatuario, y su cuerpo delicioso, que conocen palmo a palmo mis ojos, mis manos y mis labios. Hago ademán brusco de adelantarme a abrir la portezuela, para escapar sin decir una palabra.

Ella me sujeta por un brazo, con una presión increíble en su diestra que oprime como una garra formidable mi ropa y mi carne: En estos momentos desembocamos Muralla, a tomar Egido, y en la amplitud de la plazuela un auto se aparea al nuestro. En él vienen el espaldudo y el coronel Adornado, quienes meten los ojos en nuestra máquina, como buscando la presa de su odio, en una innoble y grosera cacería de deshonras.

Me retrepo instintivamente, y pregunto:

—¿A dónde vamos? ¿Qué te propones?

—Deja que pasen ésos. Ya te lo diré. Sigue aquí un momento. Concédeme eso. Ya ves a lo que me expongo. El chofer debe ir alarmado, creyéndome por lo menos loca; porque yo no hago, yo no he hecho esto nunca, por más que tú me creas una flor del Vicio de la Ciudad, un producto del Ambiente.

—Sí. Eso eres, aunque no lo creas. ¿Qué amor entre tú y yo? Sería absurdo. Una satisfacción innoble de bajos deseos. Perversión, y nada más que perversión de sentimientos. ¿Y mi mujer, a quien amo? ¿Y mis hijos? ¿Y yo, el austero, el moralizador? ¿A cambio de qué? No. Criminal. Imposible.

Y, haciendo ademán de lanzarme nuevamente al picaporte de la portezuela con la diestra, mientras con la izquierda apoyada en el turgente y semidesnudo pecho de la tentadora la aparto de mí, le digo resuelto y heroico:

—Quita, mujer.

Ella va a lanzarse a mis pies, para esgrimir el arma incontrastable de las lágrimas de hembra. Pero yo me deshago de ella, mientras repito:

—Quita. Apártate. ¿Que acaso tu desdicha se puede curar con la lujuria? Y para instrumento, yo menos que nadie. Quita. No es amor. Es vicio, locura, impulsos del ambiente.

Y me lanzo del automóvil, al pasar por el Pasaje, sin llamar la atención de nadie en la baraúnda del tráfico ciudadano.

Voy, yo, el representante Ignacio García, el hombre célebre de aquella tarde, a sentarme en un banco del billar, ajeno a las bolas y a los que ponen toda su inteligencia en juntarlas sobre las mesas de paño verde; voy, como un loco, ensimismado con esta idea:

—Soy un valiente. No por lo de la Cámara; sino por haber huido de esa gran mujer, ardiente en deseos de mi carne soliviantada.

Día de triunfo en toda la línea.

VII

—Hombre, sobrino. ¡Magnífico! Así se hace.

—¿Qué? ¿Ya sabe usted lo de ayer tarde?

—Lo sabe La Habana, la República entera. ¿No has visto los periódicos? ¡Si yo lo decía, hombre! Pero, ahora, tienes que aprovechar la racha. A ver si se va recuperando lo invertido. Te traigo unos negocios.

—Pero, tío. ¿Yo negocios? Hombre, a la verdad...

—¡Adiós! ¿Ahora me vienes con ésas?

—No. Pero es que es prematuro, que ahora sería improcedente. Un choteo después del discurso y la escena de ayer tarde.

—¡Eh! Pero ¿vuelves a tomar en serio tu papel de moralista? Te tiran trompetillas, chico. Te chotean, por mi madre: ¿Tú crees de veras que con tu discurso y tu guapería de anoche has beneficiado al país, has convencido y entusiasmado a la gente? ¡Vamos, hombre! El beneficiado aquí eres tú, si es que sabes aprovecharte de la bulla. Mantener ahora el respeto a los discursos y a los tiros, sin repetir mucho la suerte. Porque, te lo he dicho: te choteas. Los enemigos irán a buscar por dónde cogerte para desprestigiarte: tu vida política; tu vida privada; tu origen. Los periódicos te dirán lírico, moralista de boquilla. Otro Maza, por mi madre. El Artola de la Cámara. Los de la política correrán la voz por ahí. El pueblo lo único que hará será decir que eres un guapo, que a los ñáñigos esos de la Cámara les ha salido muerto; la horma de su zapato; que no comes miedo, y de ahí no pasas. Todo queda igual y tú con el mote: El Mazartola de la Cámara.

—Bien. De todos modos, tío: ahora sería impertinente. Sería dar la cara muy pronto, y adiós todo. Figúrese que estoy esperando que dos señores de esos que, según la frase deliciosamente desvergonzada de Bonafoux, andan siempre con el Código del Honor debajo del brazo, como ciertas prostitutas con la palabra virtud en la boca, vengan a desafiarme en nombre del perdonavidas de ayer.

—¿Cómo? ¿No sabes? Aquello murió allí mismo. Al principio se habló de duelo. De que si no ibas a donde van los caballeros...

—De industria.

—Bueno, de lo que sea, se te haría callar de cualquier modo. Pero luego se creyó que era mejor, como defensa común, no hacerte caso; es decir, no concederle importancia a la cosa. «No hay que darle personalidad al tonto ese», dijo uno de los sesudos más fieras. Y todos aprobaron: «Eso es, señores: no le hagamos pedestal al tarumba ese», «Claro: si eso es lo que está buscando meter bulla».

—Pues, ya lo ve usted. Sea lo que sea, lo que pueda y quiera hacer, es prematuro.

—Bien. Me parece que tienes razón. Puedes hacer algo más. Mira: la huelga de los tabaqueros, creo que se convierte en huelga general hoy a las dos de la tarde, y mañana, en la Cámara, se va a tratar de este relajo de las huelgas generales cada tres días. Ya eso es un abuso, haraganería. Sí, me lo ha dicho Cañizo. Ahí puedes dar otro golpe.

—Hombre sí, y quizá si el pueblo... —empiezo a decir, ya más en soliloquio que hablando con mi tío. Pero él me interrumpe:

—¡Hombre, hombre! El pueblo no hace nada. ¡Qué pueblo, ni qué pueblo! Poner, como pones tu talento, tu vida, en el empeño de hacerte un hombre, está bien, chico; pero ¿por los otros? ¿Por el pueblo? No vas a ninguna parte. Te lo digo yo, que, perdóname, en esto sé más que tú.

Y se ha ido mi tío.

Se ha ido, dejándome en la voluntad una dolorosa inyección de dudas, de pesimismo frío y deprimente.

VIII

Ha estallado la huelga general. Los apóstoles del obrerismo cubano usan por tercera vez ése supremo y doloroso recurso, para conseguir que un gremio triunfe en su demanda de aumento de jornales. Es algo así como clavar tachuelas con un martinete, dicho sea de pasada. Pero ha estallado la huelga general.

No circulan los tranvías. Están cerrados fondas y cafés. En el puerto hay tranquilidad de domingo neoyorquino. La noche anterior no hubo recogida de basuras, y las calles ofrecen el aspecto de largos vertederos o de santísimas callejas jerosolimitanas. La ciudad está envuelta en un hálito de mortales presagios. Los policías, taciturnos y recelosos, circulan en parejas. Tintinean las ambulancias rodando veloces por las calles limpias de vehículos. Los pocos que circulan son máquinas potentes que desafían las puntillas rompegomas regadas por los huelguistas, y los noveleros que no faltan nunca a dar contingente a motines y algaradas. Cuando estalla una goma, el pánico se extiende como una correntada eléctrica por los grupos, que se deshacen como por arte de magia en un tropel de carreras y de ruidosos portazos.

Fermenta la envidia reconcentrada. Palpita en pasquines y corrillos un odio que puede ser fecundo en sangre y en ruinas. Se habla de probables choques entre el pueblo y los guardias, y de posible rosario de burgueses ahorcados en las arboledas de los paseos. Y se habla con espanto de escuadras yanquis que ponen proa a las costas de la endeble República.

Pero yo no estoy ni triste ni sobresaltado. Muy opuestamente: en esta situación veo una prueba de energía, de vigor popular, que es en mí un saludable reactivo contra la inyección de frío y deprimente pesimismo que ayer me aplicó mi tío. Y más, que hay sesión extraordinaria en la Cámara, para ver si se prepara alguna cataplasma legislativa, festinada y ociosa; con que contener la inflamación de las multitudes sonsacadas. ¡Qué bien vendría una silba tempestuosa en las gradas del público!

Y puede ser. ¡Qué caramba! He venido a pie hasta la Cámara, y en las inmediaciones de ésta he visto algunos grupos misteriosos, que desconfiando de mi apariencia burguesa han enmudecido al pasar yo. Me han tomado por un político en pesca de simpatías populares, o por un secreta a caza de truculentas conspiraciones.

En la puerta me encuentro con el representante de dieciocho quilates que me acompañó al automóvil dos tardes antes.

—Hoy, tendremos sesión secreta —me dice.

—¿Y eso cómo es posible? —pregunto.

—Pues verá usted. De hecho la sesión será secreta, porque han corrido rumores de que los huelguistas preparan una manifestación escandalosa desde las tribunas, y no se les permitirá la entrada. Y más aún: si se ve que se acercan los grupos, ya hay orden de cerrar las puertas.

Y yo, por meter miedo:

—¿Y si echan abajo las puertas?

—Pero ¿usted cree?

—Todo cabe en lo posible. El pueblo está indignado. Circulan noticias muy graves. Amigo: algún día tiene que suceder esto.

En los pasillos abundan las caras compungidas; los grupos que comentan los sucesos y hacen conjeturas alarmantes. El rodar de una silla, un golpe fuerte de tos, el zafio bostezo de un primado político, hace que salten sobresaltados los señores representantes.

En este ambiente de sospecha e inquietud empieza la sesión. Un orador liberal (!) haciendo equilibrios entre los supremos intereses electorales del partido y el miedo que, como buen burgués, le sacude las carnes con motivo de la huelga general, produce un discurso de tanteo; habla con las reservas de fuerza y las precauciones del que camina por una tembladera, temiendo hundirse al menor paso en falso. El hombre tiene fama de tribuno; pero esta vez no brota por ninguna parte la brillante figura retórica, ni la suntuosa imagen, ni el concepto sólido y aplastante. Unas veces el hombre habla de «suspensión de garantías», de «desembarco de tropas americanas», de «hacer un escarmiento con los revoltosos»; pero enseguida se acuerda de las próximas elecciones, de las votos del pueblo, y se va por los Cerros de Úbeda, o lo que es lo mismo, por «la necesidad de reformas», por el paradójico «socialismo cristiano» y... nada. No sale el hombre de la tembladera. El efecto de su perorata sobre los cariacontecidos representantes es una prolongada ducha fría.

Le sucede un conservador, que habla de las grandes cosas con mayúsculas: el Orden, la República, el Derecho, la Propiedad. Enseguida otro habla de cosas muy gordas, de «deberes ineludibles para la sociedad; es preciso acudir al ejército». Y con esto la mayoría recibe una inyección de valor.

—¡Partida de muertos de hambre! —ruge uno.

Y José Inés, que sostiene conmigo un intercambio de miradas elocuentes, contesta:

—Por eso gritan: Ése es su derecho.

Hay un cruce de siseos, de frases chocantes, que dejan paso a nuevas letanías acerca del «Orden social» y «La patria en peligro», hasta que aquel matón espaldudo que tiene su banco cerca del mío, dice lioso y malintencionado:

—Aquí el representante socialista doctor García podría decirnos algo práctico sobre el asunto en debate. A no ser que él prefiera reservarse para cuando haya público en las galerías...

Como si me hubieran dado un alfilerazo en las posaderas, salto y pido la palabra.

Por el incidente del día de mi debut como legislador de bríos, es natural que haya en estos momentos una gran expectación y un silencio absoluto.

—Señores: ¿Pero es cierto? ¿Es posible que aquí, en esta Cámara, nadie tenga ideas fijas, o siquiera sea un ligero conocimiento en esta cuestión de Capital y Trabajo, que es, sin duda alguna, la más difícil e interesante del Estado moderno? Aunque, después de todo, no sé cómo eso puede causarme asombro, cuando he venido a este lugar sabiendo que en él, fuera de unos pocos raros que por imposiciones de la lucha por la vida, o no sé por cuáles otros motivos, están aquí, los demás son unos audaces que, por el atrevimiento de su ignorancia, están en este sitio muy frescamente metidos en camisas de once varas.

—¿Eh; eh? ¿A dónde vamos a parar? —interroga un alarmado coronel.

—No se pueden tolerar estas cosas. ¿Va a seguir esto, cada vez que hable este hombre, señor presidente? —apela otro general.

El aludido suena el timbre, y me dice:

—Me permito llamarle al orden, señor doctor García.

—Señor presidente: Tengo toda clase de consideraciones para la Cámara, considerada en conjunto, porque es la más democrática representación de uno de los tres poderes de la República. Pero no la tengo en absoluta para los que han venido a ella a título de guapos, intrigantes y populacheros. Yo sostengo que aquí, salvo inexplicables y honrosas excepciones, la falta de preparación es casi absoluta, y para rebatir esta afirmación mía no basta con que se me haga blanco de insultos y amenazas —y agrego para afirmar aplastantemente—: Que muestren, los señores representantes, que están capacitados para tener la representación nacional dignamente, que tienen la suficiente cultura para hacer las leyes del país, y sabré respetarles en este terreno de la vida pública; que en el terreno particular nunca he pensado en ofenderles en lo más mínimo. Y al efecto de que lo demuestren, de que prueben ante el pueblo que son capaces de realizar inteligentemente su misión de legisladores, propongo, con pena de exigirles la renuncia, que se les haga un breve examen de la más elemental historia patria; que se les exija una definición del socialismo, de la economía política, de lo que representa esta misma Cámara baja en un régimen como el nuestro. En fin, para ser más benigno: que se ponga una pizarra allí, detrás de su señoría, en lugar prominente, y se les demuestre que no saben escribir un párrafo sin faltas gramaticales, sin que se enreden con los puntos, las comas, los acentos...

Aquí se forma un tumulto indescriptible. Unos me lanzan insultos, otros me muestran los puños. El presidente grita pidiendo orden, a tiempo que da un incesante repique de timbre. Ujieres y policías corren de un lado a otro, sin saber qué partido tomar. José Inés y otros me rodean. El espaldudo grita:

—Ya arreglaremos eso, como hombres.

—Como y donde usted quiera, si es que desea sacar la cara por todos.

—Pues nos batiremos.

—Sí, nos batiremos; pero nada de exhibicionismo, de duelos-lotería, con una posibilidad de morir y noventa y nueve de ganar en personalidad. Nos entraremos a tiros, con dos Colt calibre 38, a diez pasos y avanzando.

—¡Cómo no! Y ahora mismo —contesta el guapo, llevándose la diestra a los riñones y haciendo ademán de encimárseme.

El Nene, pálido como un hemorrágico, sujeta al matón; pero, no obstante esa palidez muy significativa, se hace el comprapleitos y me dice:

—Con quien vas a arreglar esto es conmigo.

Pero le respondo con duro sarcasmo:

—¿Cómo lo arreglaremos? ¿Tomando juntos una ginebra de la Campana?

—¡A tiros!

—Muy bien, pero perdóname la vida aunque sea una semana, para que yo pueda hacer aquí el cuentecito de la ginebra, el de la *Arremangá*, el de Mercedes, el del mitin autonomista...

—¡Cállate o te mato! —se revuelve él, desentendiéndose del otro guapo e intentando venírseme encima.

Amigos y enemigos intervienen; arrecia el tumulto, y otra vez me veo llevado, por los pasillos y escaleras, rumbo a la calle. Me llevan José Inés, y otros compañeros, quienes tratan de calmarme, asegurándome que ya tendré tiempo de batirme con el valiente de oficio.

No sé por qué, ni para qué, pero me voy ahora corriendo, hacia la puerta de la calle, en la seguridad de hallar, apelotonado contra sus hojas, al pueblo.

Los porteros me franquean el paso. Uno me abre la puerta. Y ¡oh desilusión! Es ya de noche. En el estrecho callejón, que mal alumbra un viejo farol, no hay ni la menor sombra de pueblo.

Con sincero asombro, le pregunto al que me abrió la puerta:

—¿Y la gente que andaba por aquí cuando entramos?

—No sé, doctor, pero les oí decir a varios que se hacía tarde: Como es noche de Frontón...

IX

—Te sobra razón, Susana. Tengo en qué ocuparme, además de eso de arremeter contra los molinos de viento y de machucar malandrines y follones. Máxime cuando se tiene prole, una mujercita como tú, y en el corazón enormes ganas de hacerla feliz.

—Pero, ya ves lo del duelo.

—¿Qué?

—Que no me dijiste nada.

—Porque no hubo duelo. Los que viven del honor que consiste en dar un pinchazo, o dejárselo dar, aunque antes y después del duelo se cisquen mil veces en todo lo honorable, vieron que se formaba mucha bulla en torno al desafío irregular que yo proponía, e intervinieron apaciguadores para no poner en ridículo el sistema. ¡Calcula tú! Con la viveza criolla, eso va pasando a la categoría de los timos desprestigiados.

—Lo que no sé es cómo tú, enemigo sistemático del duelo, con tanto que quieres a tus hijos, y olvidándome a mí, a tu mamá, a todos, te ibas a batir.

—Gajes del oficio, chica, pero en lo sucesivo me voy a dedicar a ti mucho más, como antes de ser personaje; que eso también hay que hacer en la vida. Tienes razón. ¡Vamos! Y entre tú y yo, que a los diecisiete años de casados seguimos siendo los novios de Placeres. Si hasta en eso somos unos raros, unos anacrónicos. Nos queremos para siempre, desde que nos quisimos una vez, de niños casi, como era la costumbre de los antiguos cubanos.

—Ya verás que, aunque eso intentes, no podrás hacerlo.

—¡Cómo no! Si ya me he dado cuenta de que hasta que los veteranos no se vayan a dormir el sueño eterno a la tierra que tanto les debe, y a la que muchos de ellos... *viceversa*, y en tanto que los doctores sin clientela no sean arrollados por las fuerzas vivas del país, hoy sumidas en una indiferencia suicida: hombres de limpia historia, intelectuales genuinos, y sobre todo, el pueblo, que es lo menos podrido; mientras eso no suceda, no me queda otro papel que el que gráficamente hame significado mi tío, al llamarme el Maza y Artola de la Cámara. Otro lírico inofensivo en esta caricatura de democracia que usufructúan los *Don Pepes* hediondos a pote, los fósiles coloniales como Carlos Manuel, los generales de ocasión como *el Nene* y los doctores archiheroicos, como Cañizo.

—No podrás —me dice ella, terca, soliviantándome el amor propio.

—Sí podré. Se trata de no abandonar el campo, y esperar pleno de optimismo. Y para entretener la espera desesperante, ir educando a los hijos, sacándoles de toda canalización que pueda llevarles al doctorado de similor, entretanto otros se empeñen en hacer de los suyos simples números anónimos en las filas del proletariado universitario, fuente de infinitas desgracias en las familias y de casi todas nuestras calamidades nacionales.

—¡Ojalá que puedas! ¡Que llegues al fin! ¡Que llegues antes de dejar en el camino tu vida, que es la nuestra!

—Podré. Iré lenta, pero confiadamente, con la esperanza puesta en las nuevas fuerzas que ya germinan en fatal subordinación al determinismo de las cosas. Soy optimista, por el pueblo; aunque en la dura senda a recorrer tengamos que detenernos a cantarle el *Más cerca de ti*, Dios mío al primer ensayo de República, comida como por un cáncer por la plaga funesta de los generales y doctores.

Fin

Libros a la carta

A la carta es un servicio especializado para
empresas,
librerías,
bibliotecas,
editoriales
y centros de enseñanza;
y permite confeccionar libros que, por su formato y concepción, sirven a los propósitos más específicos de estas instituciones.

Las empresas nos encargan ediciones personalizadas para marketing editorial o para regalos institucionales. Y los interesados solicitan, a título personal, ediciones antiguas, o no disponibles en el mercado; y las acompañan con notas y comentarios críticos.

Las ediciones tienen como apoyo un libro de estilo con todo tipo de referencias sobre los criterios de tratamiento tipográfico aplicados a nuestros libros que puede ser consultado en Linkgua-ediciones.com.

Linkgua edita por encargo diferentes versiones de una misma obra con distintos tratamientos ortotipográficos (actualizaciones de carácter divulgativo de un clásico, o versiones estrictamente fieles a la edición original de referencia).

Este servicio de ediciones a la carta le permitirá, si usted se dedica a la enseñanza, tener una forma de hacer pública su interpretación de un texto y, sobre una versión digitalizada «base», usted podrá introducir interpretaciones del texto fuente. Es un tópico que los profesores denuncien en clase los desmanes de una edición, o vayan comentando errores de interpretación de un texto y esta es una solución útil a esa necesidad del mundo académico.

Asimismo publicamos de manera sistemática, en un mismo catálogo, tesis doctorales y actas de congresos académicos, que son distribuidas a través de nuestra Web.

El servicio de «libros a la carta» funciona de dos formas.

1. Tenemos un fondo de libros digitalizados que usted puede personalizar en tiradas de al menos cinco ejemplares. Estas personalizaciones pueden ser de todo tipo: añadir notas de clase para uso de un grupo de estudiantes, introducir logos corporativos para uso con fines de marketing empresarial, etc. etc.

2. Buscamos libros descatalogados de otras editoriales y los reeditamos en tiradas cortas a petición de un cliente.

www.ingramcontent.com/pod-product-compliance
Lightning Source LLC
Chambersburg PA
CBHW031844220426
43663CB00006B/489